JN023778

BASIS & PRACTICE OF MANAGEMENT ACCOUNTING IN PUBLIC SECTORS

行政管理会計の基礎と実践

財務省客員研究員
専修大学客員教授
大西淳也［編著］ Junya Onishi

同文舘出版

【執筆分担】（章構成順）

序　章	大西淳也
第1～4章	大西淳也
第5章	鍋島　学
第6章	柏木　恵
第7章	藤野雅史・柏木　恵・大西淳也
第8章	竹本隆亮・小林重道・奥迫仁則・大西淳也
第9章	大西淳也
第10章	大西淳也
第11章	梅田　宙・平野耕一郎
第12章	関谷浩行・日高武英
結　章	大西淳也
各部の概説	大西淳也
コラム①～⑦	大西淳也

はじめに

管理会計は経営管理のための方法論である。平たくいえば，経営の効率性・効果性の向上に役立つ考え方を集めたものである。そして，これまた平たくいえば，管理会計手法とは，管理会計で扱うそれぞれの方法論ないし考え方をいう。

管理会計手法は企業組織を前提に発達してきたものではあるが，そこでは財務指標だけではなく，非財務指標をも対象として取り込もうと努力されてきている。行政においては，財務指標のみならず，非財務指標も非常に重要となることから，非財務指標に拡張された管理会計手法の活用は大いに期待できるものとなる。

経営管理が組織に必要であることは，企業組織であれ行政組織であれ，同じである。経営管理には一定の考え方がある。経営管理のための考え方を知らずして組織運営や業務運営を行うことは，経済政策でいえば，需要と供給を知らずに政策を考えることに匹敵するといえよう。

その一方で，需要と供給を知らずして経済政策を組み立てるあるいは論じることが可能ではあるように，経営管理のための考え方を知らずして組織運営や業務運営を行っているように見せることは可能である。特に行政組織においては，企業にあるような市場の圧力，平たくいえばライバル組織の圧力がないことから，ややもすればその組織運営や業務運営は劣化しやすい。しかも，そこには，法的な手続論や責任論さえ意識していればいいという認識があることは否めない。

だからこそ，行政組織でも，その組織運営や業務運営において，それぞれの組織に合わせて管理会計の考え方である管理会計手法を意識しておくことが重要視されるのである。

本書では，行政で扱う管理会計を行政管理会計と置く。そのうえで，行政には様々な態様があることから，行政管理会計については，もっぱら政策の執行管理の分野で活用されるものと考える。本書の趣旨は，行政管理会計の基礎的な解説を行うとともに，実践事例を紹介することにある。

本書は行政実務家と研究者の共著により執筆されている。本書では欧米の先進事例をわが国に持ち込んでそれを紹介するというアプローチはとっていない。その結果，課題先進国たるわが国において，地に足のついた将来の方向性を提示できたのではないかと考えている。

出版不況が指摘されるようになって久しい。そのような中，同文舘出版の青柳裕之氏および有村知記氏には，行政管理会計というテーマについて社会的意義を見い出していただき，アイデア段階からのご助言とご尽力をいただいた。あらためて感謝を申し上げたい。

本書が，財務省，国税組織，税関，財務局をはじめ，各省庁等の国の行政組織，独立行政法人，地方公共団体や地方公営企業等に勤務する数多くの心ある職員のご理解をいただき，彼ら彼女ら１人ひとりの新たな行動に向けた一助となれば，著者一同，これに勝る喜びはない。

著者を代表して
大西淳也

推薦の言葉

国家公務員共済組合連合会理事長
（元内閣府事務次官）
松元　崇

本書は，行政で活用される管理会計についての基礎的な解説を行い，実践事例を紹介し，今後の展望を示したものである。類書が極めて少ない中で，行政実務を踏まえた，地に足の着いた思考の積み重ねが本書の特徴である。

本書の編著者である大西淳也氏は，私の財務省の後輩である。米国ハーバード大学に留学し，ジェトロのコペンハーゲン事務所にも務めた国際的な経験を有する一方，自治省に２度出向して地方自治体の実務にも詳しく，財務省では東京国税局や広島国税局で勤務された。広島国税局ではそのトップの局長も務めた。さらに，信州大学などでも教鞭を取ったというマルチ官僚である。その大西さんが，大学の研究者や経済産業省・地方自治体の実務家などと一緒にまとめたものが本書である。

一般によく知られている財務会計が，資金に着目した会計であるのに対して，管理会計は経営に着目した会計である。管理会計は，これまで企業経営の道具として発展してきたが，企業以上に財務指標に表現されない指標が重要な働きをするのが行政の分野である。著者は，行政管理会計は組織内部，あるいは「外への可視化」について，コミュニケーションツール（共通言語）としても重要だと指摘する。したがって，行政における管理会計の活用は，企業における以上に注目されてきてしかるべきなのに，残念ながら，これまでのところそうなっていない。そういった問題意識から，実際に管理会計等を実践している国の経済産業局や広島国税局の事例，町田市の事例，また独立行政法人の事例などが紹介されている。広島国税局の事例は，著者が自ら陣頭指揮を執ったもので，業務の多能化，見える化，情報の共有化などを推進した結果，刮目すべき成果を上げた。その際，効率化できた事務量は，あらかじめ何に使うかを明示していた。それは，この取組みが，単なる人減らしと取られないようにとの配慮からで，ワークライフバランスの要請や，職員の日々のモチベーション向上につながるようにということに細心の注意を払ったとのことである。

さらに，本書は，ポスト・コロナの行政についても展望している。足元で，新型コロナウィルスが猛威を振るっている状況下，テレワークなどの実践が行われている。そういった実践を通じて，非付加価値業務への気づきが管理会計の役割を認識させることになるはずだ。緊急対応に備えて行政を筋肉質にしておく必要性も認識されることになるはずだ。それは，やがて管理会計が重視される時代が来ることを意味している。さらには，将来，財政再建がなされる際に，納税者の信頼を確保するためにも，行政の効率性・効果性の向上に役立つ行政管理会計の時代が，いずれ本格的に来るはずだという。

第Ⅰ部「行政管理会計の基礎」は，やや専門的で会計実務になじみのない方には，むずかしいかもしれない。その場合は，第Ⅱ部から読まれることをお勧めしたい。第Ⅱ部では，著者の経験を述べた第９章は必読である。そこで著者が強調しているのが，行政組織のトップの理解とサポートだ。なお，著者によれば，人の頭ほど固いものはない。実践に当たっては必ずしも賛成ばかりではない。そのような中で，何より大切なことは，心が折れないことだという。第12章の公立病院にアメーバ経営を取り入れた事例も興味深い。地方自治体の関係者には，盛岡市上下水道局の事例を述べた第11章が必読といえよう。本書は引用文献も充実しており，研究者にもお勧めである。

ちなみに，私自身も，主計局の調査課長，法規課長の時代から公会計改革に関する財政制度等審議会の議論などに関与してきており，昨年の財政学会では，「我が国の公会計改革」を報告して，公会計への管理会計の応用には，今後，大いに期待すべきである旨，言及させていただいた。国，地方，関係行政機関の職員だけでなく，行政の効率性に関心を持つ一般の国民にも幅広く読んでいただきたい好著である。

推薦の言葉

専修大学教授
(日本管理会計学会会長)
伊藤　和憲

大西淳也氏とその仲間たちによる管理会計の研究書を世に問うという趣旨で，これまでにないたいへんユニークな書籍が日の目を見ることになった。何がユニークかといえば，行政に焦点を当てた管理会計研究というだけでなく，管理会計の理論研究と実証研究の両方でユニークな特徴を備えて，うまく一冊で仕上げている点である。

理論研究としてのユニークさは，管理会計の体系についてである。これまでにない斬新な体系を提案している。この点をまず紹介する。管理会計研究者がこれまで構築してきた体系は，原価管理，予算管理，利益計画といったように用いられる管理会計手法別の管理会計体系がある。また，生産管理，営業管理，財務管理というような職能別の管理会計体系もあった。さらに，計画と統制というマネジメント機能別体系も行われてきた。

これに対して，本書の体系は収益と費用が財務指標で把握できるかという基準で行政を３つに分類し，そこから管理会計を考えている。すなわち，①収益も費用も財務指標で把握できる管理会計，②収益は財務指標では把握できないものの費用は何とか把握できる管理会計，③収益も費用も財務指標では把握できない管理会計という体系付けである。この体系は，①が独立行政法人や地方公営企業などに適する管理会計手法，②が行政の執行部局に適する管理会計手法，③が企画立案部局に適する管理会計手法という整理を導く。行政の職能別体系といえるかもしれない。

実証研究としてのユニークさは，行政に関する管理会計の事例研究についてである。事例研究に関する管理会計研究書は必ずしも目新しくはないが，ここでの事例の多くが自ら実践した奮闘記であった。つまり，苦労の跡が色濃く滲み出ていて，これから行政改革を手掛ける実務家はもちろんのこと，管理会計研究者にとっても貴重な経験の宝庫であることがうかがえる。ここですべてを披露できるわけではないが，その一端として，第５章の経済産業局と第9章の広島国税局の2つの事例の苦労談を紹介する。

第5章の経済産業局の事例として，苦労が滲み出ている点をいくつか挙げよう。まず，業務フローを「A4の1枚紙」に収めさせるというアイデアは，精度を上げればいいわけではなく，目的に合った精度を追求すべきだという提案である。また，改善提案を出すときには，単に業務効率を上げるための提案だけでなく，行政サービスの受益者にとっての満足度を高めることに主眼を置いた議論を求めている。業務改革というとつい業務効率に走りがちであるが，受益者の満足度を落としてしまっては元も子もない。さらに，業務改革では「削減された時間を使って何をするか」ということを検討させたという。単なる人減らしでは業務改革に賛同が得られにくいからである。こうした点から，実践での細かい気配りがよく理解できる。

第9章の広島国税局の事例解説では，大西氏の度重なる失敗経験が披露されている。第1回目の国税庁会計課総括補佐時代に行った事務改善活動の失敗である。会計課自体が業務改革の視点が弱いのに，ABCを教科書的に考えてしまい，時間浪費的かつ手間がかかるという問題から各国税局の反発を招いてしまったという。第2回目の東京国税局調査第一部長時代に行った業務改革である。業務の視点を中心に取り組んで，1人ですべてを説明しようとしたこと，多言しすぎたことから失敗を喫したという。反省として，1人が説明するとは，反対派にとって文句を言う対象が任期の短い1人に絞られるということであり，これは任期後にいくらでも巻き返しができることを意味するという。また多言は思考が整理されていないことを意味すると反省していた。第8章の事例の成功は，局長在任1年という短期間にもかかわらず，大きな足跡を残していることに驚かされるが，その背後には実はこのような数々の失敗があったのである。

理論編のユニークさに驚かされただけでなく，事例編の赤裸々な事例紹介にも稀有の研究書であることが理解できる。このような研究書は実務家にとってはもちろんのこと，管理会計研究者にとっても非常に貴重な経験が随所に見受けられる。宝の山を掘り当てたような良書であり，多くの読者にご一読いただきたい研究書である。

●目　次●

第3章　費用側を中心とした管理会計手法

第4章 総合的な管理会計手法

第II部 事務量系の行政における管理会計等の実践

第5章 経済産業局における業務改革

第6章　町田市における自治体間ベンチマーキング

第7章　（独）統計センターにおける管理会計実践

第8章　国税庁広島国税局における管理会計実践

事業系の行政における管理会計実践

第10章　独立行政法人Aにおける管理会計実践

第11章　水道事業の管理者に求められる経営管理能力
―盛岡市上下水道局の事例―

第12章　公立中小病院における管理会計の導入と実践
―事務長を中心に―

コラム一覧

行政管理会計の基礎と実践

序章

行政の効率性・効果性の向上と管理会計論

この20年余りの間，国の財務書類や独立行政法人，地方公会計，地方公営企業会計等，公会計に関する取組みは大きく進展してきた。ここでいう公会計とは会計制度に関する取組みのことであり，ほぼ財務会計と同視されるものである。そして，現在では会計制度たる公会計の議論は概成したといってもいい状況にあると思われる。

そのような中で，昨今では会計情報をいかに活用すればいいのか，会計の活用方法にも関心が集まりつつある。すなわち，現在では管理会計の活用も視野に入ってきているのである。

財務会計はひと言でいえば資金調達を目的とする。その本質は資金調達のための財務広告であり，それがゆえに，そこには常に誇大広告のおそれが生じる。そのため，企業同士の比較可能性の確保が必要となる。だからこそ，会計士が会計数値をチェックするという構図になる。誤解をおそれずにいえば，財務会計の本質はいわば相互比較のための尺度ということになろう。

これに対して，管理会計（management accounting）は，英語名から明らかなように，経営学と会計学の間に存在する。学会などでは経営会計とすべきという意見もあるほど，管理会計という用語が本質を表しているのか，議論が尽きないところである。いずれにせよ，管理会計は経営管理が目的であり，その本質は能率・効率性・効果性の向上に役立つ方法論（考え方）ということにあろう。あるいは，個別の方法論（考え方）であるところの管理会計手法の集合体といってもいいのかもしれない。

そして，管理会計では伝統的に実務家も担い手であった。具体的には，管理会計が製造業において発展してきたという経緯から，生産エンジニア・生産技師（初期には科学的管理法を実践する能率技師）が重要な役割を果たしてきた。

このような管理会計の実践においては，数ある方法論（考え方）を個別の組織に合わせて，どう組み合わせて，どう使うかがポイントになる。ここに，経営管理を担う実務家の腕が重要な役割を果たすことになる。

管理会計で重要なことは，企業の管理会計において，非財務指標を対象とする方法論（考え方）であっても財務指標（会計数値）に影響を与えるものは積極的に取り込みつつあることである。行政においては，企業以上に財務指標には表現され得ない非財務指標が重要な働きをする。このため，行政では，非財務指標を取り込みつつある管理会計を活用していくことに大きな期待が寄せられるのである。しかし，残念ながら，これまでのところ，行政において管理会計は大きな注目を浴びていない。本書はこのような状況に一石を投じようとするものである。

本書では，行政で扱う管理会計を行政管理会計と置く。そのうえで，行政には様々な態様があることから，行政管理会計については，もっぱら政策の執行管理の分野で活用されるものと考える。そして，本書は，行政の効率性・効果性の向上に資する行政管理会計について，その基礎的な解説を行うとともに，実践事例を紹介することを目的としている。

行政管理会計においても，企業の管理会計と同様，個別の行政組織の具体的な態様に合わせて様々な活用が考えられる。このため，まずは行政管理会計の基礎について全体像とともに押さえておくことが望ましい。

この観点から，本書第Ⅰ部では行政管理会計の基礎を扱う。管理会計の一般的な教科書に比べると，第Ⅰ部には行政実務家向けに記述を簡潔かつ平易にしているという特徴がある。また，項目的には，収益側，費用側，総合と分け，非財務指標に拡張しつつ管理会計手法を紹介するという構造をとっている。一般的な管理会計論では，手法について，利益管理，費用管理，戦略管理の順で並べられていることが多い。しかし，利益が存在しないことが多い行政においてはこれを収益（売上）と読み替え，かつ非財務指標に拡張して考えている。

なお，管理会計手法になじみがない読者は，第Ⅱ部からお読みいただき，最後に第Ⅰ部に戻ってきていただいても結構である。

第Ⅱ部では，行政組織としては一般的な，事務量を中心とした行政組織について事務量系の行政としてまとめ，そこでの管理会計等の実践事例を紹介している。具体的な事例としては，経済産業省の地方組織である経済産業局，町田市といった一部の地方公共団体が自主的に取り組んでいる自治体間ベンチマーキング，統計業務を担う独立行政法人統計センター，財務省国税庁の地方組織である広島国税局をあげている。

この事務量系の行政における管理会計手法の活用は，管理会計の中でも難易度が高い。なぜなら，個々の職員が投下した事務量をいかに把握したらよいのか，ここに悩ましい問題があるからである。しかし，国税組織（5万6千人規模）や統計センター（7百人規模）においては，これまでも事務量をきちんと把握してきており，それを基礎に，広島国税局（3千人規模）や統計センターにおいては既に管理会計実践が行われてきているのである。いずれにせよ，事務量把握には様々な方法があることから，個々の行政組織に合った方法を用いることにより，管理会計実践につなげていくことができるのである。

なお，この事務量を中心とする行政は，国税局などの国の組織や地方公共団体といった純粋な行政組織にとどまらず，例えば，教員の事務量が問題となる学校，医師や看護師等の事務量が問題となる病院（通常，費用の半分が事務量に係る経費である）などにも活用可能である。いずれも燃え尽き症候群などの現場の教員・勤務医等の疲弊が問題となっているところである。したがって，社会的に見れば非常に重要かつ奥行きのある切り口である。

第Ⅲ部では，事業を中心とした行政について事業系の行政としてまとめ，そこでの管理会計の実践事例を紹介している。事例としては，匿名ではあるが独立行政法人A，それに地方公営企業から盛岡市の水道事業と島根県の公立邑智病院の事業を例にあげている。これらはいずれも，収益（売上），費用，利益ともに財務指標で把握できることから，通常の管理会計と同様の活用が期待できる行政組織である。その一方で，管理会計の具体的な活用方法は，活用される管理会計手法も含め，それぞれに異なったものとなっている。

そして，第Ⅱ部，第Ⅲ部の事例を通じて，管理会計実践においては，行政組織のトップの理解とサポートが重要となることを浮かび上がらせたいと考えている。通常，各省トップは政治家であることが多いが，ここでいうトップとは基本的に非政治家をいう。長官や局長，法人の理事長，公営企業管理者などをイメージしていただければと考える。このようなトップの役割が重要視されることは，実践から得られた教訓であるとともに，今後の展開を考えた場合には貴重なヒントとなるものである。

最後に，結章として，コミュニケーションツール（共通言語）としての行政管理会計について述べる。行政管理会計の概念を活用することにより，行政組織内部の理解は促進されることになる。なぜなら，内部の職員からしても，当該組織がどのようにマネジメントされているのか，理解しやすくなるからである。ここに「内への可視化」という概念を提示することができる。

一方，当該行政組織がどのようにマネジメントしているのかについて，行政管理会計の概念を活用して外部のステークホルダーに示すことができれば，外部からの理解も促進されることになる。ここに「外への可視化」という概念を提示することができる。

利益確保に向けた適度な市場の圧力の下にある企業組織に比べると，利益がないことの多い行政組織にあっては，このような力学が働かず，行政管理会計の実践の継続性に困難をきたすことが多い。ここに行政組織のトップが果たすべき役割がある。即ち，行政組織においては，そのトップをして，自らの組織のマネジメントについて，行政管理会計の概念を用いて外部に対して説明してもらうようにすべきである。これにより，トップの理解とサポートが期待できるようになるとともに，外部への説明は時が変わっても首尾一貫していることが望ましいことから，当該行政組織において行政管理会計の実践の継続性を担保していくことが可能になる。

足元では世界的に新型コロナウイルス（COVID-19）が猛威を振るっている。各国政府ともに，現在は緊急時の対応が求められている。このCOVID-19あるいはウィズコロナの時代は管理会計に少なくとも２つの影響をもたらすことが予想される。

影響の１つ目は，企業，行政いずれの管理会計に対しても新たな展開への促進要因となることが予想されることである。この観点からは現時点でも２点が想定できる。１点はテレワークの強制適用による非付加価値業務への気づきである。各組織ともに，ホワイトカラーの業務の中に非付加価値業務が意外と存在していることが明らかになりつつある。これは必ずや業務改革を進展させることにつながる。この業務改革は管理会計の新たな展開の一助になるように思われてならない。もう１点は，テレワークの一般化によって，従業員や職員の気持ちをすり合わせしやすい同一地での勤務ではなくなることから，言語化された組織戦略の重要性が増すことである。これは現在では戦略の策定と実行を対象とするにいたっている管理会計の役割がより重要になることを意味する。

影響の２つ目は，行政においては，いずれ，行政管理会計を活用して筋肉質にしていかねばならない時代が来るということである。現在の緊急時対応においては，とにもかくにも対応することが大事であることから，より有効な活動への移行や，無駄の排除といった管理会計が本来狙いとする実践はあと回しとされやすい。しかし，管理会計の歴史が長い米国の事例を踏まえれば，例えば，なりふり構わず生産拡大が追求された第2次大戦が終了すると企業の管理会計が大きく進展した。そこからすれば，今回の騒動終了後，行政においては同様の展開となることが想定される。即ち，いずれ行政においても，将来に備えて行政管理会計を活用して筋肉質にならなければいけない時代が来るのである。

わが国においては，長期的にみれば，行政管理会計の重要性が増すことは間違いない。わが国の財政事情は，いずれ来る大規模な調整に向けたチキンレースの観すら漂う。将来，財政再建がなされるとすれば，そのためにとりわけ重要となるのが，行政に対する納税者の信頼の確保である。納税者に負担増を納得してもらうためには，行政に対する信頼が低いままではやはり困難だからである。したがって，行政の効率性・効果性の向上に役立つ行政管理会計が注目される時代，すなわち「行政管理会計の時代」がいずれ本格的に来ると考えられるのである。

以上を踏まえつつ，本書では，行政の効率性・効果性の向上の観点から，行政においても管理会計論が十分に活用できるし，また，現に活用されつつあることを述べる。読者諸賢に，行政管理会計の必要性について少しでもご理解をいただければ幸甚である。

第 I 部

行政管理会計の基礎

第Ⅰ部では，行政管理会計の基礎を全体像とともにおさえておく。この第Ⅰ部は竹本・大西（2018, pp.1-105, 第Ⅰ部）を一部加筆修正している。前著と同様，簡潔かつ平易な記述を心がけている。同時に，前著には構成が複雑であり，読者の頭に入りにくいところがあったことから，本書ではこれをより単純なものに組み替えている。また，行政実務での活用があまり想定されない管理会計手法については本書では削ることとした。

第Ⅰ部は4章立てである。まず，第1章として，総論的な整理を行う。財務会計と管理会計の違いから始まり，管理会計手法の見方などについて述べ，管理会計手法の全体像を端的に紹介する（**図表1-3**）。一般になじみのない管理会計の概況が頭に入るように記述している。

次に，第2章として，収益側を中心とした管理会計手法について整理する。これらの手法は，企業の管理会計論では利益管理に関する手法として並べられていることが多い。しかし，行政では収益（売上）が財務指標で把握されない結果，財務指標としての利益も存在しない場合が多いことから，これらについて収益側を中心とした手法としてまとめ[1)]，同時に非財務指標にまで管理会計を拡張している。そこでは，因果関係仮説や目的－手段関係等により目標同士を関係付ける手法が一般的となっている。

さらに，第3章として，費用側を中心とした管理会計手法について言及している。そこでは，無駄等の非付加価値活動をいかに排除していくかに関する手法が一般的となっている。非財務指標にまで拡張している点は前章と同じである。

最後に，第4章として，総合的な管理会計手法をまとめている。これは収益と費用の両面を同時に考えていく手法が多い。これも非財務指標にまで拡張している点は同じである。

以上により，前著に比べて，行政実務家の用により堪え得る内容となったのではないかと考えている。企業の管理会計においては，様々な態様の企業活動に適用できる管理会計手法を整理し，管理会計論としてまとめている。第Ⅰ部は，これを行政の管理会計で行おうとするものである[2)]。

---

1) 責任会計など，費用管理の手法として使われることはあっても，一般的には利益管理の比重がより高いと考えられるので，ここでは収益側に位置づけている。その意味で「収益側を中心とした」としている。

2) 実務家にとって1つの分野を体系化することは，先達のご指導と多くの労力が必要となる。櫻井通晴先生（専修大学名誉教授），伊藤和憲先生（専修大学教授）をはじめ，数多くの先生方の20年余にわたるご指導に感謝を申し上げたい。

なお，管理会計手法になじみがない読者は，第Ⅱ部からお読みいただき，最後に第Ⅰ部に戻ってきていただいても結構である。

また，本書では，前著に引き続き，引用は最小限にしている。これは引用の正確性にこだわると引用文献数が相当に膨らんでしまうからである。そこで，著者の博士論文（大西，2010a）や財務総研のディスカッションペーパー[3)]にさかのぼっていただければ原著が確認できるようにしている。適宜参照をお願いしたい。

いずれにせよ，読者諸賢におかれては，この第Ⅰ部の知識を頭に入れて個々の行政活動を虚心坦懐に観察していただければ，それぞれの行政における管理会計の活用方法が自然とみえてくるのではないかと考えている。

---

3) 財務省HP→財務総合政策研究所（研究・交流）→報告書・論文→ディスカッションペーパー→年度で閲覧できる。

第1章 総　論

本章ではまず，管理会計についていくつかの論点をおさえる。そのうえで，行政における管理会計について全体像等を概観する。

I　管理会計とは

1　財務会計と管理会計

まず，企業における財務会計と管理会計の違いについて確認しておく。櫻井（2019, p.11）によれば，財務会計の役割は，貸借対照表（B/S）や損益計算書（P/L）などの財務諸表をステークホルダーに提供することにあり，その目的は，配当可能利益を算定し，主に財務情報をステークホルダーに開示することにある。これに対し，管理会計の役割は，戦略を策定し，経営意思を決定し，マネジメントコントロールと業務活動のコントロールを行うことで，経営者を支援することにある。これをまとめれば**図表1-1**のとおりである。

なお，企業における管理会計は内部報告会計ともいわれる。これに対し，行政管理会計は必ずしも内部報告会計だけに整理できるものではない。大西（2010a, pp.303-304）で述べたように，行政管理会計では，納税者等の理解

図表1-1　財務会計と管理会計の特徴

視点	財務会計	管理会計
情報の利用者	内外のステークホルダー	企業内部の経営管理者
主な利用目的	ディスクロージャー， 配当可能利益の算定	戦略の策定，経営意思決定， マネジメントコントロール
報告書の種類	財務諸表	予算報告書，中長期経営計画書
情報の特性	客観性，信頼性	目的適合性，有用性，迅速性
法規制の有無	会社法，金融商品取引法	不要

出所：櫻井（2019, p.12）より。

の向上の観点から外への可視化もまた重要である[1)]。小林（2012, p.54）も，政府会計において管理会計は財務会計とともにオープンシステムとして機能することが不可避であると指摘する。

2 会計の歴史

それでは次に，会計の歴史を振り返る。ここでは最初に，歴史をみることの意味について言及したのち，財務会計・管理会計未分化の時代の会計の歴史をざっと概観し，管理会計の歴史に話をつなげる。

ものごとをその歴史からみる歴史的アプローチは，複雑な現実を理解するためには有用な方法論である。管理会計についても，様々な検定試験で体系化されている簿記論からみるのと，管理会計の歴史をとおしてみるのでは，そのイメージは大きく異なる。具体的には，簿記論からみた場合，管理会計は概ね原価計算論に含まれ，しかも工業簿記で説明されていることから，ややもすれば財務会計の附属物というイメージとなる。これに対し，管理会計をその歴史からみた場合，PDCA（Plan-Do-Check-Action）が大きな存在となっており，そのイメージはまったく異なるものとなる。

(1) 未分化時代の会計の歴史

それでは，ここで，財務会計・管理会計が未分化であった時代の会計の歴史をみる（渡辺 2014, pp.10-15）。会計関係で最初に動きがあったのが複式簿記である。13世紀頃から，イタリア諸都市の商人が地中海貿易をリードし，香辛料，果実，織物等の貿易で大いに繁栄した。事業が活発になると信用取引が増加し，その記録のために，取引を原因と結果の両面で捉える複式簿記が編み出され，15世紀のイタリアで誕生したといわれている。そして，次の動きが一定期間ごとに決算を行う期間計算である。大航海時代に入り，従来の1航海ごとの当座企業としての決算から，16世紀末のオランダの東インド会社のように，継続企業として，一般投資家から出資を募り，定期的な利益計算（期間計算）が行われるようになった。さらにその後，18世紀には英国が伸長し，1760年代から1830年代の産業革命の時代には固定資産の重要性が

---

1) ただし，マネジメントに要する情報は詳細なものも多いので，これらすべてを可視化すべきとすれば無用の混乱を生ぜしめよう。

上昇した。これを受けて，長期間使用する固定資産について，減価償却により事業年度ごとに費用として認識する（費用化する）必要が生まれ，ここに発生主義が誕生した。

（2）管理会計の歴史

そして，管理会計の歴史である[2)]。管理会計の誕生には，PDS（Plan-Do-See）[3)]の元となった科学的管理法が大きな役割を果たしている。大陸横断鉄道等の近代的大企業の興隆がみられた米国では，一方では組織的な怠業に悩まされていた。19世紀末にテイラーは，作業の標準化等を内容とする科学的管理法を提唱し，これを受けて能率技師（科学的管理論者，生産エンジニア）が活躍した。能率や効率を優先して考える能率技師と，会計メカニズムを優先して考える会計士とのせめぎ合いの中で米国型の原価計算が発展した。これをもとに科学的管理法と予算統制が結び付いて標準原価計算が編み出され，1924年にマッキンゼーにより管理会計が成立したとされる[4)]。

その後，大恐慌時代を迎え，従来の無駄低減型の管理会計ではなく，遊休生産能力活用の観点からの利益管理の方法である損益分岐点分析等が誕生した。そして，第二次大戦を経て様々な数理的な分析やモデルを活用した分析等が行われるようになった。1960年代から70年代にかけて，企業・行政を問わず，長期的な計画の下でプログラムを考え短期的な予算編成を行うPPBS（Planning-Programming-Budgeting System）が注目された。

1970年代から80年代には，日本企業の攻勢を受けて，管理会計が米国企業の役にたっていないという批判の中から，米国でABC／ABMやBSC等の様々な管理会計手法が編み出され，現在に至っている。その一方で，原価企画やアメーバ経営など，わが国発祥の管理会計手法も存在する。

3　管理会計をみる眼

ここで，管理会計をみる眼として，「管理か，会計か」という視点と「万能の手法はあるのか」という2点に言及する。

---

2)　概要は大西（2010a, pp.15-21）で整理している。

3)　現在ではPDCA（Plan-Do-Check-Action）が一般的である。

4)　管理会計の生成について学説的には，経営管理のための原価の算定が行われた15，16世紀の欧州にあるとされる。

(1) 管理か，会計か

まず，「管理か，会計か」についてである。前述のように管理会計は，能率技師と会計士との相克の中から米国で1920年代に誕生した。そこから現在に至るまで，管理を中心に考えるのか，B/SやP/L等の会計メカニズムの中で考えるのか，論者により幅がある。管理を中心に考えた場合，貨幣表示の財務指標に影響を与え得る非貨幣的な要因（ドライバー）ないし非財務指標もまた考察の対象に含まれることとなる。これは，行政実務家にとっては自然な発想である。ここでは一貫して前者の管理を中心に考える立場をとることとしたい。

(2) 万能の手法はあるのか

次に，「万能の手法はあるのか」についてである。管理会計は，様々な管理会計手法[5)]の集合体の観を呈している。手法の数はあまたあり，手法論にも基本はある。しかし，どのような状況にも適応する万能の手法というものは存在しない。実際には，様々に複雑に絡み合った現実を前に，それぞれの場面や局面ごとに，いくつかの管理会計手法を組み立て直し，それらを組み合わせて使っていくことが求められる。

II 行政における管理会計

1 収益・費用という軸による分類

行政はその活動範囲が広いことから，そこには様々な態様がある。このため，行政管理会計において，何を対象に，すなわち，どういう行政を対象に議論しているのかが常に問題となる。また，管理会計手法もあまた存在し，これをどう分類・整理するかが問題となる。そこで，行政についても，管理会計手法についても，収益・費用という軸で分類することとする。

このように鳥瞰的に整理しておく理由は，ほとんどの行政がどこかに当てはまるからである。「自分たちの行政は特殊なので，管理会計手法等にはなじまない」という反応を示す行政組織は多いと思われるが，実のところ，そ

5) 管理会計技法ともいうが，ここでは管理会計手法に統一する。

のような場合はそれほどないのである。

(1)行政の分類

まず，行政について，収益（売上）・費用[6]の軸からなる3類型で考える。具体的には，収益と費用とをともに財務指標で把握できる独立行政法人や地方公営企業等の類型（外環部），収益は財務指標では把握できないものの費用は何とか把握できる行政の執行部局の類型（内環部），さらには，収益も費用も財務指標では把握しにくい政策の企画立案部局の類型（中心部）である。図で示せば，**図表1-2**のとおりである。なお，これらの分類はあくまで概念としての整理であり，境界線上の事例では分類に迷う場合もあることは付言しておく。

このうち行政の外環部（独法や公営企業等）や内環部（執行部局）は意外と大きい。このことは前著（竹本・大西 2018, pp.8-11）や大西（2018a）で述べているとおりである。国の場合，機能をきちんと観察すれば，内閣官房や内閣府，本省の中に行政の執行部局も多く入り込んでおり，政策の企画立案部局はその一部にすぎないことが多い。これは地方公共団体の首長部局であっても同じである。したがって，国であれ地方公共団体であれ，職員の多数は行政の外環部（独法や公営企業等）や内環部（執行部局）に所属してい

図表1-2　費用・収益からみた行政の3分類

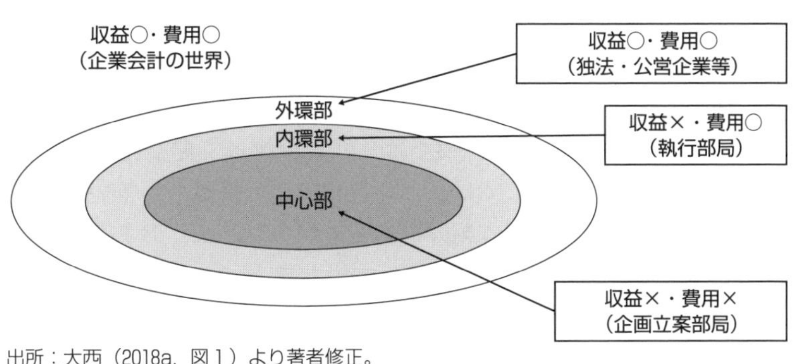

出所：大西（2018a，図1）より著者修正。

6）通常，収益獲得のために費消した経済価値を費用という。コストといってもよい。そこでは，製品等に跡付けできない非原価も含めて考えている。

るのである。

行政管理会計の活用に際しては，ある程度安定的・定型的な業務運営が行われている必要がある。したがって，行政管理会計が活用されるのはもっぱら行政の外環部と内環部が中心となろう。

(2) 管理会計手法の分類・整理

収益・費用という軸は，様々な管理会計手法の分類・整理を行う際にも役立つ。管理会計手法を体系的に整理した体系論については，過去1950年代，60年代を中心に議論されてきたこともあったが，様々な管理会計手法が見いだされ定式化される中にあって，体系論それ自体が安定的な存在であったことは極めて少なかった。絶対正しいという整理の仕方があるわけではない。このような前提の下で，ここでは，管理会計手法について，どういう側面が強調されているかを基本として，便宜的に，「収益側を中心とした管理会計手法」，「費用側を中心とした管理会計手法」，「総合的な管理会計手法」と整理し，まとめる。そして，これら3者それぞれにおいて，非財務指標への拡張が考えられることとなる。

2 行政管理会計の全体像

行政管理会計の適用を考えるに当たっては，その全体像をおさえたうえで，各組織が置かれた状況等を踏まえつつ，適宜適切なる手法を選択的に適用することが望ましい。そこで，ここでは管理会計の各手法を一覧性のある形で概観しておく。

行政管理会計の全体像は**図表1-3**のとおりである。各手法について1～2行程度の解説を加える[7)]。**図表1-3**ではヨコ軸を使って非財務指標に拡張することを表現している。そこでは，どの教科書にも掲載されている狭義の管理会計手法，教科書によっては紹介のある管理会計手法，および，非財務指標に拡張した管理会計手法という分類で言及する。

---

7) 行政実務家を念頭にした端的な解説であり，正確性等には目をつぶる。

図表1-3 行政管理会計の全体像

財務指標← →非財務指標

行政管理会計（広義の管理会計論）

通常の管理会計論

	通常の管理会計論		行政管理会計（広義の管理会計論）
収益	中期計画 利益計画 予算管理 責任会計 損益分岐点分析 直接原価計算	方針管理 目標管理	ロジック・モデル 戦略マップ KPI
費用	標準原価計算 原価企画 ABM/ABC LCC	標準化・プロセス分析 TQC TPS リーンマネジメント	事務量マネジメント 自治体間ベンチマーキング BPR RPA
総合	BSC（含戦略マップ） MPC 経済性計算（NPV等）	TOC	B/C分析 費用対効果評価

出所：著者作成。

また，タテ軸を使って，収益[8)]・費用[9)]・総合の分類を設けている。これは利益管理，原価管理，戦略管理で示されることの多い管理会計論にならっている。また，行政実務で効率化等をいう場合には費用側のみを考える傾向があるが，費用側だけでは答えが出ない場合も多い[10)]。このため，収益側と費用側の両者をバランスよく考えていく必要があることから，収益と費用とで分けている[11)]。

(1) 収益側の各手法

収益側では，因果関係仮説や目的－手段関係等により目標同士を関係付ける手法が一般的である。

---

8) 収益側の手法には費用側も考えるものも多い。ここでは収益側を中心とする手法という意味で用いる。なお，行政ではとりわけ収益側が失念されやすい。

9) 費用側の手法でも収益側を考えるものもある。ここでは費用側を中心とする手法という意味で用いる。

10) 費用側で無駄削減を追求する場合でも，収益側を考え，そもそも何が無駄かが明らかでなければ，費用側の努力も効果的にはならないからである。

11) 総合にある手法は，費用側と収益側の両者の視点をすでにとり込んでいる。

①狭義の管理会計手法

“中期計画”：長期ビジョンに基づき市場分析・環境分析等を踏まえた3～5年程度の実行性の高い計画。“利益計画”：目標収益から目標費用を控除し，目標利益が計画され，それに向かって経営努力がなされる。“予算管理”：目標利益の具現化として，目標利益を部門別に割り付ける形で予算数値が定められる。“責任会計”：職制上の責任者個人の業績を明確化し，管理上の効果を上げるように工夫された会計制度。事業部制[12)]もここに含む。“損益分岐点分析”：損益分岐点の算出を通じ原価・操業度・利益の関係を分析。固定費の管理に有効。“直接原価計算”：収益から変動費を控除し，残額と固定費との多寡から利益を把握。利益計画に有効。

②教科書によっては紹介のある管理会計手法

“方針管理”：目標利益の実現のために，結果を生み出すプロセスに注目する。目標とその実現手段としての方策，当該方策を目標とし，そのための方策といったように下方展開（方針展開）される。“目標管理”：設定された目標の達成度を測定し，個人の業績を可視化する。自己管理が強調される。

③非財務指標に拡張した広義の管理会計手法

“ロジックモデル”：インプット，アクティビティ，アウトプット，アウトカム，インパクトを，因果関係等[13)]を示す矢印で結び付けて図示。“戦略マップ”：4つの視点に基づき複数の戦略目標を因果関係仮説で結び付け，戦略を記述したもの。“KPI”：戦略の実行プロセスにおける指標であり，先行指標・結果指標といった指標間の関係性の中で考えられている。

（2）費用側の各手法

費用側では，無駄等の非付加価値活動をいかに排除していくかに関する手法が一般的である。

12）MPCと関連付けて総合に含めてもよいと考える。
13）if-then（もし…ならばどうなる）の関係で示されることをいう。

①狭義の管理会計手法

“標準原価計算”：達成目標として原価の標準を設定し，それに向けて原価の発生をコントロールする。“原価企画”：市況から販売価格を設定し，そこから製品の企画・設計段階で原価を作り込む。“ABM/ABC”：ABM（活動基準管理）は活動の管理を通じてプロセスを効率化し原価低減を図る。ABC（活動基準原価計算）は「製品が活動を消費し，活動が資源を消費する」との考え方で間接費を正確に配賦する。なお，総務省が推奨する業務フロー・コスト分析はABMをもとにコスト計算する。“LCC”：ライフサイクル全体で発生するコストを測定。

②教科書によっては紹介のある管理会計手法

“標準化”：作業標準と作業の標準時間の設定という標準設定の思想に基づき業務の標準化がなされる。事務処理手順や業務フローのこと。“プロセス分析”：業務の標準化を基礎に，標準時間を分解し非付加価値活動等の時間を洗い出す。“TQC”（全社的品質管理）：全員参加・改善指向を基本とし，改善のためのQCサークルでは業務標準の改定を軸に展開される。“TPS”（トヨタ生産方式）：コスト低減による利益確保を目的に，無駄取りに向け多くの方法論を一体化。必要なものを必要なときに必要なだけ作るジャストインタイムと，不具合が生じたら流れを止める自働化が２本柱。“リーンマネジメント”：プロセスに焦点を当て，業務の流れから無駄な活動を取り除く。

③非財務指標に拡張した広義の管理会計手法

“事務量マネジメント”：職員の事務量の把握を基礎に，業務改善（TQC）や組織戦略（ロジックモデル/戦略マップ）と連携させつつ，より付加価値の高い活動の増加を図る。ABMに相当するが，財務指標化を要しない場合も多いので別掲。“自治体間ベンチマーキング”：自治体間で特定の業務にかかる業務量を比較し差異を分析して業務の効率化を図る。“BPR”：ビジネスプロセスを根本的に考え直し，抜本的にデザインし直す（リエンジニアリング）。改善活動と関係が深い。“RPA”（ロボティックプロセスオートメーション）：ホワイトカラーの生産性を阻害する，システム化されずに残っている手作業の業務を自動化。

（3）総合的な各手法

収益側と費用側の両者の視点を内在化させた手法が多い。なお，TOCはシステム論である。

①狭義の管理会計手法

“BSC（含戦略マップ）”：4つの視点に基づき戦略目標間を因果関係仮説で結び付けた戦略マップにより戦略を可視化するとともに，スコアカード等により戦略マップに記述された戦略目標の測定と管理を行う。“MPC”（ミニプロフィットセンター）：小集団活動を基礎に損益（業績評価指標）を通じて組織学習の効果向上を目的とする経営組織単位。時間当たり採算を基づくアメーバ経営等。“経済性計算”：将来キャッシュフローの割引現在価値を計算し，正負によりプロジェクト等の投資判断をするNPV法など。

②教科書によっては紹介のある管理会計手法

“TOC”（制約条件の理論）：ボトルネックに着目し，システム全体を強化する。

③非財務指標に拡張した広義の管理会計手法

“B/C分析”（費用対効果分析）：費用側と仮定計算した収益側（便益側）とをそれぞれ割引現在価値化し，その比較により意思決定。公共事業で活用。“費用対効果評価”：費用側と非財務指標で表示された収益側とを比較し，その比較により意思決定。医療分野で活用。

3　いくつかの留意事項

行政管理会計の端的な全体像は以上のとおりであるが，そこにはいくつかの留意事項がある。ここでは，管理会計は本来的に非財務指標への指向を有すること，また，管理会計は雑食性が強く，他の分野からの移入に積極的であることについて述べる。そのうえで，最近言及されることの多いEBPM（Evidence-Based Policy Making：証拠に基づく政策立案）との関係性について若干言及する。

（1）非財務指標への指向

統合報告に至る議論にみられるように，会計分野においては，長期間にわたり，非財務情報の開示や企業価値の決定要因の開示についての議論が重ねられてきている（大西・梅田 2018b）。これは，管理会計手法という点でみても同様である。例えば，収益側を中心とした手法に位置付けられる方針管理や方針展開は，元来TQC（全社的品質管理）の一方策であり，生産管理の一手法として非財務指標とともに活用されていたが，これが管理会計手法として活用されるに至っている。

また，費用側を中心とした手法に位置付けられるTPS（トヨタ生産方式）も，元来生産管理の一手法として非財務指標とともに活用されていた。さらに，管理会計手法として考案されたBSCにいたっては，非財務指標を取り込むことを本来的に予定している。このように，管理会計においても非財務指標への指向が強く見受けられ，現場に向けてカスケード（落とし込み）されればされるほど，非財務指標とともに活用されることに違和感がない手法の数が多くなる。

（2）他分野からの移入

標準原価計算が科学的管理法からきていることにみられるように，管理会計はその歴史を紐解けば非常に雑食性が強い。1990年代に入っても企業戦略論の強い影響を受けてBSCが考案されている。BPRなども企業の管理会計では早い段階から射程に入ってきていた。

行政管理会計においても，例えば設備投資の経済性計算と同様の計算構造を持ち，意思決定に活用されるB/C分析（費用対効果分析）などは，その機能や役割からみれば，行政管理会計の対象に含めることは認められよう。昨今では2015年以降，総務省が旗を振っているBPRなども企業の管理会計と同様に，行政管理会計の対象に含められよう。昨今のRPAについても，その業務改革への影響を踏まえれば行政管理会計の対象に含めるのが自然である。

このように，管理会計においては，企業，行政を問わず，これまでも他分野からの移入が試みられてきた。このような雑食性の強さは今後とも変わらないと予想される。

(3) EBPMとの関係性

大西(近刊)でも整理しているが,わが国のEBPMは,当初は統計改革を契機にその一環として取り上げられた。しかし,その後,統計改革からエビデンスの厳密性へ,さらにはロジックモデルへと,そのプライオリティが動きつつあると思われる。行政管理会計においても収益側を中心とする手法の中にロジックモデルが位置付けられていることから,EBPMにおいてロジックモデルが重要視されればされるほど,行政管理会計とEBPMとを連結することも考えられることとなる。

しかしながら,EBPMは政策の企画立案の分野で議論されている一方で,行政管理会計はもっぱら政策の執行管理の分野で活用されるものである。政策の企画立案の分野は執行管理の分野に比べて,政治との距離が近く,政治的な必要性から課題が短い時間軸で次から次へと生まれては消えていく。一方,政策の執行管理の分野はこれに比べればその時間軸は長い。したがって,むやみに連結すれば逆に動きにくくなる可能性も高いと思われる。

また,EBPMにおいてエビデンスの厳密性を追求した場合には,厳密な証明ができるまでにそれなりの時間を要することとなってしまう。一方,行政管理会計ではとりあえずの仮説しかなくとも行動しなければならないことが一般的である。このため,EBPMの時間軸と行政管理会計のそれとが今度は逆になってしまうことになりかねない。

このようなことから,EBPMと行政管理会計については,連結を前提とするのではなく,できるところから五月雨的に試行錯誤していくことが現実的であろう。そのうえで,連結できるところはすればいいし,困難なところはそのままでいいのではないかと考える。必ずしも両者を連結すればいいということにはならないのではないかと思われる。

4 管理会計手法の階層性と目標達成活動

経営管理にはトップ,ミドル,ロワーのマネジメントがあるように階層性がある。これは管理会計でも同じである。大西(2018b)で整理しているが,戦略の策定までを管理会計の対象に含めつつ,アンソニーの分類に従えば,**図表1-4**の左側のように,「戦略の策定及び戦略的計画」,「マネジメントコントロール」,「オペレーショナルコントロール」の3つに分けられる。この3つの分類においては,階層ごとにプランニングとコントロールの比重がそれ

図表1-4　管理会計手法の階層性

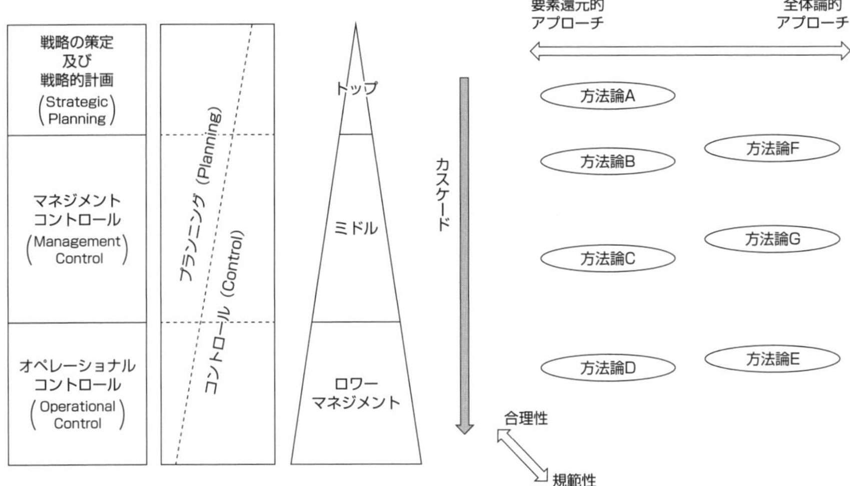

出所：大西（2018b，図14等）より著者修正。

ぞれに異なっており，また，そこにトップ，ミドル，ロワーマネジメントとの対応関係を図示すれば**図表1-4**の真ん中のようになる。さらに，トップからミドル，ロワーマネジメントまでは，複数の管理会計手法を通じてカスケード（落とし込み）されることになる。

また，管理会計は一般に，細部をさらに詳細に分解していく要素還元的な色彩が強いが，手法によっては全体論的な色彩を強くもつものもある。これを対立軸上で表現すれば**図表1-4**の左上のとおりとなる。左側にあるのが要素還元的な方法論であり，右側にあるのが全体論的な方法論と位置付けられる。

さらに，管理会計は一般に，合理性を強調する傾向にある。しかし，現実には，管理会計は人間が運用するものであることから，職員等の価値観や主観といった人間関係論的な規範性も重要な意味を持つ場合も多い。このため，手法によっては規範性を強調するものもある。**図表1-4**ではこれを３次元で表記している。

個別の管理会計手法は，このようにして，**図表1-4**の３次元上のいずれかに位置付けられることになる。下に向けてはカスケードされることを意味するので，例えば，上から下に，中期計画→戦略マップ→利益計画→予算管理→責任会計→方針管理→目標管理とカスケードされつつ活用される。あるいは，原価企画→ABM（活動基準管理）→標準化・プロセス分析とカスケードされつつ活用されることもある。また，管理会計手法によってはBSC（バランスト・スコアカード）やTPS（トヨタ生産方式）のように，全体論的なアプローチを用いるものもある。上下でいえば，BSCは中ほどよりも上，TPSは中ほどよりも下に位置付けられることとなろう。さらに，アメーバ経営などのように規範性を強調するものもある。これらは3次元上で手前に位置付けられることとなろう。

戦略は実行されなければ意味はない。それゆえに，戦略の実行プロセスは重要視されなければならない。そして，戦略の実行プロセスを考えるに当たり，管理会計手法の階層性は役に立つ。なぜならば，戦略上の目標を達成するために具体的に必要となる活動を考えていくに当たって，よりロワーなレベルの管理会計手法を連鎖して考えていくことが可能となるからである。管理会計手法を連鎖させつつ活用していくことを，ここでは「目標達成活動」という[14]。この「目標達成活動」で重要となるのが，各レベルの目標を連鎖させ，それぞれの間に，目的－手段関係や因果関係（仮説）を構築することである。そして，この目的・手段関係と因果関係（仮説）をもとにPlanが策定され，PlanをもとにPDCAが回ることとなる[15]。

一般的に，行政ではこの「目標達成活動」が非常に弱い。なぜなら，行政では目標達成のための方法論が明確に意識されていないことが多いからである。方法論が意識されなければ目標の達成に向けた努力もまた甘いものとなりやすいのである。

14）詳細は大西（2018b）を参照されたい。

15）PDCAではPlanが一番大事である。Planがしっかりしていなければ，Checkができない，その結果，PDCAが回らないこととなる（大西・福元 2016b）。

第2章

収益側を中心とした管理会計手法

本章では収益側を中心とした管理会計手法について述べる。ここでは，企業の管理会計論では利益管理の手法として紹介されているものについて，財務指標としての利益がない場合が多いという行政の特色から，利益を収益（売上）とあえて置き換える1)。そして，本章を2節に分け，第Ⅰ節では一般的に紹介されている管理会計手法について概説する。第Ⅱ節では収益側を非財務指標に拡張した管理会計手法について言及する。収益側では，因果関係仮説や目的－手段関係等により目標同士を関係付ける手法が一般的である。第1章の**図表1-3**を用いて示せば**図表2-1**のとおりである。

図表2－1　第2章で言及する管理会計手法

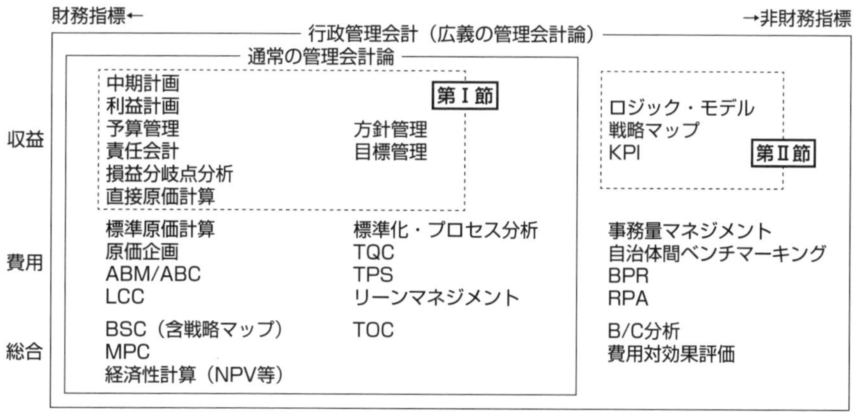

出所：著者作成。

1） 財務指標としての収益がなければ利益は把握できない。しかしながら，行政目的等に対する効果を非財務指標で把握できる場合も多いので，収益側を考える意味はある。

I 収益側を中心とした通常の管理会計手法

本節では通常，管理会計手法として紹介されるもののうち，収益側を中心とした手法について概観する。これらの手法は，行政のうち，収益と費用をともに財務指標で把握できる独立行政法人や地方公営企業等の類型の行政の外環部にもっぱら適用される。しかし，管理会計手法には考え方としての側面もあることから，前述したとおり，非財務指標を用いつつ考え方として活用することも可能である。

ここでは，まず，組織の活性化に効果のある収益（売上）の改善（向上）の重要性に言及する。そして，収益管理の柱となる予算管理を概観したのち，方針管理等について言及する。その後，いくつかの手法を概観する。

1 収益改善の重要性

収益は企業経営のみなもとである。これは，独立行政法人や地方公営企業といった行政の外環部でも変わらない。事業の持続可能性を高めるには経営が必要であり，経営の基本は，収益の改善を図り，もって利益を確保することにある。利益は事業に伴う将来の様々なリスクに対応していくための原資となる。これは独立行政法人や地方公営企業でも同じである。

行政においては，一般的に，収益改善よりも費用削減に関心が向かいがちである。効率化も費用削減の文脈でのみ考えられる傾向もある。

しかし，企業にあっては，「人間はだれでも原価を削減することよりも利益の増大に大きな喜びを感じる」（櫻井 2019, p.58）といわれている[2)]。費用削減よりも収益改善による利益の増大のほうが従業員の興味を引くのである。これは行政にあっても同じである。行政でも収益改善のほうが職員の興味を引く，換言すれば，組織の活性化に役立つ[3)]。収益改善への取組みを通じ，職員の意識を変え，組織の活性化につなげていくことが望まれる。

2) 本章では費用と原価は区別して考えるが，ともにコストと読み替えてもよい。

3) 収益がない行政の内環部でも，収益に相当するもので考えれば同じ論理が成り立つ。

2　時間軸と組織管理軸

標準的な管理会計論に従えば，企業のマネジメントは，時間軸と組織管理軸の２つの視点から整理されることが多い。ここでは，樫谷編著（2016, pp.7-12）を参考に，わかりやすさを優先して若干デフォルメしつつ説明する。

時間軸の視点は，長期ビジョンから３年程度の中期経営計画，単年度の事業計画・利益計画に展開される視点である。その後，部門別に目標利益が割り付けられる形で予算管理が行われる。一方，組織管理軸の視点は，部門別の予算管理から，方針管理，目標管理などという形で展開される。

重要な点は，時間軸と組織管理軸の交点に，目標利益の具現化としての予算管理が存在することである。収益側を中心とした管理会計手法において，予算管理は重要な位置を占める。これを図解すれば**図表2-2**のとおりである。行政でも，時間軸に属する総合計画等が定められ，組織管理軸に属する目標管理が実施されている。しかし，これらの間をつなぐ予算管理は存在しないことが一般的である[4)]。すなわち，行政では予算管理がミッシングリンク（失われた環）となっているのである。

図表２－２　時間軸・組織管理軸と予算管理

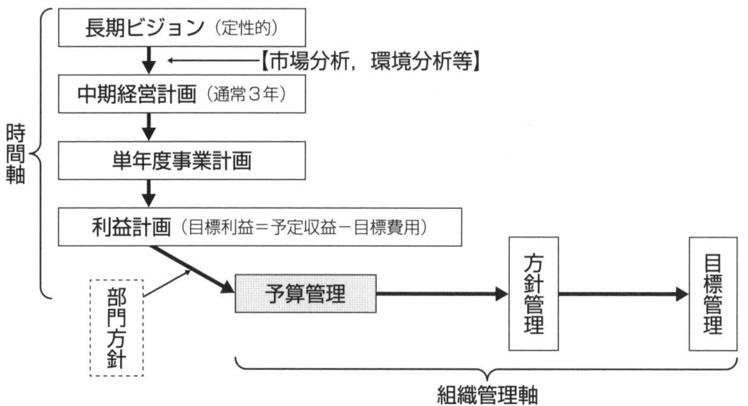

出所：大西（2017c, p.161, 図２）より著者修正。

4）　行政庁では歳出権限の付与としての予算であり，ここでいう予算管理とは異なる（後述）。

3 中期経営計画と利益計画

企業のマネジメントを時間軸の視点に従って示せば，まず，経営理念があり，その下に，定性的に示される長期ビジョンがある。そして，3年程度で設定されることの多い中期経営計画が定められ，それに従って，単年度の事業計画が定められる。さらに，予定収益と目標費用から目標利益が定められ，これをもとに，単年度の利益計画が作られる5)。これらの計画等では，財務情報のみならず，非財務情報もモニタリングされ，それぞれにPDCAが回っていることが多い。

時間軸の視点は，長期的な計画に基づく行政運営という形で行政でも取り入れられている。国の社会資本整備計画や地方公共団体の基本構想や総合計画などである。しかし，このような長期的な計画は政治的な意味合いを帯びることが多い。人口減少社会という右肩下がりの中で，人口増を伴うような楽観的な計画が政治的な理由から定められ，これが過大な投資を誘発し，将来の負担増を招くという構図が案じられるところである。

4 予算管理

予算管理は間違いなく，管理会計論の中心の1つである。これまでみてきたように，企業では，予算管理は時間軸と組織管理軸の交点に存在し，企業経営の要（かなめ）の役割を担っている。これに対して，行政では，企業と同じ意味での予算管理は存在しないことが多く，また，予算そのものについても，予算消化などよいようにはいわれないことが多い。

そこで，ここではまず，企業と行政における予算の意味合いについて確認したのち，予算管理の内容について言及する。そのうえで，予算管理の歴史を紐解きつつ，企業と行政の予算の共通性に触れることとする。

（1）予算の意味合い

企業の予算と行政の予算の意味合いは異なる。これまで述べてきたように，企業では，予算管理は本社経営管理部と部門とのやり取りを通じて，目標利益を各部門に割り付ける形で予算数値が定められる。目標利益の具現化とし

---

5) 事業計画と利益計画は元来別のものだが，同じ意味で使う企業も多い。

ての予算管理である。

これに対して，行政では，年度ごとに予算は定められるが，国の予算であれば，立法府から行政府に対する財政権限付与の一形式であり（小村 2002, p.161），立法府が行政府の経済活動に上限を設定したものである（貝塚 2003, p.40）。行政における予算は歳出権限の付与というべきものであり，そこには目標利益の具現化という意味合いはない。

なお，収益・費用・利益が把握される独立行政法人や地方公営企業といった行政の外環部では，企業と同じ意味での予算管理が成り立つ。しかしながら，行政の中心部や内環部での歳出権限の付与としての予算と同様に考え，目標利益の具現化としての予算管理をあまり意識していない法人や公営企業もあると思われる。

（2）予算管理のプロセス

予算管理は，利益計画から目標利益が割り付けられる形で，部門別に予算が定められる。予算管理の基本は，計画，調整，統制の３機能にあり，計画と調整からなる予算編成プロセスと，統制からなる予算統制プロセスに分けられる。

予算編成プロセスは，予算編成方針の下，部門別予算が定められるプロセスである。経営陣，予算部門，担当部門間での垂直的調整と，担当部門間での水平的調整を経て，目標水準としての予算数値が策定される。米国ではトップダウン型の予算編成が多く，わが国ではボトムアップ型の予算編成が多いといわれている。PDCAでいえば，PlanとDoの部分である。

一方，予算統制プロセスは，目標水準としての予算数値の伝達，目標への動機付け，責任明確化と業績評価の諸機能を有する。後述の責任会計と密接な関係に立つ。PDCAでいえば，Check（予算実績差異分析）とAction（改善策とその実行）の部分となる。

（3）企業と行政の予算管理，もとは同じ？

予算管理は19世紀から20世紀にかけての米国で生成し，第一次大戦後に一般化した。当時の企業予算と政府予算との関係については大西（2010a, p.17）でまとめたように諸説があるが，両者の密接な関係を指摘する者は多い。北村（2006）は，予算管理論の発展過程について，政府予算から現在の企業予算まで段階的につながっている姿を描いている。そこでは，予算の役割について，もともと政府予算制度では支出の制限であったものが，活動の指針（調整）を意味する予算統制システムに拡充され，さらに，統制・評価の基準としての業績評価・責任会計システムに展開され，最終的に利益目標の達成を意味する予算管理システムに発展してきたと整理する6)。このように，企業の予算管理は行政の予算とはまったく別のものではなく，行政の予算から発展してきた結果であるとも指摘できる。

5　責任会計

責任会計とは，会計を管理上の責任に結び付け，職制上の責任者（個人）の業績を明確に規定し，もって管理上の効果を上げるように工夫された会計制度である。責任会計は，戦時経済体制から平時体制に移行する中で，競争が激化しつつあった第二次大戦後の米国で誕生した。当初，製造部長等の原価のみに責任を負う原価センターから始まり，事業部長等の原価に加え収益にも責任を負う利益センターに，さらには資本利益率（利益額／投資額）で測定・評価される投資センターに発展してきた。利益責任を負った事業部制は，責任会計の１つの形態である。

責任会計では，業績測定・評価の基礎にある最も重要な基準として，管理可能性を位置付けており，管理可能性が責任を定義するといわれている。しかし，行政に責任会計を機械的に適用した場合，個人責任の行き過ぎた追及，ノルマ主義，タテ割り，行き過ぎた成果主義という弊害が生じやすい。そこで，これらを避ける観点から，職員感情に配慮する，責任の範囲を決める際の概念を管理可能性から拡張する，業績管理という執行プロセスの重要性を認識する，管理会計の他の方法論と一緒に扱うといった工夫が望まれる（大西・梅田 2018a）。責任会計は他の管理会計手法に比べて広い概念であり，その内容からしても他の方法論を用いて責任会計を実効的にするといった使い方が自然である。

---

6)　企業の予算管理は，政府予算と同じ①「資金配分（支出制限）」に，②「活動方針の調整」，③「統制・業績管理」（カスケードを含む），④「利益計画との協調」の各要素が加わったものである（大西・梅田 近刊）。

6　方針管理と目標管理

ここでは，組織管理軸の視点から，方針管理と目標管理に言及する。これらは，予算管理で部門別に割り付けられた目標利益の実現のための方策である。目標利益から方針管理，担当者レベルの目標管理という流れなどがある[7)]。

（1）方針管理

方針管理はわが国企業発の手法である。結果を重視しすぎる目標管理の問題点[8)]を踏まえ，結果を生み出すプロセス（工程）に注目するわが国のTQC（Total Quality Control：全社的品質管理）の一環として，PDCAに基づく手法として1960年代に誕生し，現場での活用を通じて帰納的に発展してきた（赤尾編 1989, pp.3-4）。

方針管理では目標だけでなく，プロセスでも管理される。目標については，目標達成度という結果による管理を行うが，これに加え，目標実現のための手段としての方策を管理することを通じ，結果のみではなくプロセスによる管理をも行おうというものである。

そして，目標と方策を組織の階層に従って展開することを方針展開といい，目標のブレークダウン（目標の展開）と，目標から手段（方策）への展開がある。一般に目標が大きければ，まず目標の展開を行い，絞り込まれた目標に対し方策を考案し，次にこの方策を目標とみなし，さらにそのための方策を展開する。これは，**図表2-3**のように，ちょうど目的－手段関係の連鎖の構図となる。

（2）目標管理

目標管理は，設定した目標をどれだけ達成できたかを測定し，個人の業績を可視化するためのツールである。わが国では1960年代から一般化した。これは，1954年にドラッカーが自己管理による目標管理を強調したことに始ま

---

7)　方針管理，目標管理は，レイヤー（層）構造ではなく，重畳的な適用もあり得る。1つに固まっているわけではない。

8)　後述のように，これは目標管理の稚拙な運用に伴い生じる問題ともいえる。

図表２－３　目標と方策の下方展開

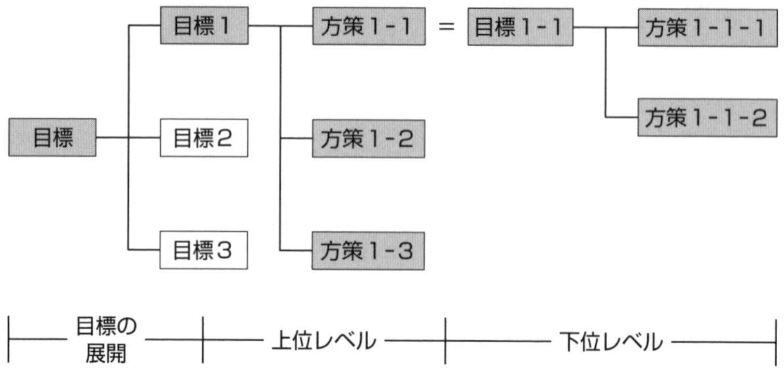

出所：飯塚監修（1996, p.15, 図1-3）より著者修正。

っている。目標管理はノルマ付けをイメージしやすいが，ドラッカーの意味するところは異なるのである。

目標管理の問題点としては，①評価者間の評価基準が不統一である，②目標設定や目標達成の基準が不明確である，③目標達成プロセスが軽視されているなどの指摘がある。目標管理の実施に当たっては，問題点を意識して工夫しつつ運用することが求められる。

7　利益計画・利益管理のための手法

第Ⅰ節の最後に，利益計画・利益管理の手法である損益分岐点分析と直接原価計算を簡単に説明する[9)]。これらの手法は，1930年代の大不況期の米国において，経営者の関心が遊休設備を活用し，利益をいかに上げるかに移りつつある中で誕生したことから，固定費に着目している。

（1）損益分岐点分析

損益分岐点分析は，損益分岐点を算出する過程を通じて原価・操業度・利益の関係を分析するもので，**図表2-4**のとおりとなる。この手法は図を通じた直感によるほうがわかりやすい。

9）独立行政法人や公営企業等の行政の外環部では，固定費の比率が高い分野が多い。このため，固定費の活用を考えさせる手法が重要となる。

図表２－４　損益分岐点分析の基本

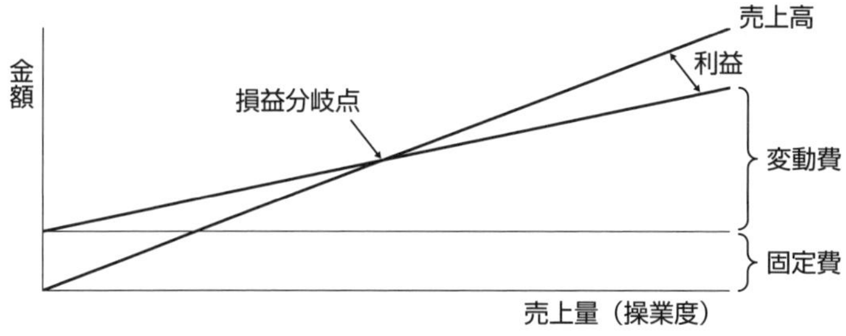

出所：大西（2017b, p.167, 図４）より。

損益分岐点分析は固定費の効率的・効果的な活用に有効である。一般的に，固定費が増えれば，損益分岐点が上昇し，その回収に売上高や操業度を上げなければならなくなり，経営が不安定になる。このため，損益分岐点分析により，固定費となる過大な投資を慎重に考えることができるようになる。

（２）直接原価計算

財務会計は，原価計算として全部原価計算しか認めていない。しかし，全部原価計算によると，在庫増でも利益は増加することとなり，経営者の感覚と合わなくなる。そこで，直接原価計算では，売上高から先に変動費を控除し，残額（限界利益）と固定費との多寡をもって営業利益を把握しようとする。

直接原価計算のメリットとして，①売上高に対応して利益が把握されることにより，経営者が利益計画を立てやすくなる，②遊休設備の活用[10]などを通じて，操業度政策や価格政策等の意思決定が可能となる，③固定費は固定費として把握されることから，原価管理がしやすくなるといった点が指摘されている。

10）遊休設備を活用した場合，直接原価計算で考えれば，その原価は変動費分で足りる。

II 収益側を非財務指標に拡張した管理会計手法

本節では収益側を非財務指標に拡張した管理会計手法に着目する。これらは，収益について何らかの前提を置いてバーチャル（疑似的）な形で把握しようとする手法群である。行政のうち，収益側は何らかの工夫を講じて把握しなければならない行政の内環部（執行部局）に多く適用される。

1 ロジック分析

まず，ロジック分析を概観する。収益を金額で表示できない行政の内環部（執行部局）にあっては，行政執行等の効果について，ロジックに基づいてバーチャル（疑似的）に測定する必要が生じる。

ロジック分析は一般的にはロジックモデルといわれるものである。以下で示すように，わが国で流布しているロジックモデルのイメージが限定的であることから，ここではあえてこれをロジック分析ということとしたい。

(1) ロジックモデルの概要と歴史的な経緯

わが国では**図表2-5**のようなロジックモデルがしばしば言及されており，これが一般的に流布しているイメージである。樫谷編著（2016, pp.20-21）によれば，ロジックモデルではすべての政策には必ず，その活動を行うことによって，どのような成果を生み出すのかという手段・目的の連鎖が仮説として存在することを前提とする。ロジックモデルはこうした仮説を明確に示すためのツールである。この手段・目的の連鎖をセオリーとよぶ。

行政が人的・資金的資源を投入し（インプット），その結果として財やサービスが算出されるまでが行政内部の事象であり，この部分の連鎖をプロセスセオリーとよぶ。そして，財やサービスの提供後から政策の効果（アウトカム）が発現するまでの過程が行政外部の事象であり，この部分の連鎖をインパクトセオリーとよぶ。インパクトセオリーの連鎖は因果関係仮説として示されるのが一般的であるとされる[11]。

11) 後述のように，ロジックモデルと戦略マップは重畳的に用いられることもあり，また，ケロッグ財団のガイドラインではif-then関係で示されていることから，目的－手段関係と因果関係とを峻別する必要はないと考える。そこで，本書では峻別しないこととする。

図表2－5　一般的なロジックモデルのイメージ

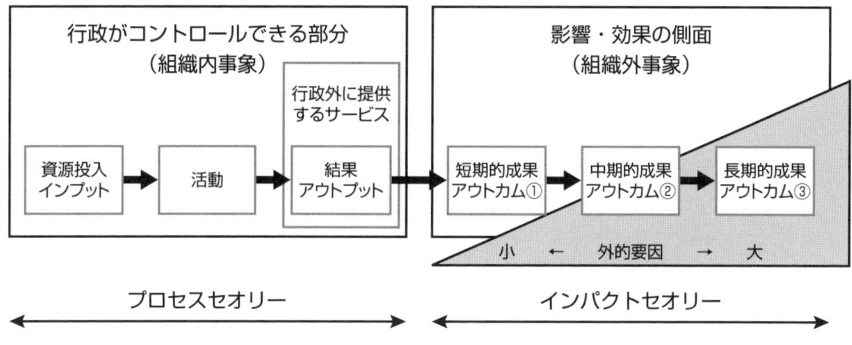

出所：樫谷編著（2016, p.21, 図表1-1）より。

大西・日置（2016）で整理しているが，用語としてのロジックモデルは1979年に登場したとされる。しかし，その起源は1960年代後半に米国国際開発庁が開発したロジカルフレームワークにあるとされる。当時，ODAの分野では，税金を原資とする巨額の資金が，なぜ海外諸国に供与等されなければならないのかという質問にどのように答えるかが非常に重要であると認識され，その必要性からこの種の手法が開発された。

（2）ロジックモデルとロジック分析

（1）で述べたロジックモデルは簡単明瞭にできている。このため，実際の行政にあっては，複雑な要因を一定のパターンにはめ込むイメージが強く出ることと思われる。

しかしながら，ケロッグ財団のガイドラインによれば実際のロジックモデルはもっと複雑であり，3つの類型に整理されている（大西・日置 2016）。そこでは，ロジックモデルの基本は，インプットからアウトカム，インパクト[12)]に至る一連の出来事を「もし…ならば，どうなる」（if-then）という言葉に従って示されるとし，用途に応じて3つの類型に分けられるとする。具体的には，資金を獲得するために使われる理論タイプ，実際のマネジメントのために使われる活動タイプ，報告等の目的のために評価に使われるアウト

12）最終的に発現を期待する効果をインパクトという。

図表 2－6　ロジックモデルの３類型

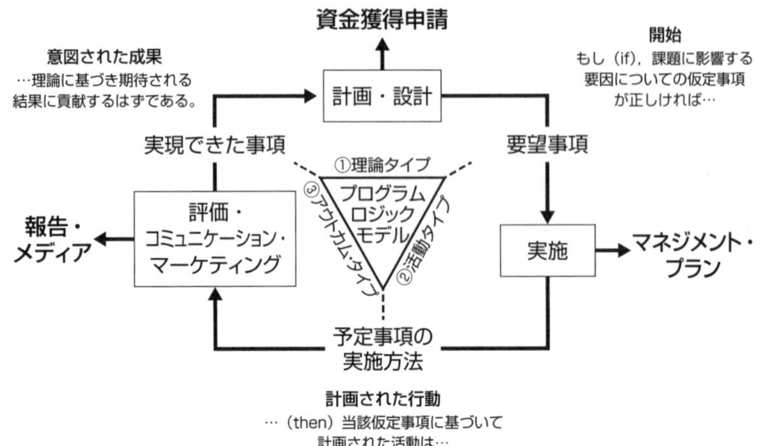

出所：大西・日置（2016, p.9, 図表6）より著者修正。

カム・タイプである。それぞれに目的が違うことから，内容も少しずつ異なっており，その使い分けが重要であるとされる。なお，この３類型はサイクルとなっていることが注目される。これらを図示すれば**図表2-6**のとおりである。

行政管理会計の文脈からはマネジメントが重要である。本来，きちんとしたマネジメントを行うためには，活動についても多段階で考える必要がある。しかし，**図表2-5**で示したロジックモデルでは，活動が１つにまとめられており，この点が問題となる。そこで，**図表2-5**のロジックモデルとは区別する意味で，本書ではあえてロジック分析とよぶこととする。

ロジック分析では，インプットからアウトプットに至る活動が多段階に分けられ，それぞれにその活動量が測定される。このようなロジック分析は，戦略目標間を因果関係仮説で示す戦略マップと親和性を有することとなる。

（３）ロジック分析とプログラム評価論

大西・日置（2016）で整理したが，ロジック分析は米国のプログラム評価論の文脈で論じられることが多い。そこで，ロジック分析とプログラム評価論との関係について概観する。

プログラム評価とは，社会的介入プログラムの効果性をシステマティックに検討するために社会調査法[13)]を利用することをいう。プログラム評価は米国での歴史的経緯の中で構築されてきた。まず，プログラムの費用と効率について評価する効率性評価から始まり，次に，アウトカムを評価するインパクト評価，さらには，プログラムのプロセスと実施を評価するプロセス評価，そして，プログラムのデザインと理論を評価するセオリー評価，最後に，プログラムのニーズを評価する必要性評価から成る。後者になればなるほど詳細なものと理解されている。米国では，1930年代に効率性評価に含まれる費用便益分析[14)]の導入から始まり，その後，より詳細な（先の順でいえば，より後者の）評価に対象を拡充してきた。

一般的なロジックモデルのイメージを記述した**図表2-5**では，プロセスセオリー，インパクトセオリーという用語が示されている。ここにみられるように，インプットからアウトカムに至る仮定の連鎖（先述のif-thenの連鎖）をセオリーといい，これを示すものがロジックモデルであるとされている。

なお，プログラム評価と似た用語に業績測定がある。業績測定は，プログラム評価論の「セオリー評価→プロセス評価→インパクト評価」に当たる部分を簡略化し，政策現場で役立つように体系化されたものである。端的にいえば，業績測定の分析対象がアウトプットであるのに対し，プログラム評価のそれはアウトカムであるなどの相違がある。

2　戦略マップ

戦略マップの詳細については，BSC（バランスト・スコアカード）の中で戦略を記述する手法として後述する。しかし，戦略を記述することのできる戦略マップの活用は行政ではイメージしやすく，関係者間の認識を共有する観点からも効果が大きいので，ここでも言及しておく。

13) 社会調査法とは，体系的な観察，測定，データ解析などの諸技法を活用して，事実に即して社会現象を記述するものであるとされている。

14) わが国で実施されているB／C分析（後述）につながる。

(1) 戦略目標間の因果関係仮説に基づく戦略マップ

BSCを構成する戦略マップの特徴の1つは，戦略目標同士の因果関係仮説である。この因果関係は統計的な意味での厳密性を持つということではなく，事象Xが時間の経過の中で事象Yに先行し，事象Xが発生すると必ずあるいは高い確率で事象Yが観察され，時間と空間の中でXとYが互いに密接な関係にあるときをいう（櫻井 2019, p.643）。戦略マップという手法を採用することで，戦略目標間の因果関係仮説において時間軸，時間の流れが表現できることになる。ここに，戦略の記述として非常に理解しやすいという戦略マップのメリットがある（**図表2-7**）。

学習と成長から始まる4つの視点を踏まえて活用されるBSCは，戦略マップのほか，スコアカード，アクションプランといった構成要素から成る。また，BSCには柔軟な側面があり，4つの視点も適宜修正され活用されている。戦略マップの行政への活用，とりわけ，収益を金額で表示できない行政の内環部（執行部局）への活用を考えるに当たっては，財務の視点を含む4つの視点に固執するのではなく，まずは戦略マップを取り出し，戦略目標同士の因果関係仮説を中心に理解してはどうかと考える。そのうえで，それぞれの戦略目標を実現していくための手段たるアクションプランなどについて，目的－手段関係に基づき，必要に応じて考えていけばよいと思われる。結果として，BSCと同じものとなる場合もあれば，大きく異なることとなる場合も出てくると思われる。

先に，因果関係仮説には統計的厳密性は求められないと述べた。しかし，その一方で，因果関係仮説はPDCAによる検証を伴う。因果関係仮説をPDCAで修正しつつ，より確からしいものにしていくことは必須である。それでは，どういう場合に因果関係仮説を修正する必要があるのか，誰がどういう場合にどの程度の段階で判断するのか，ここに実務上の課題があることは指摘しておかねばなるまい。

(2) 合意形成における戦略マップの活用

戦略マップには戦略の記述として理解しやすいというメリットがある。それゆえ，戦略マップはコミュニケーションツールとしても機能する。4つの視点やスコアカードなどは，それぞれの行政の必要に応じて適宜修正されればよい。その結果，戦略マップは，理解しやすいというその特徴から，職員

図表２－７　戦略マップの例（航空会社）

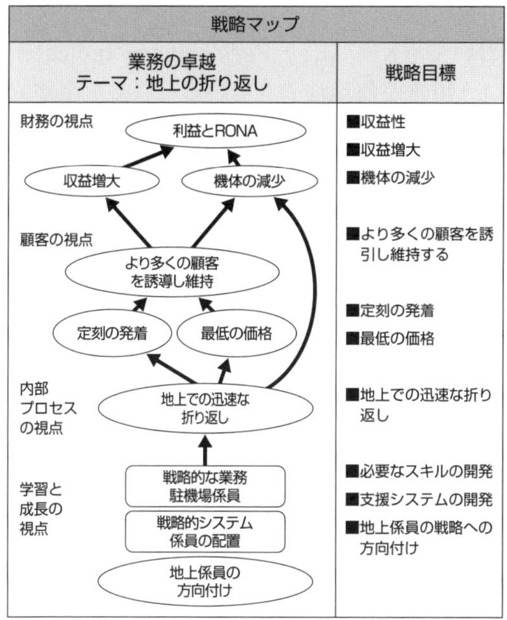

出所：伊藤（和）（2014, p.16, 図表1-1）より著者修正。

のアラインメント（方向付け）のために必要となる組織内の合意形成や，組織の壁を越えた関係者間での合意形成に効果を発揮することとなる。

行政においては，同じ組織でも複数の部門間で多職種が協働しなければならないことは多い。また，国や地方の多くの組織や関係団体など組織の壁を越えた協力関係が求められることも多い。戦略マップは，行政内部における，あるいは，行政の枠を越えた複数組織間などにおける関係者間の方向感のすり合わせに大きな効果を有すると期待される。他方で，管理会計論には組織間管理会計の議論もみられる。両者を併せて考えると，著者としては，行政における組織間管理会計は，戦略マップから始まるような気がしてならない（大西・梅田 2019d）。

3 KPI

昨今，行政においてもKPI（Key Performance Indicator：成果指標，重要業績指標）という用語が使われてきている。収益を金額で表示できない場合であっても，KPIによりバーチャル（疑似的）に測定することができる場合がある。KPIは収益側における管理指標となり得る[15)]ので，ここで概観することとしたい。

大西・福元（2016a）で整理したが，KPIは多義的ではある。その活用の起源は，20世紀初頭の米国デュポン社におけるデュポンチャートシステムにさかのぼると指摘されている。デュポンチャートシステムは，投資利益率を売上高利益率と資本回転率に展開し，それらをそれぞれに財務的な要素で分解していくものであり，今日でも用いられている。

KPIはその後，産業ごとにあらかじめ想定できるような成功決定要因と考えられたり，組織目標における達成目標と位置付けが与えられたりしたのち，現在では，戦略の実行プロセスにおける指標と位置付ける考え方が主流になってきている。そこでは，先行指標や遅行指標（結果指標）といった指標間の関係性の中でKPIが考えられている。論者により，先行指標→（遅行指標としての）KPIとの位置付けや，（先行指標としての）KPI→遅行指標（結果指標）との位置付けもみられる。マネジメントにおいて重要なのは先行指標であるため，KPIとして特に注目していく観点からは，後者の位置付けが適当であると考える。

KPIでは伝統的にコンサルタントが活躍している。ある見解ではKPIの概念を広く解し，目標となる成果指標としての「成果KPI」と，「成果KPI」の先行指標となるプロセスの管理指標である「プロセスKPI」に分け管理するとしている（大西・福元 2016a）。

このように，現在，KPIは指標間の関係性の中で考えられている。その結果，ロジックモデルや戦略目標間の因果関係仮説から考える戦略マップ，目標を手段たる方策で管理し，下方に展開していく方針管理などとの親和性が高まってきていると考える。

15）費用側でも活用可能であるが，どちらの可能性が高いかという観点から収益側とする。

第3章

費用側を中心とした管理会計手法

本章では費用側を中心とした管理会計手法について述べる。費用側では，無駄等の非付加価値活動をいかに排除していくかに関する手法が一般的である。本章を2節に分け，第Ⅰ節では一般的に紹介されている管理会計手法について概説する。第Ⅱ節では費用側を非財務指標に拡張した管理会計手法について言及する。第1章の**図表1-3**を用いて示せば**図表3-1**のとおりである。

図表3-1　第3章で言及する管理会計手法

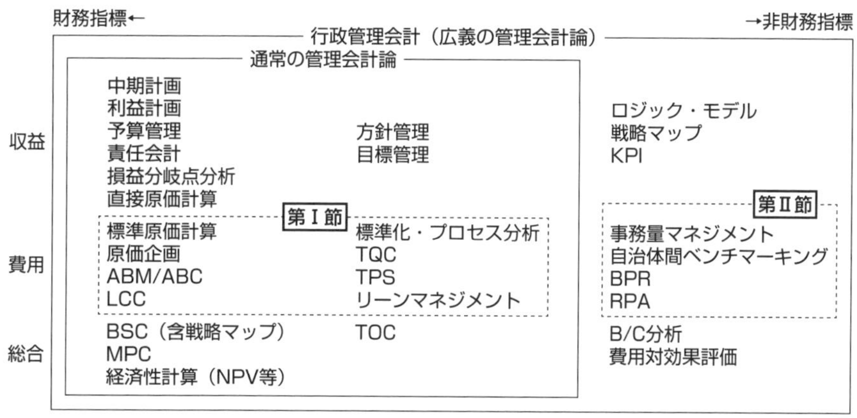

出所：著者作成。

Ⅰ　費用側を中心とした通常の管理会計手法

本節ではまず，費用削減に目を向けさせる工夫，および，無駄についての考察について言及する。次に，最重要の概念の1つである標準化から始め，様々な手法について概説する。最後に，関連する考え方などについて言及する。

1 費用削減に目を向けさせる工夫

人間の本性からは利益増大に比べ費用削減には目が向きにくい。しかも，費用削減に当たっては，作業標準化のような科学的管理法を活用することが多い。科学的管理法は一般的に強烈な反発を伴うことが多いことから，費用削減に目を向けさせる工夫が必要となる。

行政には必ず，公共的な目的が存在する。そこから組織戦略の大枠，さらにそこから組織の価値観が導かれ，その実現のために必要な費用削減ということであれば，職員は自然と目が向くようになる。すなわち，費用削減に目を向けさせるためには実は組織の価値観に裏付けられた組織戦略と関係付けることが効果的なのである[1)]。

2 無駄についての考察

費用の削減のためには無駄の削減が重要である。一見，無駄はないようにみえる場合は多いし，そう思いたい気持ちもよくわかる。しかし，視点を変えたり，方法論を変えたりすれば，必ず無駄は見つかる。費用管理に注力してきた管理会計論には，この無駄を見つけ出す方法論に蓄積がある。これを活用しない手はない。

それでは，無駄とは何か。井堀（2008）は無駄を3つに分け，①絶対的な無駄，②相対的な無駄，③結果としての無駄があるとする。①絶対的な無駄には，公共サービスを劣化させないで削減できる歳出と，歳出それ自体の便益がマイナスの歳出である。②相対的な無駄は，便益よりも費用のほうが大きい歳出である。③結果としての無駄は，災害予防等のように，事前には必要と考えられていたが，事後的には（災害が起こらなかったために）必要がなくなった歳出である。そして，②相対的な無駄か否かについては，便益と費用とを比較した議論が必要であるとする。

以上のうち，行政管理会計の文脈で削減すべき無駄は，①絶対的な無駄に加え，②相対的な無駄のうち費用に比べ便益が明らかに小さい一部の無駄と

1) 後述の無駄と併せれば，逆説的ではあるが，無駄削減（費用削減）のためには，これまで以上に重視すべき業務を強調することが求められる。この点は大西（2010a, pp.135-136）でも言及している。

いうことになろう。これらの無駄の削減に向けた方法論が必要となる[2)]。しかも，これらの無駄に対する批判は，相対的な無駄を見直すために必要となる冷静な議論を吹き飛してしまうほどの震度がある。だからこそ，行政の側が，行政管理会計のような方法論に従って無駄を削減するべく努力していると示し続けることが重要となる[3)]。

3 業務の標準化とプロセス分析

費用側を中心とした手法における最も重要なものの1つに，業務の標準化とそれを基礎に組み立てられたプロセス分析がある。藤本（2001, pp.23-27）は，ボトルネック改善を強調するTPS（トヨタ生産方式）やTOC（制約条件の理論）の基礎にプロセス分析があるとするとともに，BPR（ビジネスプロセスリエンジニアリング）なども，「まずプロセスを理解し，分析し，その流れをスムーズにするよう改善・変革を行う」という生産システム分析における定石と基本論理を共有していると指摘する。このように，業務の標準化とプロセス分析が多くの手法の基礎にあることは注目されてよい[4)]。

(1) 業務の標準化

テイラーの科学的管理法には，作業標準とそれに基づく作業の標準時間の設定という標準設定の思想がある。この標準設定の思想に基づいて，業務[5)]の標準化が存在する。この業務の標準化は，業務処理や事務処理の手順，あるいはマニュアルと理解すればわかりやすい。そして，このような標準化は，作業標準や作業の標準時間だけではなく，材料消費量に対しても設定され活用されてきた。

標準の設定によって，無駄が削減されるという効果が得られると同時に，品質が一定となる効果も得られる。一般的に，費用の削減は品質の低下を招くという理解がみられるが，標準の設定を通じて，費用の削減（効率化）と

---

2) 例えば，無駄を無駄のまま外部委託しても無駄であることに変わりはない。下手をすると，無駄を固定化してしまうことになりかねない。

3) こう書くと企業には無駄が一切ないとの極論を主張する者が出てくるが，企業組織も行政組織と同様，無駄が多いことはいうまでもない。

4) この点を見失うと，方法論の様々な流行に振り回されることとなりかねない。

5) ここでは，一般的な意味では作業，行政を念頭にした場合は業務とする。

図表3-2　工程流れ図の例（高級ウイスキーボトル）

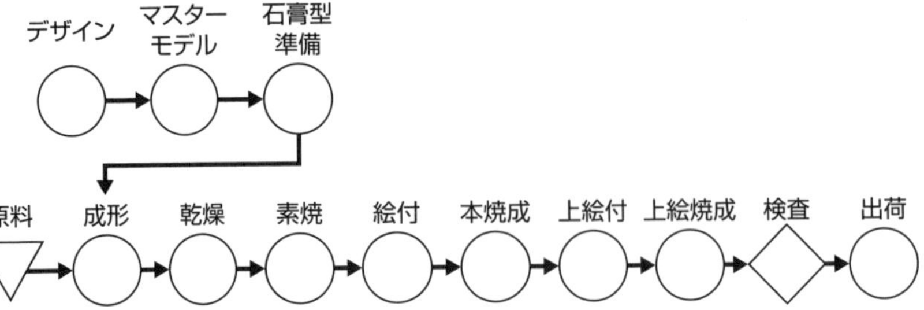

（注）工程流れ図では，加工は大きな○，運搬は小さな○，停滞（在庫・手待ち等）は▽，検査は◇で表すことが多い。
出所：藤本（2001, p.17）より著者修正。

品質の向上とを両立することができるのである。

そして，業務標準の設定ののち，当該標準に基づいて実行され，想定結果と実際の結果との差異が分析され，是正措置がとられるという流れとなる。業務の標準をPlanとみた場合，科学的管理法にはPDCAが内包されている。

（2）プロセス分析（工程分析）

業務の標準化を基礎に，プロセス分析（工程分析）が存在する。藤本（2001, p.16）によれば，生産のプロセスは工程ともよばれ，「製造企業の組織の中で，インプットを取り込み，それを組織にとってより価値の高いアウトプットに変換する部分」であるとする。この生産プロセスのモノの側面に着目して作成されるフローチャートを，「工程流れ図（工程フローダイアグラム）」という。図示すれば，**図3-2**のとおりである。

プロセス分析では，業務改善のために時間配分の分析・評価が重要であり，標準時間を分解し，価値を生み出していない時間，無駄な時間，省略可能な時間を洗い出すことが基本になる。このプロセス分析は計数的に把握されるものが多く，管理会計とは非常に高い親和性を持つ。プロセス分析のうえに多くの管理会計手法が展開されるといっても過言ではない。

4　標準原価計算

標準原価管理とは，達成目標として原価の標準を設定し，それに向けて原価の発生をコントロールするものである。そして，業務の標準から標準作業時間が設定され，そこから標準直接労務費が算出される。また，１製品当たりの標準材料消費量から標準直接材料費が算出される。これらに間接費を配賦して，標準原価計算が行われることとなる。櫻井（2019, p.298）に従い，これをPDCAで示せば，標準原価の設定⇒実際原価の算定⇒原価差異の原因分析（差異分析）⇒経営活動の是正という流れになる。

標準の設定に際しては，習熟効果，経験効果を組み込むことが多い。習熟効果とは作業繰返しによる能率向上を通じた原価低減をいい，生産に必要な作業時間が，生産活動の繰り返しに従ってほぼ定率で減少するとの経験則から導かれた効果のことである。例えば，航空機生産における習熟率は80%といわれ，１機目は100時間だったものが，２機目には80時間となり，３機目には64時間となることなどが挙げられる。

また，経験効果とは技術進歩等による同系列製品での原価低減をいい，継続的な生産において，革新的技術，新材料使用，新生産方法開発等により，製品系列別の総原価が減少していく事実を示すものである。習熟効果のような一般的な経験則は導かれてはいない。

原価管理には，原価維持，原価改善，原価企画の３類型があるが，標準原価計算は，このうち原価維持であるとされる。しかし，後述のTPSのように，量産段階で標準原価を原価低減の方向で目標値を厳しく設定する場合には原価改善となる。標準原価計算は，生産条件がほぼ変わらない企業，大量生産を行う企業，労働集約的な企業に適合するとされる。

5　TQC（全社的品質管理）

TQC（Total Quality Control：全社的品質管理）は，日本的な形での改善を指向したシステムである（藤本 2001, p.284）。TQCは，①全階層の社員および全部門の参加を指向する全社的活動であり，②品質の管理のみならず，原価管理（利益管理，価格管理），量管理（生産量，販売量，在庫量），納期管理を含めて総合的に行われる（石川 1984, pp.128-129）。前小節で示した原価管理の３類型でいえば，原価改善の例とされる。

（1）TQCの特徴

わが国のTQCの特徴について藤本（2001, p.284）は以下のとおりとする。①品質管理・改善のための小集団活動であるQCサークル活動，②トップダウン的な目標・施策の展開である方針管理，③QC七つ道具などの定型的な統計的手法，④QCストーリーなどの問題解決手順，⑤教育・訓練の重視，⑥日本科学技術連盟などの企業横断的なTQC普及組織とその活動，⑦デミング賞を頂点とする全国レベルから社内レベルまでの表彰制度などである。そして，いずれもが全員参加・改善指向というTQCの基本に深く結び付いた仕掛けである。

（2）QCサークル活動

小集団活動たるQCサークル活動はTQCの一部をなす。石川（1989, p.89）は，QCサークル活動がTQCに占める比率は第3次産業では1/3くらいであろうと指摘する。QCサークル活動は，業務標準[6)]を軸に展開される。業務標準の改定を伴う改善により，もとの状態に戻ってしまう手戻りが防止できる。

一方，病院における事例では，QCサークル活動はじきに種が枯れてしまうという問題も指摘されている。そこで，QCサークル活動では，思考方法に工夫を凝らして簡略化・パターン化し，それを全員に徹底することが試みられている。全員参加の観点からは，思考方法の簡略化・パターン化が重要なのである。以下では，その例として，QCストーリーとQC七つ道具について言及する。

QCストーリーは標準的な問題解決手順のことである。具体的には，①テーマ選定，②テーマ選択の理由の説明，③目標（あるべき姿）の把握，④現状把握，⑤要因分析，⑥対策（解決策）の提案，⑦効果確認，⑧歯止め（成果維持と問題の再発防止），⑨残された課題と今後の進め方のレビューという手順となる。

また，QC七つ道具[7)]とは以下のとおりである。①特性を作り出す要因を体系的に整理した特性要因図（通称，魚の骨），②現場でのデータ収集等に便利なチェックシート，③影響因子を分けてみる層別，④バラツキを柱状図でみるヒストグラム，⑤要因ごとの影響度について累積率を使い，わかりやすく示すパレート図，⑥相関などをみる散布図，⑦バラツキを時間軸で折線

---

6) 工程管理ともいうが，ここでは業務標準で統一する。

7) TQCを推進してきた日本科学技術連盟（日科技連）は1996年にTQCをTQM（Total Quality Management）に呼称変更した。TQMでは経営トップのより直接的な関与や戦略ビジョンとの連動を強調されており，そこでは新QC七つ道具が提唱されている。

グラフ化した管理図である。

このようなQCサークル活動は，行政で広く行われている事務改善活動にとって非常に参考になる。事務改善活動において業務標準の改定を意識することは，当該活動が，例えば「みんなでがんばろう！」といった単なる運動論・精神論に陥りがちな悪弊を回避することができ，元の木阿弥になりがちな手戻りを防止する効果も有する。また，改善の種枯れの防止に向けたQCストーリーやQC七つ道具などの工夫は，行政に合わせる必要はあるものの，参考になる。なお，行政の場合，事務改善活動においても，組織の価値観に裏付けられた組織戦略の職員への徹底が強力な推進力になり得ることはここで付言しておきたい。

6　原価企画とVE（価値工学）

原価は，企画・計画段階で70～80%，設計・試作段階で15～28%，量産段階で２～５%が決まるとの研究がある。そこで，わが国の製造業では，製品の企画・設計段階で原価と品質を作り込み始めた。これが原価企画であり，わが国発の管理会計手法である。先述の原価管理の３類型でいう原価企画である。

原価企画の背景には，産業発展の過程で生産現場では直接工が減少し，これにより加工組立型産業における標準原価計算の重要性が低下することとなった。その結果，より上流段階での原価低減が重要になってきたことが挙げられる。

原価企画は，多品種少量生産に適合するといわれている。行政では中部国際空港が有名である。公共事業における企画・設計段階など，原価企画やVE（価値工学）の思考方法を活用できる分野は非常に大きい。

（1）原価企画

伝統的な価格決定は，実際原価＋利益＝販売価格という定め方をする。これに対して，原価企画は，市場の状況から予定販売価格を定め，そこから目標利益を控除し許容原価を導く。予定販売価格－目標利益＝許容原価という定め方である。そして，現行技術レベルでの成り行き原価（見積原価）に改善目標を加え，上記の許容原価とすり合わせて，レベルの高い目標原価を定め，VE（価値工学）等を活用しつつ何度も見直しをすり合わせ，原価を低減させていく。このように，原価企画は，目標原価に向け上流（企画・設計）段階で原価を作り込むものである。

原価企画には2つのタイプがある（田中 2002, pp.7-8）。まず，狭義の原価企画は，開発戦略と関係付けられたもので，戦略的に目標原価を設定し，それを達成させる管理活動をいう。これに対し，広義の原価企画は，中長期利益計画と関係付けられたもので，製品群等のライフサイクルにわたる利益の企画管理をする活動をいい，戦略的な製品群別の利益管理として展開される。

(2) VE（価値工学）

原価企画の実際のプロセスではVE（Value Engineering：価値工学）が活用される。VEは，果たすべき機能とそのためのコストとの関係で価値を把握し，組織横断的なチームにより機能分析を体系的・組織的に行うなどのシステム化された手順により価値の向上を図る手法である。これを式で示せば，V（価値）＝F（機能）／C（コスト）となる。

このようなVEはいくつかの段階に分けられる。まず，商品企画段階のVEである「0 Look VE」である。何を作るかを決めるプロセスで，マーケティングVEともいわれる。次に，商品化段階のVEである「1st Look VE」である。開発段階と設計段階で行われるVEであり，どのように作るかを決めるプロセスである。最後に，製造段階のVEである「2nd Look VE」がある。製造開始後の初期の段階でのVEをいう。

7 TPS（トヨタ生産方式）

TPS（Toyota Production System：トヨタ生産方式）は，トヨタ自動車の黎明期に，資源や資本の制約という環境条件の下，大野耐一らによって編み出された生産管理手法である。「怪我の功名」で生まれたともいわれる。TPSがわが国発かどうかは議論がある。大野耐一は，フォードシステムを編み出したフォードI世が今も生きていれば，TPSと同じことをやったに違いないと述べている（大野 1978, p.178）。

(1) TPSの基本

TPSの究極の目的は，コスト低減による利益確保である。そこでは，作りすぎの無駄を排せばコストは下がるとの考えの下，以下のような流れで取り組んでいる。まず，ヒト，設備，在庫といった過剰な生産能力を第１次的無駄と考え削減する。次に，中間製品等の作りすぎを仕事の進みすぎとし第２次的無駄と考え削減する。そして，過剰な在庫を第３次的無駄と考え削減する。最後に，余分な倉庫・品質管理・コンピュータ等を第４次的無駄と考え削減する。

以上の第１次から第４次的無駄の削減を基本とし，そのための副次的な目標として，①作りすぎの無駄を回避するための需要変動に適応し得る数量管理，②不良品とそれに基因する検査工程をなくすための後（あと）工程への品質保証，③人的資源活用の観点からの人間性の尊重，を設定する。そして，これらの目標の下に，様々な方法論を一体化させている。

（２）TPSの２本柱と様々な概念・方法論

TPSには様々な概念・方法論がある。大野（1978, p.9）によれば，TPSの２本柱はJIT（Just In Time：ジャストインタイム）と自働化である。JITとは，生産の流れを逆の方向からみて，必要なものを必要な時に必要な量だけ作ることである。自働化とは，不具合を監視し，それが生じた場合には流れを止めるといった管理をするメカニズムである。

これら以外にも有名な方法論もある。例えば，かんばんは，前工程の生産等を後工程が指示するJIT実現の手段である。生産の平準化は，生産量のバラツキをなくし，販売量に合わせて生産することである。多能工は，様々な工程を扱えるようにすることである。これらを含め，TPSをまとめれば，**図3-3**のとおりとなる[8)]。

このようにTPSでは，多くの概念・方法論が一体化され整合的にまとめられている。このことは注目されてよい。なぜなら，行政管理会計においても，行政組織の状況はそれぞれであり，これに合わせて，様々な概念や方法論を複数見つけ出し，それぞれの状況に適合させるべく，一体化し整合的にまとめていくことが望まれるからである。

---

8) 行政管理会計の文脈でも，（業務の）標準化，（業務の）平準化，（職員の）多能化は広く応用できる概念である。

図表3-3 TPSの全体像

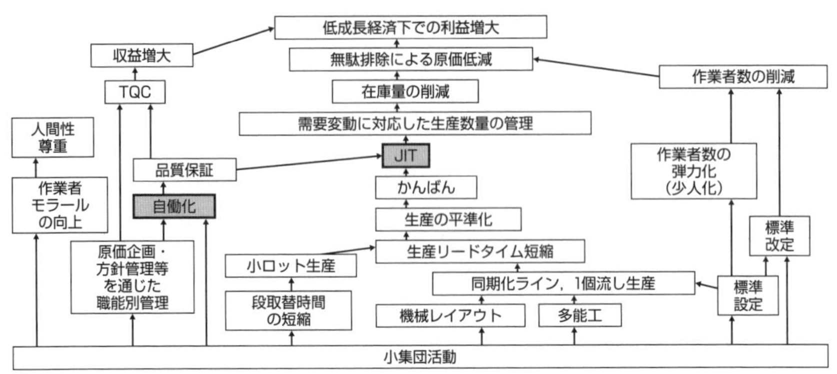

（注） 同期化ラインとは同期化により前後の工程の待ち時間をなくすことをいう。1個流し生産とは各工程の作業が同時に開始され同時に終了する（これで工程間の在庫がなくなる）ことをいう。リードタイムとは生産指示から完成・入荷までの時間をいう。
出所：門田（2006, p.9）より著者修正。

8 リーンマネジメント

リーンマネジメントは，1980年代に米国でのわが国自動車産業の研究を通じて，TPSが米国流に理論化されたものである。1990年，ウォーマックらにより一応の完成をみた。それ以降，欧米諸国ではリーンマネジメントの理論・実践が普及しつつあり，世界的に流行している。当初は大量生産型工場からスタートしたが，1992年頃からは生産管理一般に，1996年頃にはサービス産業に展開され，2000年頃には医療に展開された（大西 2010a, pp.147-148, pp.217-250）。

リーンマネジメントは，プロセスに焦点を当て，プロセス分析を基礎とし，顧客にとっての価値とそれを創っていく一連の活動，換言すれば業務の流れに着目する。そこでは，TPSで用いられる様々な手法を活用している。

その基本的な方法論と思考は，以下のとおりである（Womack = Jones 1996）。基本的な方法論は，まず活動を以下の3つに分類する。①顧客価値を実際に想像している活動，②顧客価値はないが，現状では必要な活動，③顧客価値がなく，排除可能な活動である。そのうえで，無駄として，まず③，次に②の順で排除し，①のみに絞っていくものである。

そのための思考は5原則にまとめられている。(1)製品価値の正確な定義づけ，(2)製品価値をもたらす一連の活動の構築，(3)当該活動のよどみのない流れの構築，(4)顧客（川下）側の要求による生産，(5)完全性の限りなき追求である。

著者がデンマークに駐在していた2003年から2006年，当地の医療機関ではリーンマネジメントが流行していた。当時の関係者（複数）によれば，リーンは改善の元となる業務プロセスを作り出すものであり，BPR（ビジネスプロセスリエンジニアリング）を現場レベルで展開する場合にはリーンが必須となる。また，ABC（活動基準原価計算）等やBSC（バランストスコアカード）とも相互に関係しており，リーンを先行させせつつ併せて実施するのが効果的であるとの指摘があった（大西 2010a, pp.231-232）。

9 ABC（活動基準原価計算）／ABM（活動基準管理）

産業の大量生産型から多品種小量生産型への移行を背景に，1987年頃，キャプランらによって，間接費をより正確に配賦（配分）できるABC（Activity-Based Costing：活動基準原価計算）が編み出された。そして，正確な原価計算を行うABCから，1991年頃には，プロセス効率化による原価管理を行うABM（Activity-Based Management：活動基準管理）等が編み出された[9)]。ここでは，ABC／ABMの基礎となる活動をイメージするため，活動を含む業務の階層を確認したうえで，各手法を概観する。

（1）業務の階層

櫻井（2019, pp.392-394）は，業務には大小の階層があり，機能（例：マーケティングと販売）＞プロセス（例：製品の販売）＞活動（例：販売の予測）＞タスク（例：提案書の作成）に分けられると指摘する。ただ，ドイツでは，活動を対象とするABCがプロセスを対象とするプロセス原価計算となったように，これらの違いは相対的なものと考えられる。

業務の階層とコストマネジメント手法には対応関係もある。プロセスであ

9) ABMと同時期に予算管理を行うABB（Activity-Based Budgeting：活動基準予算）が編み出され，2004年には意思決定のためにより簡便にコストを計算できるTDABC（Time-Driven Activity-Based Costing：時間適用ABC）が編み出されたが，ここでは省略する。

ればBPR（ビジネスプロセスリエンジニアリング），活動であればABC／ABM等，タスクであれば標準原価計算につながると指摘されている。

（2）ABC（活動基準原価計算）

製造部門の間接費である製造間接費を製品に配賦（配分）するに当たっては，従来は製品の製造にかかった職工の直接作業時間等の操業度関連の基準で配賦していた。しかし，これでは数量を多く製造する製品に製造間接費がより多く配賦され，小量しか生産しない製品にはより少なく配賦されてしまう問題があった。そこで，ABCでは，より正確に製造間接費を配賦し，精緻な原価計算を行う観点から，「製品が活動を消費し，活動が資源を消費する」という考え方をとった。この考え方の下，人件費や物件費などの個々の資源消費量を（作業時間等により）それぞれの活動に配賦し，集計されたそれぞれの活動から，品質検査であれば検査項目といった当該活動に適した基準により個々の製品に配賦することとした。

ABCは赤字製品の切り捨て等のリストラに有効な手法として米国企業に活発に導入された。その一方，ABCには，計算が複雑であり，手間とコストがかかるという批判がなされていた。そのような中で，ABCには従業員の活動を分析する過程があり，この過程が資源の使い方の無駄に気付かせてくれると認識されたことから，ABMが編み出されてきた（櫻井 2019, pp.374-375）。

（3）ABM（活動基準管理）

ABMは，原価を計算するための手法ではなく，活動の管理を通じてプロセスを効率化し，それにより原価を低減させていく手法である。ABMは３つの分析から成る。まず，①記録やインタビューに基づき，付加価値活動と非付加価値活動を識別し，後者を削減していく「活動分析」，次に，②資源と活動，活動と製品等の間に適切な因果関係があるかどうかを分析し，無駄の原因を排除する「原価作用因分析」[10]，さらに，③非付加価値活動の削減，付加価値活動の効率化等の測定を行う「業績分析」の３つである。

10）作用因（driver）は因果要因のことであり，原価作用因は「原価を発生させる要因」という意味である。

図表3－4　ABCとABMとの関係

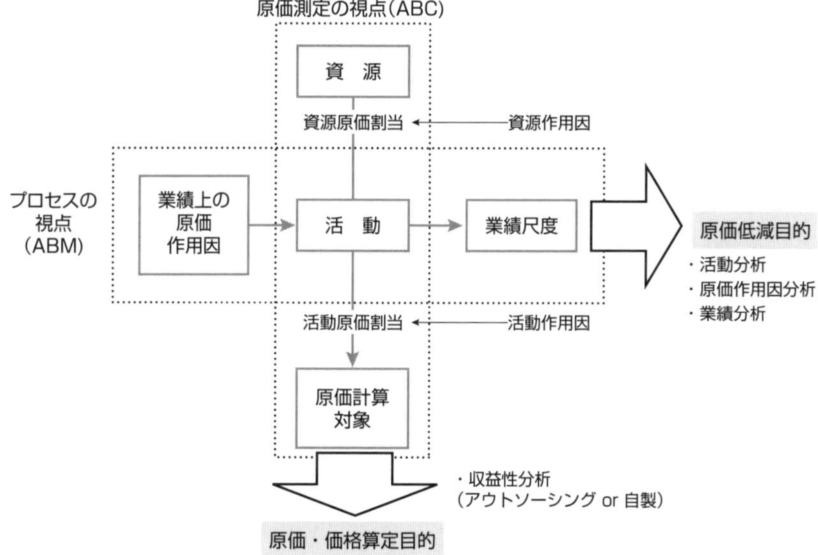

出所：樫谷編著（2016, p.28, 図表1-2）より著者修正。

ABCとABMとの関係について，1991年以来よく使われている構図で示せば，**図表3-4**のとおりである。ABCからABMへの転換を境に，わが国でのABMへの関心が一気に高まっていったと指摘されている（櫻井 2019, p.375）。

ABCは間接費の配賦の正確性を追求している。一方，ABMでは改善活動を強調している。このため，ABMでは，直接費に該当する従業員の稼働時間を対象とした業務の改善も対象となる11)。この点に関して，樫谷編著（2016, pp.27-28）は，ABCから発展してきたというABMの経緯から，ABMとして実施する場合には，間接費の正確な配賦を行うABCに引きずられてしまい，業務改善の視点が弱くなると指摘する。このため，樫谷編著（2016）では事務量マネジメントという分類を設けている。詳細は後述する。

11) 大西（2010a, p.141）ではこの点を強調している。

（4）業務フロー・コスト分析

ABMに関連して国においては業務フロー・コスト分析という取組みが行われている。これは2010年7月の閣議決定「公共サービス改革基本方針」に端を発し，2012年～2013年にかけて形になっていった。当時は内閣府公共サービス改革推進室が担当しており[12)]，業務フロー・コスト分析にかかる検討の初期段階では著者も参画の機会を得た[13)]。そこで，当該分析の基本的な考え方と著者が考える課題を述べる。

総務省HP（2017a, p.3）によれば，業務フロー・コスト分析はABM（活動基準管理）の考え方に基づき，①分析の対象となる業務区分の特定，②当該業務区分についてその詳細区分である事務区分への分解，③事務区分ごとの業務量の把握・分析，④事務区分等の適切な区分ごとの人件費等の算定という手順で実施する。業務を可視化し，業務改善を図ることが目的であり，対象機関は，国の行政機関，独立行政法人，国立大学法人，特殊法人等とされている。

実務的に難度が高いと思われるのは，上記③の事務区分ごとの業務量の把握である。これには，現場の業務管理者を対象に，年間の従事時間割合（%表示等）をアンケート調査する方法などが例示されている（総務省HP 2017a, p.5）。

以上のような業務フロー・コスト分析は，本章で言及したABM，すなわち，業務改善の目的で実施される，直接費に該当する従業員の稼働時間を対象としたABMと同じ発想である。また，業務フロー・コスト分析は，後述の事務量マネジメントのうち，事務量の管理の部分とも同じ発想に基づく。

しかし，業務フロー・コスト分析にはインセンティブという点で課題もあった。なぜなら，この分析を担当する部局は，官民競争入札[14)]・民間競争入札（以下，あわせて市場化テストという）をも担当していた。市場化テストは，公共サービスの実施について，民間事業者の創意工夫を活用することにより，国民のため，より良質かつ低廉な公共サービスを実現するためとされ

12）2016年4月より総務省に移管された。

13）著者は2010年7月から2012年7月まで内閣府に出向した。内閣府での所属部署は異なるが，いわゆる有識者の1人としての参画であった。

14）官民競争入札は，公共サービスについて，官と民が対等な立場で競争入札に参加し，質・価格の観点から総合的に最も優れた者が，サービスの提供を担う仕組みである。

ている。その結果，業務フロー・コスト分析を実施しようとする行政組織にとっては，いわば努力した挙句，まとめて民間にアウトソーシングされかねないという問題があったからである。すなわち，業務フロー・コスト分析には，市場化テストとの関係でこれをどのように位置付けるのか，行政組織のインセンティブにいかに配慮すべきかという点など[15)]に課題があった。

10　LCC（ライフサイクルコスティング）

LCC（ライフサイクルコスティング）とは，研究開発から処分に至るまで，資産のライフサイクル全体で発生するコストを測定し，伝達するための計算のツールである。具体的には，製造業者の研究・開発，企画・設計，製造，販売，物流，および，ユーザーの運用，保守，処分の総費用をいう。製造業者はユーザー側に生じる問題を失念しやすい傾向があるので，LCCは製造業者への注意喚起として機能している。競争のグローバル化や製品のハイテク化の中で，LCCは製造業者からも注目されつつある（櫻井 2019, pp.408-411）。

行政でも，この10年，防衛装備品の調達においてLCCが注目されている。また，昨今では，インフラ資産の老朽化問題等への対応の観点から，LCCに関心が集まっている[16)]。

11　関連する考え方

以下では，管理会計論ではないが，関連する考え方をいくつか概観する。その理由は，管理会計論は雑食性が非常に強い学問であり，使えるものは何でも使う傾向がある（大西 2010a, pp.41-43）。それゆえ，隣接分野への目配りも求められるからである[17)]。この点に関連してキャプランは，「会計担当者は，管理会計システムを設計することに独占的な特権を持つべきではない…新たな管理会計システムを設計するとき，エンジニアや現場技術者の意欲的な関わり合いは必須なのである」と指摘している（Johnson＝Kaplan

15）ほかにも組織戦略などとの関連が弱く，分析のための分析になってしまうなど，実施に向けた推進力という点でも課題があった。

16）インフラ資産のLCCに関連して耐用年数をどう考えるかという問題もある。耐用年数については大西・梅田（2019c）を参照されたい。また，本書第11章も関連する。

17）換言すれば，管理会計は会計から考えるだけでは十分でないということでもある。

1987, p.262)。

(1)暗黙知/形式知(知識スパイラル)

新しい知識は常に個人から生成される。そして,個人の知識を第三者でも利用できるようにすることが「知識創造企業」の中心的活動である。そこには,暗黙知と形式知という異なる2つの知識が渦巻き状に創造される知識スパイラルが存在するという議論がある(DIAMOND HBR編集部 2007, pp.1-36)。

暗黙知とは,主観的な知(個人知),経験知(身体),同時的な知(今ここにある知),アナログ的な知(実務)といった特徴で示される。これに対し,形式知は,客観的な知(組織知),理性知(精神),順序的な知(過去の知),デジタル的な知(理論)といった特徴で示される。そして,このような二次元の知識が4つのモードを通じて新たな知識として創造される。①相互作用の場を通じ,言葉を使わずに他人の持つ暗黙知を共有する「共同化」,②対話をきっかけに生じる,暗黙知を明確な概念で表す「表出化」,③概念を組み合わせて1つの知識体系を創り出す「連結化」,④行動による学習を通じ,形式知を暗黙知にしていく「内面化」という4つのモードをスパイラル的に移行する(**図表3-5**)。

この知識スパイラルは,現場の改善活動では極めて重要である。例えば,QCサークル活動では,現場の暗黙知をいかに表出化してもらうかがキモになる。指示すれば出てくるものではない。ABMでも同じである。知識スパイラルというバタ臭い言葉を使わずに,現場の気付きをいかに引き出すか。これが管理者の腕の見せどころである。

(2)ダブルループ学習

組織学習に関する議論に,シングルループ学習とダブルループ学習という議論がある(DIAMOND HBR編集部 2007, pp.85-124)。シングルループ学習は,既存の行動戦略の下,既存の方針を維持し,目的を達成するプロセスのことで,ダブルループ学習は,もたらされる結果を受けて,行動戦略の前提となる変数や現実の世界についての仮説を含めて見直すプロセスのことである。

この議論にはサーモスタットの例がよく使われる。例えば,冷房温度を28

図表３－５　知識スパイラルとその深化

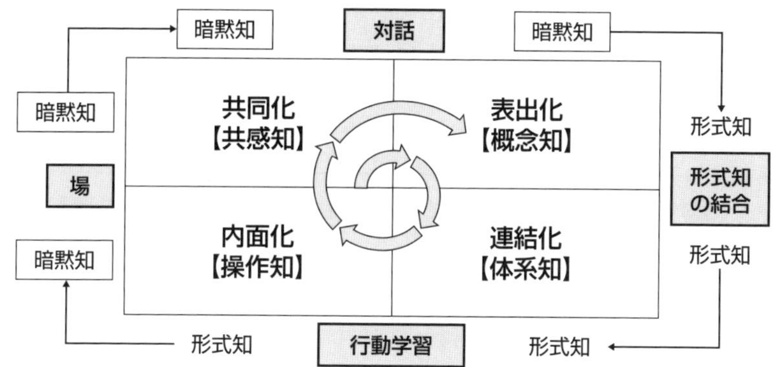

（注）共同化により，メンタルモデルや技能等の共感知が生み出される。内面化により，プロジェクト管理や生産工程のルーティン化等の，体験により体得される操作知が生み出される。
出所：野中ほか（1996, p.93 図3-2, p.107 図3-4）より著者修正。

度に設定し，これを自動的に維持するのがシングルループ活動である。対して，当日の湿度等の環境の中で，28度が本当に望ましいかと自らに問うことができれば，ダブルループ学習となる。

既存の行動戦略の前提を疑い，これを見直すことは，行政でも重要である。とりわけ，現場管理者を含む管理者は，常にこの点を意識することが望ましい。

12　行政における原価計算

原価計算には残念ながら手間とコストがかかる。行政でも，どのような場合に原価計算を行うのか，よく考える必要がある。そこで，最後に，行政における原価計算に言及する。

行政における原価の活用には様々なものがある。ここでは３つに分類する。①利益計算のために必要となる原価計算であり，公立病院等の公営企業や独法等が該当する。継続的に計算される場合が多い。②意思決定のために必要となる原価計算である。例えば，市民センター等の使用料決定のための計算である。意思決定のためにアドホックに行う特殊原価調査であることが多い。③プロセスの改善や効率化のために行う原価管理である。原価計算を伴わない，ABMやTQC等がある。行政で必要となる原価計算には③の場合が多い。

このように，原価の正確な算定と費用や原価の低減・削減とは異なる。管理会計手法を考える場合には，この両者を峻別する必要がある。原価計算は必須ではないので，必要がない場合にはそれを行わない割り切りが求められる。そうでないと，「民間企業では」との議論の下，勢力の強い原価計算論に引きずられ，膨大な手間やコストを費消することになりかねないのである。

Ⅱ 費用側を非財務指標に拡張した管理会計手法

本節は，費用側を非財務指標に拡張した管理会計手法に着目する。財務指標に着目するABMに対して，財務指標には変換せず，非財務指標としての事務量のままでマネジメントしていく事務量マネジメントなどが該当する。行政でも大きな動きとなっているBPRやRPAなども非財務指標で考えていることからここで言及する。

1 事務量マネジメント

事務量マネジメントはABM（活動基準管理）と密接な関係にある。大西(2010a, pp.139-142）では事務量マネジメントをABMと位置付けたが，ABMと解釈することにより，間接費の精緻な配賦方法としてミクロの正確性を追求してきたABCの過去の蓄積に引きずられ，業務改善の視点が忘れられやすくなるという問題もあった（樫谷編著 2016, pp.27-29)。そこで，ここでは樫谷編著（2016）に従い，事務量マネジメントという方法論を立てて説明する。

(1) 事務量把握の重要性

ドラッカー（2006, pp.46-76）は，時間は普遍的な制約条件であり，だからこそ，時間の使い方を最低でも年２回，３～４週間の時間記録をする必要がある。する必要のない仕事や他のヒトでもできる仕事は削減し，他人の時間を奪わないことが重要である。時間浪費の原因は，繰り返されていればシステムの欠陥や先見性の欠如が原因であり，組織上層部が時間の１割以上を部内人間関係に使っていれば人員が過剰であり，会議が過剰であれば組織構造に欠陥があると指摘する。このように，労働時間の管理は昔も今も変わらぬ課題である。

労働時間の管理は，仕事の配分やさばき方，見える化，ITの活用などを通じて行うものであり，勤怠管理とは異なる。そこでは，投下時間分析が重要である。この投下時間分析には，一時点の計測であるスナップショット的な記録と継続的な記録，全員による記録と代表による記録，日々や週単位，年数回の記録，細かい業務での記録と大くくりな業務での記録など，様々な方法がある[18)]。

労働時間を活動別等で把握したものが事務量である。したがって，労働時間を管理するということは事務量を管理するということになる。労働時間の効率的・効果的な活用は，事務量の効率的・効果的な活用を意味する。

一般的な行政ではヒトが重要となる。ヒトは定員管理によりコントロールされていることから，限られた資源となる。しかも，昨今の働き方改革の流れの中で，ヒトの労働時間の制約条件は強まりつつある。このため，その有効活用が深刻な課題となってきている。

(2) 事務量マネジメントの基本的なイメージ

樫谷編著（2016, pp.25-26）に基づき，事務量マネジメントの基本的なイメージを概観する。事務量を計数情報として把握するためには，まず，各人が従事する事務についての事務区分表が必要となる。アクティビティマップといわれることも多い。大項目から詳細項目までの層構造で考えることもできる。

そして，それぞれの事務区分に従事した時間を記録する。これにより，事務区分ごとに投下事務量が可視化される。時間記録では，各職員が日々，従事した事務を記録していく事務日誌のようなものを，多少の厳密さを欠いたとしても記録していく必要がある。特定の時点での計測をもって代えることも考えられないではないが，一般行政分野では，各職員が様々な業務に従事しており，時期による変動もある。したがって，基本的には事務日誌のようなものが望ましい。

一般的に，職員1人の稼働日は年間200日，職員数が100人であれば年間2万人日となる。これが，例えばAからXまでの26の事務区分ごとに[19)]，ど

---

18) サービス残業は正確な記録の阻害要因となる。

19) 大項目として数区分，詳細項目として数区分といった層構造もありえよう。

の程度の事務量を投下したかが計測され，可視化される[20]。国税組織では投下事務量を「人日」（にんにち）と称し[21]，独立行政法人統計センターでは「工手間」（くてま）と称している（第7章・第8章参照）。

日々の時間記録により，事務量が人日などの計数という形で可視化され，PDCAサイクルでマネジメントしていくことが可能となる。可視化により，無駄（かもしれないところ）がみえてくるという効果が期待できる。

（3）複数手法を組み合わせた事務量マネジメントの全体的なイメージ

以下では，主に樫谷編著（2016, pp.29-38）を参考に，複数手法を組み合わせた事務量マネジメントの全体的なイメージを概観する。効率性向上のキーとなる標準化やプロセスの概念と，効果性向上のキーとなる組織戦略が組み合わされている。

①効率性向上のキーとなる標準化やプロセスの概念

事務改善活動は標準の改定作業を通じて行われるべきであるが，事務量マネジメントにおいてもこれは同様である。事務区分ごとに事務フローを設定し，必要に応じ細部の作業について標準を定める必要がある。標準の改定を通じ，質の向上とコストの低減を両立させることが可能となる。標準の改定は先述したTQC（全社的品質管理）と関係付けられる。そして，このTQCは，暗黙知を形式知に変換し共有し新たな知を生み出す知識スパイラルと関連が深い。

また，先述したが，業務には大小の階層があり，機能（例：マーケティングと販売）＞プロセス（例：製品の販売）＞活動（例：販売の予測）＞タスク（例：提案書の作成）に分けられる。タスクのような下位の階層では標準が重要となる。一方，上位の階層では，プロセスに着目したBPR（ビジネスプロセスリエンジニアリング）が重要となろう。このBPRは，前提となる変数や現実世界の仮説を見直すダブルループ学習（先述）と関連が深い。

20）時間記録の単位は常識的には1時間ないし30分単位であろう。事務区分も常識的な数にとどめる必要はあろう。いずれも各職員による記録という手間から常識的なものにしておく必要があろう。

21）本書第8章・第9章のほか，大西（2010a, pp.163-194），大西ほか（2019），竹本（2019），竹本・大西（2018, pp.108-218），竹本ほか（2020）を参照されたい。

ただ，著者としてはタスクとプロセスの違いは相対的なものであり，タスクをめぐる標準の改定による事務改善活動とプロセスをめぐるBPRとを峻別する必要はないと考える。詳細はBPRの項目で述べる。

②効果性向上のキーとなる組織戦略

事務量マネジメントはまた，組織戦略に基づいてなされる必要がある。組織戦略では，因果関係仮説と目的－手段関係が何よりも重要となる。

多くの場合，行政組織ではそれぞれの組織に使命が定められている。その使命を果たすために，実現すべき目的をどのように設定するのか，そこに至る道筋をどのように定めるのか，その道筋における道標（マイル・ストーン）をどのように設定するのか，それぞれの道標実現のためにどのような手段をとるのかなどを考えていかなければならない。ここではこれを組織戦略の策定と実行という。

組織戦略を実行するに当たっては，最終的な目標となり得る指標をいくつかの指標に分解する。そして，因果関係仮説や目的－手段関係を念頭において，様々な先行指標を探しだし，相互に関係付けることが必要となると考える。

事務区分やその事務量については，必要に応じて，それぞれの指標に関係付けることにより，組織戦略に基づいた効果的な事務量マネジメントが可能になる。事務区分ごとの事務量は，職員一人ひとりの日々の時間記録に基づく。各職員の日々の事務が，組織全体の戦略と関係付けられる。そこで，職員意識のアラインメント（方向付け）が重要な論点となるが，この点は後述する。

③事務量マネジメントの全体的なイメージ

ここで，事務量マネジメントの全体的なイメージを描いてみる（**図表3-6**）。真ん中にあるのが事務量である。左側に，相対的にミクロとなるプロセスと事務改善活動やBPRがある[22)]。右側に，相対的にマクロとなる組織戦略がある。事務区分や時間記録といった事務量の管理を中心に，全体が連動していることが注目される。

---

22) 樫谷編著（2016）では標準と事務改善活動のみを指摘している。

図表3－6　事務量マネジメントの全体的なイメージ

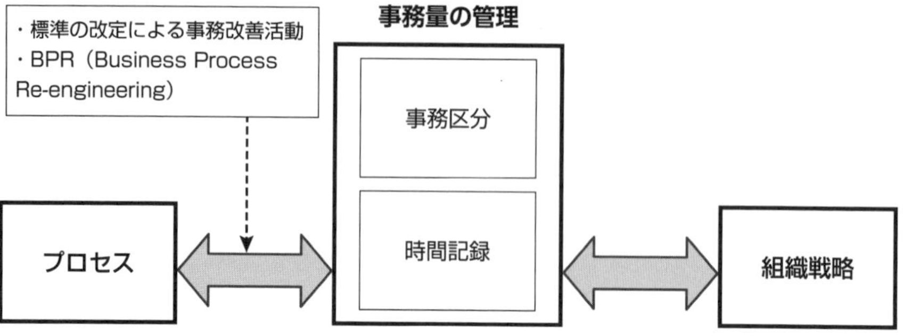

出所：樫谷編著（2016, p.38, 図表1-6）を著者修正。

（4）組織や職員のアラインメント（方向付け）

ここでは，まず，事務量マネジメントを推進するエネルギーとなる組織の価値観について述べる。そして，これを基礎に，組織内の合意形成と組織や職員のアラインメントが可能となることに言及する（樫谷編著 2016, pp.42-45）。

企業組織であれ，行政組織であれ，組織の価値観は重要である。とりわけ行政組織の場合には，何を行うべき組織なのか，法令で定められていることから，組織の価値観としての出発点は明確になっていることが多い。

次に，組織内の合意形成について述べる。一般に行政職員は専門職としての意識が高いとされるため，組織の価値観が強調されれば，組織の大きな方向性（組織戦略）についての合意は形成しやすい。組織内の合意形成は，組織の価値観から生まれる方向性に対して，職員がこれを支持することで達成されると考える。

組織内の合意形成のうえに，組織構成員である職員が，いかに力を合わせて，同じ具体的な方向で努力するかというアラインメント（方向付け）が課題となる。事務量マネジメントは，具体的な方向性を指標間の因果関係仮説や目的－手段関係で示すものである。これにより職員が力を合わせ努力することができることとなる。

事務量マネジメントでは，例えば，組織内部での事務などの事務量を削減しつつ，当該組織にとっていわゆる付加価値が高いと思われる一部の事務にかかる事務量を拡充することが必要となる。この場合，どの事務を削減し，どの事務を拡充するかは，それぞれの行政組織における価値観，組織内の合意，そのうえでの職員のアラインメントから導き出される。

このような組織や職員のアラインメントに関連して，昨今のワークライフバランスの要請は非常に強い推進力となる。誰しもが自らのこととして，育児・介護の問題を考え，無駄な事務を削減し，残業等を圧縮したいと考えるからである。一時に比べ，残業は相当程度減少しているが，昨今のワークライフバランスの要請はそれをより一歩進め，働き方をどう改革するかという議論となっている。

（5）事務量マネジメントの導入

以下では，事務量マネジメントを導入する場合の手順について述べる。そして，想定される失敗例を提示する（樫谷編著 2016, pp.47-52）[23]。

事務量マネジメントの導入プロセスは，まずは，事務区分表の作成から始まる。そこから時間記録に基づく事務量の把握，そのPDCA，さらには事務改善活動や組織戦略への展開が望まれる。事務区分は，職員個々人が時間記録を行うことを考えれば，計30～40程度の区分から始めることが適当であろう[24]。時間記録は1時間単位等が適当であり，定型的な業務ならスナップショット的な記録で十分であろう。

次に，現場の職員を巻き込んだ事務改善活動である。事務改善活動を通じた効率化等により，組織内に余裕をつくり，行政の新たな展開に向けた，いわば資源としていくことができる。BPRも視野に入れることが可能かもしれない[25]。

そして，組織戦略に従って事務を組み立て直すことが求められる。どのような組織戦略の下で，どのように事務量を使っていくのか。目的－手段関係や因果関係仮説等を考えつつ，事務量と関連付けることが必要となる。

それでは，どのような場合に失敗するのか。まず，正確性の過度な追求の結果，負荷がかかり過ぎる例が考えられる。ABCにみられるような細部の

23）関連として，大西（2010b）がある。

24）職員ごとに大きく数区分，それぞれに数区分といったレベルからが適当か。

25）著者としては事務改善活動が軌道に乗った後，BPRに取り組むのが自然のように思われる。逆はどうもイメージしにくいのである。

正確性に拘泥してしまうということである。また，ミクロの事務改善活動などから始めたものの，組織戦略までは辿り着かず，組織改革の運動に飽きがきてしまう例が考えられる。そして，マクロの組織戦略から始めたものの，単なる文章作りに終始してしまう例も考えられる。行政組織は一般的に作文が上手であるため，作文して終わりとなりやすいのである。いずれも留意すべきである。

（6）手不足と手余り

ここで，手不足と手余りの概念について概説する（伊藤ほか 1999, pp.27-31）。実務において事務量マネジメントをどう位置付けるかという点で，これらの考え方は重要である[26]。

生産能力と需要との関係を考えた場合，需要が多いため生産能力が追いつかない状態（生産能力＜需要）のことを手不足といい，逆に，生産能力が需要を超えている状態（生産能力＞需要）のことを手余り状態という[27]。手不足か手余りかによってその経済性評価が異なる。手不足の場合には不良品１つの損失は売価に相当する一方，手余りの場合には不良品１つの損失は製造原価に相当する。

事務量マネジメントは事務量をいかに合理化し，必要な事務に回すかということが基本となる。手不足の組織の場合には特定事務の事務量＜特定事務にかかる行政需要となり，需要が投下事務量を超えているので，当該事務に事務量を投下すれば行政目的に資することになる。例えば，後述の国税組織における税務調査等の外部事務がこれに相当する。

これに対し，手余りの行政組織も想定し得る。特定事務の事務量＞特定事務にかかる行政需要の場合である。平たくいえば，職員が多過ぎる場合がこれに当たる。過去の定員配置から実は手余りという組織も想定し得ないではない。この場合には，事務量マネジメントを徹底するとヒト減らしにつながるとして，感情的な反発を伴うことになる（コラム④参照）。

しかしながら，本来であれば，手余りの組織であっても事務量マネジメン

26) 他の手法の実践においても関係するが，事務量マネジメントが最もクリティカルなのでここで言及する。

27) 全体をシステムと考えた場合，生産能力がボトルネックなのか，市場の需要がボトルネックなのかという意味である。後述のTOC（制約条件の理論）の応用である。

トをしっかりと行い，そこで浮いた事務量を使って職員の専門性の育成や多能化の促進等に注力すべきである[28)]。そして，それでもなお，育成すべき専門性や多能化などの業務がない組織の場合に初めて人員の調整を考えるべきであろう。

2　自治体間ベンチマーキング

町田市（2017）によれば，業務の流れを大，中，小と区分し，それぞれにかかる業務量を把握して，相互に比較し差異を分析していく業務プロセス比較調査が東京近郊の8団体間で実施されている。2015～16年度には国民健康保険や介護保険の業務について実施され，2017年度には市民税と資産税の業務について実施される予定である。2017年5月の経済財政諮問会議にも報告された事例である。詳細については第6章でまとめている。

3　BPR

BPR（Business Process Re-engineering：ビジネスプロセスリエンジニアリング）は2015年7月の総務大臣決定「国の行政の業務改革に関する取組方針」で言及され，翌年8月の総務大臣決定においては重要な柱となるに至っている。地方についても，2015年8月の総務省通知「地方行政サービス改革の推進に関する留意事項について」でBPRに言及されている。管理会計でもBPRに言及されることがある。そこで，BPRについて概観する。

（1）基本的な考え方

BPRは，コスト，品質，サービス，スピードのような，重大で現代的なパフォーマンス基準を劇的に改善するために，ビジネスプロセスを根本的に考え直し，抜本的にデザインし直すことをいう。そこでのキーワードは，根本的，抜本的，劇的，プロセスである（Hammer＝Champy 1993; 訳書pp.57-62）。

BPR実施の一般的ステップは，①検討（目標・目的の設定，対象範囲の確定），②分析（業務内容・フローや課題の把握），③設計（方針の策定，業務フロー等の設計），④実施，⑤モニタリング・評価から成るとされる。また，

28） ボトルネックが実は職員の専門性にあるという組織は意外と多いように思われる。

BPRのための分析やその実施に当たっては，ABCやBSCなどの管理会計手法を含む様々な手法と関係付けることも可能である[29)]とされている（三菱UFJリサーチ&コンサルティング 2010, pp.8-9）。

BPRは情報技術がらみで言及されることが多い。このような新手法について，藤本（2001, p.27）は，「単に流行に飛びつくことも，逆に一過性の流行として切り捨てることも，ともに…生産的ではな（い）…むしろ…従来から定石とされてきたプロセス分析・プロセス設計の…有効性が，情報技術の発達とともに拡大する可能性を体現している…と考え，その可能性と限界を冷静に評価しつつ，必要かつ可能なところから導入…を検討していくべき…」と指摘する。

（2）事務改善活動との関係

ここで，事務改善活動とBPRの関係を述べる。Hammer＝Champy（1993; 訳書p.80）は，両者はプロセスの重要性などいくつかの共通のテーマはあるが，根本的に異なっているとする。事務改善活動はプロセスパフォーマンスの着実で漸進的な改善を目指すものである一方，BPRは既存のプロセスを捨て，まったく新しいプロセスに代えるものであると指摘する。

確かに，両者それぞれの親和的な手法や担い手といった点から考えると，両者は区別されてもよいように思われる。例えば，事務改善活動はTQCと関連付けられ，暗黙知と形式知の知識スパイラルと関連が深い。担い手も現場レベルでのTQC的な事務改善活動が主流である。一方，BPRはダブルループ学習と関連が深く，担い手もミドル以上のレベルが中心となると思われる。しかも，行政の場合，主な業務フローは法令で定められていることも多く，その場合のBPRでは，法令の立案部局を巻き込んだ検討が求められることになる。

しかし，その一方で，事務改善活動とBPRとを必ずしも峻別しなくてもよいとする意見もある。コンサルタントの山本（2015, p.81）は，どちらのアプローチもプロセスをよりよいものに移行させていく手法であり，厳密な言葉の定義にこだわる必要はないと指摘する。著者としても，行政実務での展開を考えると，両者を峻別する必要はないのではないかと感じている。なぜ

29） 三菱UFJリサーチ&コンサルティング（2010, p.9）は仮説として提示する。

なら，両者の違いはそもそも相対的なものであり，行政実務ではむしろ，一方の動きがもう一方の動きの触媒やきっかけになることも多いと考えられるからである[30)]。

4 RPA

RPA（Robotic Process Automation）は，わが国の企業経営においては2016年から17年にかけて爆発的に言及されるようになった。最近では多くの行政組織においても取り組まれてきている。ここではRPAの基本的な考え方と事務改善活動との関係を整理する[31)]。

（1）基本的な考え方

RPAとは「従来は人間のみが行うことができると考えられていた作業を代行するもので，高度化するソフトウェア，およびそれらを利用した業務改革手法」であるとされている。その仕組みは，パソコン上で人間が行っている様々な操作をロボットが記憶し，人間に代わって自動で実行するものである。そして，RPAによる２時間の作業は人間の60時間の作業に匹敵するともいわれている。

RPAの実践においては，業務の標準化や集約化等の準備が必要である。業務プロセスに問題があるから非効率を引き起こしていることから，RPAを成功させるにはBPRによる業務の見直しが有効であると指摘されている。

システム化とRPAとを比較すれば，従来のシステム化では全社的に共通化しやすい「粒の大きな業務」が対象とされてきた。その一方で，少量多品種の「小粒業務」はシステム化されずに手作業として残り，これがホワイトカラーの生産性の向上を阻害してきた。RPAはこの「小粒業務」の自動化を推進するものである。

30）現場職員からの事務改善提案の中にはBPRに相当するアイデアが含まれていることも多い。管理者層がBPRも辞さないという立場に立つことで，現場職員からのBPRに相当する事務改善提案が増える効果もある。さらに，BPRは抜本的なプロセスの変更を伴うが，この新しいプロセスには改善のタネが相当あると思われることから，BPRが事務改善提案を誘発する効果もある。

31）詳細は大西・梅田（2019a）を参照されたい。

(2) 事務改善活動との関係

RPAはオフィスワークにおける産業用ロボットに相当するものであり，現場の業務改革で活用されるべきものと位置付けられる。このため，現場のユーザー主導で活用されてこそ，業務改革につながるものである[32)]。

そこで，現場の事務改善活動との関係をみる。事務改善活動とRPAとは以下の2点で類似性を有する。第1に，どちらも標準に相当する業務フローや事務処理手順の改定作業という形をとることである。第2には，現場の気付き等の現場主導が重要であることである。RPAでも，RPAが現場の業務改革志向を強め，BPRの視点を持った従業員が育成され，これら従業員が継続的改善を行ってくれるようになると指摘されている。

以上のような事務改善活動との類似性を踏まえると，RPAについては，事務改善活動から始め，そののちにRPAに取り組むことが十分に考えられる。これにより，現場での担い手となる職員の育成もより容易なものとなると思われる。

RPAにおいては，職員の心に刺さる，職員が気持ちよくなる仕事の手放し方を考えることが重要だと指摘されている。組織戦略がストーリーという形で職員の心に刺さり，低付加価値活動から高付加価値活動への移行などを促進することができれば，RPAは単なる無駄取りを超えた，非常に効果的なマネジメントのためのツールとなるものと考える。

---

32) 大西・梅田（2019a）では，ホワイトカラー部門に，製造業の生産エンジニアに相当する事務エンジニアのような集団が生まれる可能性について言及している。

第4章 総合的な管理会計手法

本章では収益と費用について総合的な管理を行う手法に着目する。ここには収益側と費用側の両者の視点を内在化させた手法が多い。また，TOCはシステム論である。全体をパターン化して認識する手法が多いともいえよう。

そして，本章を2節に分け，第Ⅰ節では一般的に紹介されている管理会計手法について概説する。第Ⅱ節では非財務指標に拡張した管理会計手法について言及する。第1章の**図表1-3**を用いて示せば**図表4-1**のとおりである。

図表4－1　第4章で言及する管理会計手法

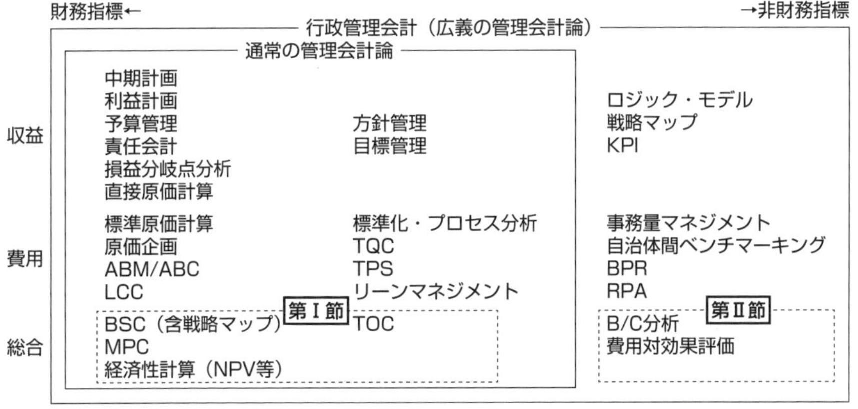

出所：著者作成。

Ⅰ　通常の管理会計で言及される総合的な管理会計手法

本節ではまず，BSC（バランスト・スコアカード）について概説する。次に，京セラアメーバ経営などのMPC（ミニプロフィットセンター）について述べ，意思決定のための手法として経済性計算等について言及する。最後に，TOC（制約条件の理論）について触れる。

1 BSC（バランスト・スコアカード）

BSC（Balanced Scorecard：バランスト・スコアカード）とは，戦略の策定と実行のマネジメントシステムである（櫻井 2019, p.638）。戦略と管理会計は密接な関係にある。戦略はこれまでも戦略論において様々な議論がなされてきている。戦略論に対する管理会計からの１つの答えがBSCとされている。

そこで，まず，戦略論を概観する。沼上（2009）は戦略論を５つの学派に分ける。①アンソフに代表される，合理的な事前の計画としての戦略計画学派（1950年代～60年代半ば），②ミンツバーグに代表される，現場の環境適応能力の積み重ねを戦略とみる創発戦略学派（1970年代），③ポーターに代表される，経済学（産業組織論）の影響を受けたポジショニングビュー（1980年代），④経営資源を重視するリソースベーストビュー（1990年代），⑤ゲーム理論を応用するゲーム論的アプローチ（2000年代）である。そして，沼上（2009, pp.134-137）はBSCについて，①に属するものの，５つの学派の知見を総合していると位置付けている。

（1）業績評価システムとして考案されたBSC

経済が製造業中心から知識重視の経済に移行して久しい。製造業では貸借対照表に計上された機械や設備等の物的資産が価値創造の源泉であった。知識重視の経済では貸借対照表に計上されないインタンジブルズ（intangibles）[1)]がより大きな価値創造の源泉となる。このような中で，BSCは，財務偏重から脱却し，インタンジブルズを含めてマネジメントしていくための戦略的業績評価システムとして，1992年にキャプランらにより考案された。当初のBSCは，財務の視点だけでなく，顧客の視点，内部プロセスの視点，学習と成長の視点からなる評価指標のバランスを保とうとするところにその本質があった（伊藤（和），2014, p.14）。

1）インタンジブルズは「無形の価値創造の源泉」のことである（伊藤（和）2014, pp.44-47）。

なお，本書では度々強調しているが，管理会計は財務情報のみに着目するのではなく，財務情報に影響を与える要因，とりわけ非財務情報についてもその範囲に積極的に取り込んできている。BSCはその典型の１つである。

（２）戦略を記述する戦略マップとの併用

今日，戦略の策定と実行のマネジメントシステムとしてのBSCは，戦略を可視化する戦略マップと，戦略の進捗を測定し管理するスコアカードからなる。当初のBSCは，管理するには測定しなければならないとして，業績を評価するスコアカードがまず考案された。その後，測定するには記述しなければならないとして，戦略を記述する戦略マップが考案された（伊藤（和）2014, p.15）。

戦略マップ考案の契機になったのは，スコアカードとしてのBSCにより戦略目標に焦点が当たると，BSCを活用している経営幹部の一部が，戦略目標同士を矢印（因果関係）で結び付け始めたことにある。ここから，戦略目標を因果関係仮説で結び付ける戦略マップというブレークスルーが得られた（Kaplan＝Norton, 2004; 訳書pp.xvii-xviii）。

それでは，スコアカードと戦略マップからなるBSCについて伊藤（和）（2014, pp.15-18）の引用例により概観する。**図表4-2**の戦略マップは，Southwest Airlines（サウスウエスト航空）の業務管理の卓越という戦略を可視化したものである。同社は，顧客にとってのコストパフォーマンスの追求による利益の増大を目指しており，そのためには，地上での折り返し時間の短縮により機体数を減少させることで生産性を向上させようとしている。そして，折り返し時間を短縮するためには，主に駐機場スタッフの業務改善が求められる。このような戦略目標の因果関係を図示したものが戦略マップである。

戦略が可視化されたら，次は，戦略が達成されたか否かを測定する必要がある。戦略の達成度を測定する指標がスコアカードの尺度の意味であり，具体的な目標値とともに設定される。目標値にはそれを実現してくれる手段が必要となる。それが戦略的実施項目である。

BSCでは，戦略マップに記載される戦略目標同士の関係は因果関係仮説で結び付けられており，戦略目標と，尺度・目標値および戦略的実施項目との間は目的－手段関係でつながっている。戦略的実施項目を実施することによ

図表4-2　BSCの構成要素

戦略マップ		スコアカード		アクション・プラン	
業務の卓越 テーマ：地上の折り返し	戦略目標	尺度	目標値	戦略的実施項目	予算
財務の視点 利益とRONA 収益増大 機体の減少	■収益性 ■収益増大 ■機体の減少	■市場価値 ■座席の収益 ■機体のリース費用	■年成長率 30% ■年成長率 20% ■年成長率 5%		
顧客の視点 より多くの顧客を誘引し維持 定刻の発着 最低の価格	■より多くの顧客を誘引し維持する ■定刻の発着 ■最低の価格	■リピート客の数 ■顧客数 ■連邦航空局定刻到着評価 ■顧客のランキング	■70% ■毎年12%の増加 ■第1位 ■第1位	■CRMシステムの実施 ■クォリティ・マネジメント ■顧客ロイヤルティ・プログラム	＄xxx ＄xxx ＄xxx
内部プロセスの視点 地上での迅速な折り返し	■地上での迅速な折り返し	■地上滞在時間 ■定刻出発	■30分 ■90%	■サイクルタイムの改善プログラム	＄xxx
学習と成長の視点 戦略的な業務駐機場係員 戦略的システム係員の配置 地上係員の方向づけ	■必要なスキルの開発 ■支援システムの開発 ■地上係員の戦略への方向づけ	■戦略的業務のレディネス ■情報システムの利用可能性 ■戦略意識 ■地上係員の持株者数の割合	■1年目70% 2年目90% 3年目100% ■100% ■100% ■100%	■地上係員の訓練 ■係員配置システムの始動 ■コミュニケーション・プログラム ■従業員持株制度	＄xxx ＄xxx ＄xxx ＄xxx
				予算総額	＄xxx

出所：伊藤（和）（2014, p.16, 図表1-1）より著者修正。

り，目標値が実現され，戦略目標が達成され，その結果，戦略が実行されることになる。

（3）戦略と業務の連結

戦略は行政でも日常的に使われている。しかし，行政において戦略は多くの場合，神棚にある[2)]。戦略と業務をいかに連結させるのか，そこに論点がある。

2)　日々の業務と関係付けられていないという意味である。その結果，PDCAサイクルではなく，PDFサイクル（Plan-Do-Forget）となる。なお，PDFに対しては，Doすら存在しないという有力な批判もある。

戦略の実行のためには，戦略を現場の業務にカスケードする（落とし込む）必要がある。業務とは現場での日常的な活動のことであり，現場の業務計画には，定型業務と，戦略が落とし込まれた戦略的業務とが混在していることになる（伊藤（和）2014, pp.160-163）。

戦略を現場の業務にカスケードするためには，方針管理や目標管理との連動が指摘されている。伊藤（和）（2007）は，BSCで定められた戦略目標の一部を，方針管理により下位組織に展開し，最後に個人ごとの目標管理に展開される図を描いている。このほかにも，例えば，戦略目標の下に，当該戦略を成功させるために達成されなければならない要因をCSF（Critical Success Factor：主要成功要因）として定め，その下に将来の成果に影響を与えるパフォーマンスドライバーを設定し，さらにその指標としてKPI（Key Performance Indicator：重要業績指標）がもたれ，その実現に必要な実施項目が設定されるという例も指摘されている（櫻井 2019, pp.645-647）。

戦略の策定と実行，その業務へのカスケードについて，伊藤（和）（2014, pp.38-40）は，Kaplan＝Norton（2008）を参考に以下のようにまとめている。まず，ミッションやビジョンから始まる戦略を構築し，戦略マップやスコアカードを用いて戦略を企画（具現化）し，戦略マップ等により従業員のアラインメント（方向付け）を行い，業務の計画により現場の業務改善等にカスケードし，実施する。そのうえで，結果のモニタリングとそこからの学習を行い，戦略の検証と修正を行うという循環型のマネジメントシステムが構築できるとする。

（4）BSCの行政内環部への拡張

BSCは，組織全体を巻き込んで実施することが可能な，よく考えられたシステムである。戦略のカスケード（落とし込み）や従業員のアラインメント（方向付け）に大きな労力を必要とする[3)]ことから，比較的安定的な戦略を有する組織の場合には特に有効となる。

大西（2010a, p.145）で指摘したとおり，BSCには柔軟な側面がある。4つの視点も絶対的なものではなく，適宜修正され活用されている。BSCの中でも，とりわけ戦略マップは，数ある戦略目標を，時間の流れの中で因果関

3) アラインメントが効きすぎるというデメリットも指摘されている。

係仮説に基づいて示すことが可能である。

収益，費用，利益が認識できる独立行政法人や地方公営企業といった行政の外環部では，財務の視点のあるBSCを活用することはイメージしやすい。一方，行政の執行機関といった収益や利益が認識できない行政の内環部では，財務の視点のあるBSCは活用しにくい場合も多い。しかし，そうではあっても，戦略目標同士を因果関係仮説で結び付ける戦略マップであれば様々な形で活用できると思われる（前述）。

2　MPC（ミニプロフィットセンター）

MPC（Micro-Profit Center：ミニプロフィットセンター）とは，小集団活動をベースに，損益という業績評価活動を通じて，組織学習活動の効果を向上させることを目的とした経営組織単位のことである。人間はコストを引き下げろと命じられるよりも，利益を上げるべく工夫せよと命じられるほうが動機付けられる。MPCは，従来は原価に責任を持つ原価センターを，疑似的な利益と関係付けることにより疑似利益センターに変換する（櫻井 2019, pp.759-760）。

MPCとしてアメーバ経営とテナント式損益管理が挙げられることが多い。両者はともにわが国の現場から編み出された管理会計手法である。アメーバ経営は京セラから，テナント式損益管理は国立大学法人佐賀大学医学部附属病院から誕生している。

（1）アメーバ経営

アメーバ経営とは，製造ラインの１工程といった機能ごとに，時間当たり採算という小集団部門別採算制度を活用して，全体最適をねらってすべての組織構成員が経営に参加する市場志向のプロセスであるとされている。アメーバ経営は，京セラから始まり，KDDIへの導入，JAL再建における活用に加え，最近では，病院やホテル，学校などへの導入も進んでいる（アメーバ経営学術研究会編 2017）[4]。

アメーバ経営では，小集団たるアメーバ同士の間での取引を記録する。具体的には，社内の他アメーバや社外への売上高から，人件費を含めない形で

---

4)　公立病院におけるアメーバ経営の導入・実践については本書第12章を参照されたい。

の経費を差し引き，当該アメーバの総労働時間で除して，時間当たり採算を算出する。各従業員の人件費は考慮に入れないことから，各アメーバを総労働時間の削減に誘導する効果を有する。また，アメーバ経営の導入企業では，そのいずれにおいてもフィロソフィーや経営理念が強調されていることも注目される。

（2）テナント式損益管理

佐賀大学医学部附属病院が従来試みてきた経営管理方式では，経営層による分析と改善指示に現場が依存していた。その結果，現場はただ単に指揮に従うだけの存在であった。そこで，各診療科や検査部などの病院内の各部門に独立性の高いテナント式損益管理を行わせることにより，組織が目指すべきと経営層が考える方向に職員を方向付けつつ，職員に自律的に経営管理努力をしてもらうことを考えた（樫谷編著 2016, pp.190-197）[5)]。

テナント式損益管理の基本構造は，全部門（小集団）が収益と費用を計上する責任センターであり，それが一対一の直接的な取引を行う。固定費部分は保有病床数を基本に配賦され，変動費部分は診療報酬点数を基本に相対で取引ないし配分される。そして，売上高から変動費を控除した貢献利益により，固定費を回収する計算方式をとる。その結果，1稼働病床の1日当たり費用と収益が，職員が意識すべき重要な指標となり，各診療科に病床稼働率を向上させるような動機付けが働くことになる。

テナント式損益管理は，部門別の詳細な経営状況の分析のためよりも，戦略上の重要事項に現場職員の注意を向けさせる仕組みとして構築されている。正確性よりも，職員への影響機能に焦点を当てた管理会計手法であるとされている。

3　意思決定のための諸手法

管理会計には意思決定のための手法がいくつか提示されている。本節ではその代表的なものをいくつか概観する（大西・梅田 2019b）。

5）影響機能に焦点をあてた直接原価計算であるが，原価計算としての正確性を追究していないことや，小集団ごとに責任センター別の損益管理を行っていることに着目し，本章ではMPCと位置付ける。

（1）設備投資についての様々な経済性計算

設備投資にかかる意思決定のための経済性計算にはいくつかの方法がある。経済性計算は一般的に収益と費用の両者から考える。以下で順次，言及する。

まず，原価比較法である。これは資本回収費と操業費（運転費）から構成される年額原価で比較する。ここでいう資本回収費は，減価償却費を割引価値化したものとされる。原価比較法には，原価だけしか比較できないという限界があると指摘されている。

次に，投資利益率法（ROI：Return On Investment）である。これは各年の税引き後増分利益を総投資額で除して％で表示する。ROIでは収益性は考慮できるが，キャッシュフローの時間的要素を無視する欠点もあると指摘されている。

そして，回収期間法（PB：Pay Back）である。これは総投資額を単年度のキャッシュフローで除して期間で表示する。PBは計算が簡単だが，キャッシュフローの時間的要素を無視する欠点もあると指摘されている[6)]。

さらに，内部利益率法（IRR：Internal Rate of Return）がある。これは将来キャッシュフローの現在価値が総投資額に等しくなるような割引率で表示する。

また，正味現在価値法（NPV：Net Present Value）もある。これは将来キャッシュフローの現在価値から総投資額を差し引き，「正なら採用」等の正負で判断する。

以上のうち，内部利益率法（IRR）と正味現在価値法（NPV）がDCF（Discount Cash Flow）法とされる。DCF法は19世紀末の米国の鉄道技師により利用され始めた。これは，巨額な初期投資を長期にわたって回収しなければならないことから，資本効率を正確に見積もる必要があったことに由来する。

なお，次節で言及するが，あえて先回りすれば，収益側をパターン化して認識する公共事業におけるB／C分析や医療における費用対効果評価は，以上で述べてきた経済性計算と非常に似た計算構造を有する。

---

6) 回収期間法には資本コストである利子を考慮した回収期間法もある。

（2）設備投資計画におけるリスク評価とリアルオプション

設備投資にリスクはつきものである。リスクを加味する方法として，回収期間を短縮する方法や，DCF法において高い割引率を適用する方法が指摘されている。その他，キャッシュフローに期待値（確率）を乗じて活用する方法や，ディシジョンツリーを描く方法も指摘されている。計算要素の1つを変えて結果をみる感度分析（sensibility analysis）等もある。

また，フィナンシャルオプションの考え方を実物（リアル）に適用したリアルオプションも指摘されている。これは，例えば，有利な環境の場合のみ設備投資を実行し，そうでない場合はオプション料を放棄して設備投資を中止するといった形で活用される。

（3）様々な原価等

意思決定には様々な原価や分析も活用される。ここでは代表的なものを言及する。

増分（ましぶん）分析は，ある代替案の採択によって収益や原価，利益がどのように増減するかを分析することである。これは増分原価（incremental cost）や増分利益として計算される。

機会原価（opportunity cost）は，諸代替案のうち1つを受け入れ，他を断念した結果失われる利益のことをいう。そこには計量化が可能な便益も含まれる。

差額原価（differential cost）とは，経営活動の変化の結果生じる原価の変動値を意味する。典型的な差額原価は変動費であるといわれている。

埋没原価（sunk cost）は，意思決定にとって関係のない原価をいう。これは，どういう意思決定をとったにせよ，かかる経費と考えれば理解しやすい。

4　TOC（制約条件の理論）

TOC（Theory of Constrains：制約条件の理論）は，1980年代に物理学者のゴールドラットによって構築された経営哲学・システム論である。TOCは企業をシステムと考え，スループットに着目する独自の会計や改善の5ステップ等，いくつかの考え方から成る。本節では改善の5ステップについて言及する[7)]。

TOCでは，システムには少なくとも１つのボトルネック（制約条件：最も弱いところ）が存在すると考える。ボトルネックが全体の能力を決定することから，システム強化のためにボトルネックに着目する。その結果，TOCは一点突破型の革新手法であるといわれる（日経ものづくり 2006, pp.50-51）。

ボトルネックに着目し，これをシステム全体の強化につなげる方法として，TOCでは「改善の５ステップ」という方法論をとる。すなわち，①ボトルネック（制約条件）を見つける，②ボトルネックを徹底的に活用する，③ボトルネック以外をボトルネックに従属させる，④ボトルネック自体の能力向上を図る，⑤その結果，他の部分にボトルネックが生じてくるので，それを探し，同じ方策をとる。行政では業務の負荷が高まると，従来の業務の流れを見直すことなく，追加的な資源の投入を求める傾向があるので，「改善の５ステップ」はこのような場合に有用な方法論である[8)]。

Ⅱ　非財務指標に拡張した総合的な管理会計手法

本節では公共事業で活用されているＢ／Ｃ分析と医療分野で活用されている費用対効果評価について述べる。

１　Ｂ／Ｃ分析（費用対効果分析）

Ｂ／Ｃ分析[9)]（Benefit／Cost分析：費用対効果分析）は公共事業において取組みが進んでいる。Ｂ／Ｃ分析は収益をパターン化してバーチャルな形で認識している典型の１つである。

7)　ゴールドラットは，全部原価計算では在庫増が利益向上に結び付くこと等から，会計を生産性向上の阻害要因と考え，スループット等の用語で会計を説明した（スループット会計）。しかし，これには直接原価計算の焼き直しとの指摘もある（櫻井 2019, p.289）。

8)　このほか，TOCには思考のプロセスやプロジェクトマネジメントに関する議論もある（日経ものづくり 2006, pp.59-77），コンサルタントの積極的な貢献もみられ，このような議論も行政に役立つ（岸良 2007）。

9)　略称は「ＢバイＣ」である。経済学的には費用便益分析が一般的であり，費用対効果分析は通称といえる。

(1) 基本的な考え方

B／C分析については樫谷編著（2016, pp.146-152）で簡潔に整理しているところである[10)]が，わが国での導入は1990年代後半にさかのぼる。1990年代半ばにかけて累次の経済対策の柱に公共事業が位置付けられたが，ゼネコン汚職・談合事件や，公共事業の効果の低下といった指摘を受けて，公共事業に対する批判が高まった。このような中で，当時の建設省を中心としてB／C分析の取組みがみられ，1998年前後までにB／C分析のマニュアル整備等が進んだ。その後，2004年には国土交通省において統一的な取り扱いが定められ，2008年にはその改訂が行われた[11)]。

例えば，道路整備のB／C分析の場合，ある年次を基準年次として道路整備を行う場合の一定期間の便益額と費用額について社会的割引率を用いて基準年次で算出し，道路整備に伴う費用の増分と便益の増分を比較することにより分析・評価が行われる。この場合，便益には，走行時間短縮，走行経費減少，交通事故減少の項目について金額に置き換えて算出し，費用は整備用事業費と維持管理費で算出する。この便益を費用で除した数値が１以上であることが事業を実施する前提とされている。このように，収益側の便益について，仮定を置いて金額換算して認識しており，事業の類型ごとにそのパターンも異なっている。

(2) 現在の活用状況と今後の課題

B／C分析は現在，公共事業の新規採択時のみならず，一定期間未着工である場合や一定期間事業継続した場合，さらには事業完了後に行われている。このように，B／C分析は公共投資の可否を決める意思決定のための重要な手法となっている。また，B／C分析は，当初は納税者への説明責任の観点から導入されたが，現在では事業に関する社会的な合意を形成する際のツールとして利用されてきている。

その一方で，B／C分析には課題も指摘されている。まず，異なる公共事業同士の比較には限界があるという指摘である。また，検証可能性の観点から原データを公表すべきであるという指摘もある。さらには，便益を過大に

10) このほか，鶴岡ほか（2016）を参照されたい。
11) 現在適用されている費用便益分析マニュアルである。

見積もる上方バイアスや，費用を過小に見積もる下方バイアスなども批判されており，この点を踏まえたPDCAサイクルのさらなる徹底も指摘されている。

2 費用対効果評価

収益をパターン化して認識している手法の２つめは，医療において最近導入されつつある費用対効果評価[12)]である。費用対効果評価について，以下で簡潔に言及する（樫谷編著 2016, pp.138-142）。

わが国の人口動態，とりわけ団塊の世代の高齢化に伴い，医療費の増加が大きな課題となっている。これを背景に，医療においても先述のＢ／Ｃ分析に相当する費用対効果評価が議論されてきている。中央社会保険医療協議会の2012年度診療報酬改定附帯意見において費用対効果評価が盛り込まれ，その後も検討が続けられ，2016年４月には医薬品等を対象に，費用対効果評価が試行的に導入されている。

費用対効果評価の基本的な考え方は，費用については公的医療費を原則とし，必要に応じ公的介護費や生産性損失を加味する一方，効果についてはQALY（Quality-Adjusted Life Years：質調整生存年）を基本にその他の指標を加味することにより算出する。ここでいうQALYとは，「QoL（Quality of Life：生活の質）スコア×生存年数」で算出するものであり，QoLスコアとは，完全な健康を１，死亡を０とする効用値である。

費用対効果評価は，医療における意思決定のための重要な手法となりつつある。Ｂ／Ｃ分析と同様に，行政管理会計の文脈においても意思決定のための重要な手法の１つとして考えてよいと思われる。

12）中央社会保険医療協議会における用語である。

引用文献

本書第Ⅰ部では引用を最小限にしている。これは「孫引き」等を避け引用の正確性を確保しようとすると，引用文献数が倍々ゲームで膨らんでしまうからである。そこで，著者の博士論文（大西，2010a）や財務総研（PRI Discussion Paper）（財務省HP→財務総合政策研究所（研究・交流）→報告書・論文→ディスカッションペーパー→年度で閲覧可能）にさかのぼっていただければ原著が確認できるようにしている。適宜参照をお願いしたい。

赤尾洋二編（1989）『方針管理活用の実際』日本規格協会。

アメーバ経営学術研究会編（2017）『アメーバ経営の進化：理論と実践』中央経済社。

飯塚悦功監修，長田洋編著（1996）『TQM時代の戦略的方針管理』日科技連。

石川馨（1984）『日本的品質管理（増補版）』日科技連。

石川馨（1989）『品質管理入門（第3版）』日科技連。

伊藤和憲（2007）「戦略目標と戦略的実施項目のカスケード」『専修商学論集』84, pp.79-87。

伊藤和憲（2014）『BSCによる戦略の策定と実行』同文舘出版。

伊藤和憲・香取徹・松村広志・渡辺康夫（1999）『キャッシュフロー管理会計』中央経済社。

井堀利宏（2008）『「歳出の無駄」の研究』日本経済新聞社。

大西淳也（2010a）『公的組織の管理会計—効果性重視の公共経営をめざして—』同文舘出版。

大西淳也（2010b）「公的組織における管理会計手法等の導入にかかる論点の整理」『PRI Discussion Paper』（財務総合政策研究所）11。

大西淳也（2017a）「自治体の議員・職員のための行政管理会計入門⑴—総論」『月刊地方財務』9月，pp.78-88。

大西淳也（2017b）「自治体の議員・職員のための行政管理会計入門⑵—収益」『月刊地方財務』10月，pp.158-168。

大西淳也（2018a）「管理会計を行政に拡張する場合の課題」『管理会計学』26（1），pp.119-133。

大西淳也（2018b）「目標達成活動についての論点の整理—戦略の策定から戦略の実行プロセスへ—」『PRI Discussion Paper』（財務総合政策研究所）8。

大西淳也（近刊）「EBPMと行政管理会計についての論点の整理」『PRI Discussion Paper』（財務総合政策研究所）。

大西淳也・梅田宙（2018a）「責任会計についての論点の整理」『PRI Discussion Paper』（財務総合政策研究所）1。
大西淳也・梅田宙（2018b）「統合報告についての論点の整理」『PRI Discussion Paper』（財務総合政策研究所）11。
大西淳也・梅田宙（2019a）「RPAと事務改善活動についての論点の整理」『PRI Discussion Paper』（財務総合政策研究所）3。
大西淳也・梅田宙（2019b）「プロジェクト等の経済性計算についての論点の整理」『PRI Discussion Paper』（財務総合政策研究所）4。
大西淳也・梅田宙（2019c）「耐用年数についての論点の整理」『PRI Discussion Paper』（財務総合政策研究所）5。
大西淳也・梅田宙（2019d）「組織間管理会計についての論点の整理」『PRI Discussion Paper』（財務総合政策研究所）7。
大西淳也・梅田宙（近刊）「予算管理論についての論点の整理」『PRI Discussion Paper』（財務総合政策研究所）。
大西淳也・竹本隆亮・小林重道・奥迫仁則（2019）「行政における管理会計の活用―国税庁広島国税局の実践事例とともに―」『産業経理』79（3），pp.155-173。
大西淳也・日置瞬（2016）「ロジック・モデルについての論点の整理」『PRI Discussion Paper』（財務総合政策研究所）8。
大西淳也・福元渉（2016a）「KPIについての論点の整理」『PRI Discussion Paper』（財務総合政策研究所）4。
大西淳也・福元渉（2016b）「PDCAについての論点の整理」『PRI Discussion Paper』（財務総合政策研究所）9。
大野耐一（1978）『トヨタ生産方式―脱規模の経営をめざして―』ダイヤモンド社。
貝塚啓明（2003）『財政学（第3版）』東京大学出版会。
岸良裕司（2007）『三方良しの公共事業改革』中経出版。
樫谷隆夫編著，財務省財務総合政策研究所編（2016）『公共部門のマネジメント―合意形成をめざして―』同文舘出版。
北村浩一（2006）『J.O.マッキンゼーの予算統制論』中央経済社。
小林麻里（2012）「第2章　政府会計の基礎概念」大塚宗春・黒川行治責任編集『体系現代会計学第9巻　政府と非営利組織の会計』中央経済。
小村武（2002）『予算と財政法（三訂版）』新日本法規。
櫻井通晴（2019）『管理会計（第七版）』同文舘出版。
櫻井通晴・伊藤和憲編著（2017）『ケース管理会計』中央経済社。
総務省HP（2017a）「業務フロー・コスト分析に係る手引き」11月アクセス。〈http://

www.soumu.go.jp/main_sosiki/gyoukan/kanri/koukyo_service_kaikaku/kouhyou.html〉

総務省HP（2017b）「業務フロー・コスト分析実施結果」11月アクセス。〈http://www.soumu.go.jp/main_sosiki/gyoukan/kanri/koukyo_service_kaikaku/gyomuflowcost-kekka.html〉

DIAMOND HBR編集部（2007）『組織能力の経営論―学び続ける企業のベスト・プラクティス―』ダイヤモンド社。

田中雅康（2002）『利益戦略とVE―実践原価企画の進め方―』産能大学出版部。

竹本隆亮（2019）「国の地方局Aにおける管理会計実践」『管理会計学』27（2），pp.73-81。

竹本隆亮・大西淳也（2018）『実践・行政マネジメント―行政管理会計による公務の生産性向上と働き方改革―』同文舘出版。

竹本隆亮・小林重道・奥迫仁則・大西淳也（2020）「国税庁広島国税局における管理会計実践」『管理会計学』28（2），pp.91-107。

鶴岡将司・福元渉・大西淳也（2016）「公共事業における費用便益分析等の役割」『PRI Discussion Paper』（財務総合政策研究所）3。

日経ものづくり（2006）『革新のための７つの手法』日経BP社。

沼上幹（2009）『経営戦略の思考法―時間展開・相互作用・ダイナミクス―』日本経済新聞社。

野中郁次郎ほか（1996）『知識創造企業』東洋経済新報社。

藤本隆宏（2001）『生産マネジメント入門Ⅰ―生産システム編―』日本経済新聞社。

町田市HP（2017）「自治体間ベンチマーキング」12月アクセス。〈https://www.city.machida.tokyo.jp/shisei/gyousei/keiei/benchmarking/citybenchmarking.html〉

三菱UFJリサーチ＆コンサルティング（2010）『民間企業等における効率化方策等（業務改革（BPR））の国の行政組織への導入に関する調査研究』総務省。

門田安弘（2006）『トヨタプロダクションシステム―その理論と体系―』ダイヤモンド社。

山名一史（2017）「『エビデンスに基づく政策形成』とは何か」『ファイナンス』８月，pp.76-84。

山本政樹（2015）『ビジネスプロセスの教科書―アイデアを「実行力」に転換する方法―』東洋経済新報社。

渡辺康夫（2014）『図解　管理会計入門』東洋経済。

Drucker, P. E. (1966) *The Effective Executive,* Harper Collins Publishers, New York.（上田惇生訳（2006）『ドラッカー名著集１　経営者の条件』ダイヤモンド社。）

Hammer M. and J. Champy (1993) *Reengineering the Corporation,* Linda Michaels Literary Agency, NY.(野中郁次郎監訳(1993)『リエンジニアリング革命―企業を根本から変える業務革新―』日本経済新聞社。)

Hope, J. and Fraser, R. (2003) *Beyond Budgeting,* Harvard Business School Press.(清水孝監訳(2005)『脱予算経営』生産性出版。)

Johnson, H. T. and Kaplan, R. S. (1987) *Relevance Lost.*(鳥居宏史訳『レレバンス・ロスト―管理会計の盛衰―』白桃書房, 1992年。)

Kaplan, R. S. and Norton, D. P. (2004) *Strategy Maps,* Harvard Business School Press.(櫻井通晴・伊藤和憲・長谷川惠一監訳(2014)『戦略マップ―バランスト・スコアカードによる戦略策定・実行フレームワーク―(復刻版)』東洋経済新報社。)

Kaplan, R. S. and Norton, D. P. (2008) *The Execution Premium,* Harvard Business School Press.(櫻井通晴・伊藤和憲監訳(2009)『戦略実行のプレミアム―競争優位のための戦略と業務活動とのリンケージ―』東洋経済新報社。)

Womack, J. O. and Jones, D. T. (1996) *Lean Thinking.*(稲垣公夫訳『リーン・シンキング』日経BP社, 2003年。)

コラム① 「行政管理会計の３つの登山口」

行政管理会計を考えていく場合，どこから考えるかにより，３つの登山口がある。政策か，会計か，業務かの３つの登山口である（竹本・大西 2018，pp.94-95）。

「政策の登山口」から入った場合，すぐに問題となるのが，政策評価である。一見，政策評価は行政の成果を示すものとして，企業における利益とのアナロジーとして理解したくなる。しかし，政策評価論はとにかく難しいし，個々の政策評価にも時間がかかる。このため，マネジメントに使える代物にはならないであろう。このような，いわば政策評価の森は非常に深いし，鬱蒼としている。残念ながら，そこから抜け出るのには相当の労力が求められると思われる。

次に，「会計の登山口」である。ここから入った場合，最初は気持ちよく進む。しかし，そのうち，財務会計的な様式美の世界から徐々に離れ，雑多な行政実務の混とんとした世界が広がってくる。行政実務の森は，行けば行くほど整理しにくくなると感じられると思われる。コスト比較の正確性をいつまでも追求する，あるいは，会計から入って，いつまでも会計でしか行政を語らないケースも多い。大概がこのルートを通ったがゆえであろう。

これらに対し，「業務の登山口」から入った場合，すなわち，具体的な業務から行政管理会計を考えていくルートの場合，いくつかある森の深さはそれほどでもない。政策評価の森は，本書のように政策の企画立案部分をとりあえず横に置いて考えることにより，それほどの問題は生じない。また，会計の森も出てくるが，業務の森とは異なり，会計の森が深まることは徐々に様式美すら感じられて美しいし，何より理解しやすい。

したがって，行政管理会計に対する理解は，具体的な業務から始め，徐々に抽象度の高い分野に対象を拡大していくことが適当であると思われる。行政実務家であれば，やはり，「業務の登山口」から登るべきであろう。

参考文献

竹本隆亮・大西淳也（2018）『実践・行政マネジメント―行政管理会計による公務の生産性向上と働き方改革―』同文舘出版。

コラム② 「一寸のムダにも五分の魂」

効率的・効果的な行政を考えた場合，業務のムダとりは避けて通れない。しかし，ムダと思われるどんな仕事にも，ヒトは行わなければならない何らかの理屈をつけたがる。それまでやってきた仕事がムダとは思いたくないからである。そして，従前やっていた仕事を手放すことに対して，多くの場合，ヒトは理屈をつけて抵抗する。加えて，ヒトは本来的に保守的なものである。いままでやってきたのに，なぜ変えるのか，それを理解するのに大きなエネルギーが必要となる。だからこそ，仕事を手放すことを嫌がるのである。自分のことを含めて考えれば，ヒトがそう捉えてしまうのは仕方がないのかもしれない。

しかし，だからこそ，このようなヒトの気持ちを変化させる必要がある。ヒトが現に行っているその仕事を，ヒトにいかに気持ちよく手放してもらうか。実は，そこに，行政実務家の匠（たくみ）が求められるのである。

業務のうち何が有効で，何がムダなのか。何が高付加価値で，何が低付加価値なのか。これを見分けるためには，ヒトが気持ちよく仕事を手放すためのストーリー，組織戦略，組織の価値観。これらを総動員する必要がある。残業削減等の働き方改革も有効であろう。

これらをいかに組み立て，職員に示していくか。職員に，どれだけ説得性をもって示せるか。管理会計実践の現場において，一番重要なコツがここにある。

第 II 部

事務量系の行政における管理会計等の実践

第Ⅱ部では，事務量が中心となる行政組織を，事務量系の行政としてまとめ，そこでの管理会計等の実践について5章立てで概観する。一般の行政組織の多くは職員が投下する事務量により行政が展開されている。第Ⅱ部の例でいえば，各種法令に基づき様々な業務を行う，経済産業省の地方組織である経済産業局や町田市といった地方公共団体，統計の作成等の事務を担う独立行政法人統計センター，税法の執行機関である国税局・税務署が相当する。

第5章では，経済産業省の地方支分部局である経済産業局に関して2016年度に取り組まれた業務改革について，当事者であった経済産業省・鍋島学氏（現OECD日本政府代表部）の執筆により，その全体像を概観する。この取組みの業務改革としての完成度は高く，他省庁においても参考になるものである。このように，業務改革についての論説を第Ⅱ部の最初に置いたのは，管理会計実践は業務から考えると比較的困難が少ない（コラム①参照）と考えられるからである。

第6章では，町田市において実施されている，同規模の地方公共団体同士で特定の業務を相互に比較し，業務改革につなげていこうとする取組みである。地方公共団体では地方財政において類似団体間の比較はよく行われている。本件はこれを業務改革の観点から発展させようとするものである。地方財政や地方公会計に造詣の深いキヤノングローバル研究所・柏木恵氏の調査により，現状の評価と今後の課題を含め概観する。

第7章では，独立行政法人統計センターにおける管理会計実践について，政府と民間の管理会計いずれにも造詣の深い日本大学・藤野雅史先生が中心となってまとめている。統計センターが担う統計業務は比較的細かい作業が多く，このため，投下事務量の把握も15分単位で行うなど，非常に精緻かつ印象深い業務管理を行っている。この業務管理に代表される管理会計実践は，第3章で言及した事務量マネジメントの一例に相当するものである。

第8章では，2014（平成26）事務年度から取り組まれた国税庁広島国税局の管理会計実践について，当時の課長級以上のコアメンバーである3名の広島国税局OBと開始当時の局長であった大西とが共著でまとめている。取組み当初の動き等については竹本・大西（2018）が詳しいが，本章ではその全体像について国税局側だけでなく税務署側からの視点も含めて概観している。他の国税局における管理会計導入の参考になるだけでなく，他の行政組織においても大いに参考になるものと考えている。

第9章では，第8章の取組みの解題として，管理会計実践の導入当時の意図や5

年たっての振り返りなどについて，局長経験者の視点などからまとめている。このような章をあえて設けた趣旨は，行政実務と管理会計論との両方の視点からみるとどうみえるのか，今後の管理会計実践にとって参考となるものはないかなどの観点から記録として残しておきたいと考えたからである。これにより，類書にはない視点を提供できたのではないかと考えている。

参考文献

竹本隆亮・大西淳也（2018）『実践・行政マネジメント―行政管理会計による公務の生産性向上と働き方改革―』同文舘出版。

第5章
経済産業局における業務改革

はじめに

著者は，2016年度に経済産業省政策評価広報課に勤務し，経済産業省内における様々な業務改革に取り組んだ。その中で，経済産業省の地方支分部局である経済産業局（以下，経産局という）について，BPR（Business Process Re-engineering）の知見を生かしつつ業務改革に取り組んだことから，その内容について紹介していきたい[1)]。なお，本章における記載はすべて著者の個人的見解であり，組織を代表するものではないことを最初に付言しておきたい。

BPRとは，企業における組織・業務改革の手法の１つであり，1993年の「リエンジニアリング革命―企業を根本から変える業務革新」（マイケル・ハマー　ジェイムズ・チャンピー著）が発端となって，多くの企業で導入されるようになった（三菱UFJリサーチコンサルティング 2010）。BPRの特質は，「顧客の立場を組織の横断的なプロセス単位で捉え，情報技術を活用することによって業務のやり方を根本的に再構築する」ことにあるとされる[2)]。

その手法については，一般的には**図表5-1**のようなステップをとる。すなわち，①BPRの目的や目標を検討したうえで，②業務フローを把握して分析し，③改善提案を検討し，④それを実行する。さらに，⑤モニタリングや評価を行い，さらなるBPRを検討する，といった流れである。

こうしたBPRの考え方は，PDCA（Plan-Do-Check-Action）の一般的な考

1）本章で取り上げたBPRの実施に当たって協力いただいた，有限責任あずさ監査法人の大立目克哉氏，寺澤直子氏に感謝申し上げたい。また，経済産業省政策評価広報課の矢作友良課長，家城太一氏，産業構造課の酒井洋彰氏（いずれも所属や肩書きは当時）および経済産業省内関係者の尽力があり，本章のBPRが実施されたことを申し添えたい。

2）野中郁次郎（1994）「リエンジニアリングを超えて」『組織科学 第28巻第１号』（三菱UFJリサーチコンサルティング（2010）において引用）

図表5-1　BPRのステップ

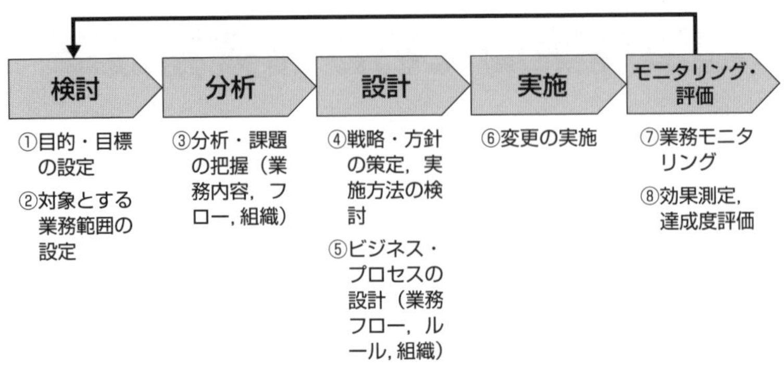

出所：三菱UFJリサーチコンサルティング（2010）。

え方に即したものであるし，様々な組織において何らかの形で取り組まれているものと思われる。実際，三菱UFJリサーチコンサルティング（2010）においては，民間企業における取組みとともに，地方自治体における取組みが複数紹介されている。

他方で，行政組織内においてBPRの視点を取り入れつつ業務改革を行った事例について，詳しく報告されている事例は必ずしも多くない。特に，著者が取り組んだ各経産局の業務改革は，後に述べるように，一定の方法論を基礎として，かなり体系立って取り組んだものである。他の行政機関関係者や研究者の方々の参考にもなるよう，著者の経験も踏まえながら概要を紹介していきたい。

I　実施の背景

1　政策評価広報課の業務

著者が所属した経済産業省政策評価広報課は，政策評価を業務の基軸に据えている。政策評価というと，政策評価法（行政機関が行う政策の評価に関する法律）に基づく政策評価がイメージされがちであるが，政策評価広報課においては，政策評価をかなり幅広く捉えることとしていた。

政策評価の概念自体，もとは1980年代頃から議論され始めたNew Public

Managementの流れに端を発しており，行政組織のパフォーマンスの向上を目指す一環で導入されたものである。著者が所属していた当時，政策評価広報課においては，法律に基づく政策評価を実施するだけではなく，経済産業省内の業務改革の観点から，毎年，様々な取組みを行っていた。著者の所属していた当時も，省内のペーパーレス化，テレワークの推進，ナレッジ共有ツールの開発など，ワークスタイル改革を通じた生産性向上に官房各課と連携しながら取り組んでいたところである。

2　経産局について

経産局（経済産業局）は，経済産業省の地方支分部局であり，全国に8の経産局が置かれている（北海道・東北・関東・中部・近畿・中国・四国・九州）。なお，沖縄県関係については，内閣府沖縄総合事務局内の経済産業部が経産局に相当する業務を行っている。

各地方の経産局は，経済産業省本省と連携しながら，経済産業省の所管法律や予算事業の執行業務を行っている。多くの事業や制度において，申請事業者等と直接やりとりするのは，各地方に設置された経産局である。各経産局では，本省で立案され実施されることになった各事業を，一定程度自律的に執行している。

こうした執行業務以外にも，各経産局では，地域の実情に応じた独自の事業を企画・実施することがあり，また，地域内の企業の声などを経済産業省本省に報告し，本省における政策立案を支援する役割もある。

経産局の職員数（定員）は，著者が政策評価広報課に所属していた2016年度当時，8局合計で1,691人[3)]であった。経産局の定員は，政府全体の定員削減の流れの中で，それまで減少を続けており，例えば，2011年度の1,799人と比較しても，5年間で約6％減少している状況であった。

経産局が実施する行政サービス自体は減少しない中で，どのように職員数の減少に対応し，業務の効率化を進めていくかが2016年当時の課題であった。

---

3)　平成28年度一般会計歳出予算各目明細書（第190回国会（常会）提出）に掲載されている経済産業局一般職職員の人数。

Ⅱ BPRの実施方法

1 実施に当たっての理念

BPRの実施に当たっては，外部コンサルタントからのアドバイスや，民間企業から経済産業省に出向していたBPRの経験者の意見などを参考にしながら，取組みを進めていった[4)]。最初に，BPRを実施するに当たっての理念や考え方について簡単に紹介したい。

（1）BPRの目標

単に業務量を削減することを目指すのではなく，投入資源量当たりの成果を向上させることを目標とした。つまり，より少ない業務量や支出で，より質・量に優れたサービスを提供することを目指した。

また，取り上げる対象は個々の業務であったとしても，業務改革によって生まれた余裕を，より付加価値の高い業務に充てることで，組織全体のパフォーマンスを高めていく手段の１つとして，BPRを実施していくこととした。

（2）実施に当たっての留意点

実施に当たっては，以下の点を意識しながら進めた。

①きちんとした「成果」を上げること

BPRによって業務プロセスを分析したり改善提案を検討したりすることが成果ではなく，業務改革によって具体的な変化をもたらすことが成果であることを終始明確に意識し続けた。

②組織内にBPRのノウハウや文化を取り込むこと

BPRを通じた業務改革が組織内に根付き，次なる業務改革が生み出されて

4) 本章で触れたBPRについては，有限責任あずさ監査法人（2017）にまとめられている（なお，当然のことながら，本章におけるあずさ監査法人における記載については，同法人が責任を負うものではない）。

いくように，BPRのノウハウや経験が経済産業省内に蓄積されていくことも重視した。

③関係者の話を丁寧に聞くこと

個々の業務の担当者とのヒアリングや打ち合わせの際に，「非効率な点を探しだそう」という姿勢で臨むのではなく，「なぜそういう業務プロセスになっているのか」一緒に考えてもらう姿勢で臨むことにした。

（3）改善提案の視点

BPRを実施するに当たっては，業務の「見える化」を行い，そのうえで改善提案を検討することとした。各地方の経産局は，経済産業省本省からの指示を受けつつ，一定程度自律的に業務を行っている。経済産業省本省，各地方の経産局のそれぞれに関係者がいて，お互いの状況を完全に把握できないまま業務を行っている場合が多い。このため，すべての関係者が同じ目線で議論できるような，客観的な事実の収集に努めた。

そのうえで，外部コンサルタントの助言も得ながら，改善提案の検討を行っていった。外部コンサルタントによると，業務改革の機会抽出のための視点として，**図表5-2**に示されているような視点があるという。こうしたノウハウの提供も受けながら，取組みを進めていった。

2　対象案件の選定

BPRを実施するに当たっては，まず，対象業務を10個選定した。

選定に当たっては，各経産局から案件を募集し，提出された案件をリスト化したうえで，政策評価広報課において関係部署にヒアリングを行った。提出された案件に付記されているコメント自体に大きなヒントが隠されているものの，最初に関係者のヒアリングを行い，問題の所在について大まかな仮説を立てた。そのうえで，作業のIT化や，プロセスの見直しによって，具体的な改善が見込めそうな案件を選定した。

対象業務については，当時の政策評価広報課内のリソースを考えて，「10個」にした。BPRを遂行するに当たっては，関係者との打ち合わせなど，一定の工数が発生する。また，外部コンサルタントとの打ち合わせを設定する際にもコストが発生する。そうしたコストを考えて「10個」という規模感を最初

図表5-2　業務プロセス改善の機会抽出のための視点例

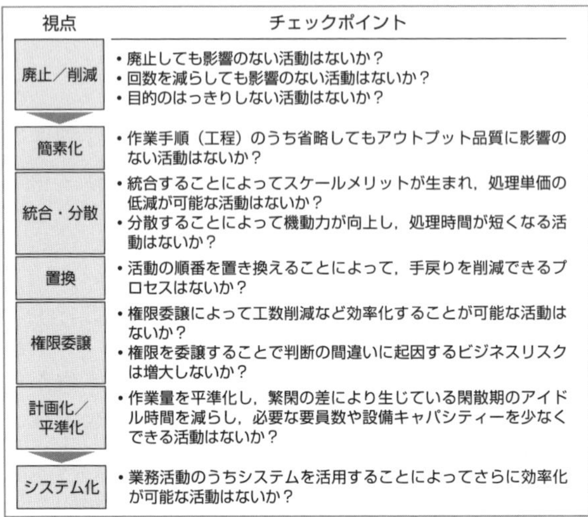

視点	チェックポイント
廃止／削減	・廃止しても影響のない活動はないか？ ・回数を減らしても影響のない活動はないか？ ・目的のはっきりしない活動はないか？
簡素化	・作業手順（工程）のうち省略してもアウトプット品質に影響のない活動はないか？
統合・分散	・統合することによってスケールメリットが生まれ，処理単価の低減が可能な活動はないか？ ・分散することによって機動力が向上し，処理時間が短くなる活動はないか？
置換	・活動の順番を置き換えることによって，手戻りを削減できるプロセスはないか？
権限委譲	・権限委譲によって工数削減など効率化することが可能な活動はないか？ ・権限を委譲することで判断の間違いに起因するビジネスリスクは増大しないか？
計画化／平準化	・作業量を平準化し，繁閑の差により生じている閑散期のアイドル時間を減らし，必要な要員数や設備キャパシティーを少なくできる活動はないか？
システム化	・業務活動のうちシステムを活用することによってさらに効率化が可能な活動はないか？

＋ サービス受益者の満足度向上

新たな業務改革手法では，左記の効率化の視点のほか，サービス受益者の満足度向上の視点が加わり，これらの両立が図られる

出所：有限責任あずさ監査法人（2017, p.9）より。

に設定することとした。

こうした対象案件の選定に当たり，案件募集は本省の制度や事業の担当課に対して行うのではなく，現場で事業の執行を担っている各経産局に対して行うこととした。本省の担当課においては，改善の余地があると考えた場合には自らプロセス改善を行うことも可能である。一方で，現場を担う各経産局では，担当者レベルで業務プロセスの改善のアイデアを持っていたとしても，本省の担当課との調整なく自らの判断だけでプロセスを変更することが難しい。著者が携わった2016年度のBPRにおいては，各経産局の担当課から提出された案件の中から，BPRの対象案件を選定していった。

3　業務フロー図の策定

対象案件を選定後，それぞれの案件ごとに，BPRの実務作業を行う経産局の「幹事局」を選定した。幹事局では，案件募集に応募した経産局の総務課と制度や事業の担当課で経産局内の体制を組んでもらうこととした。そのうえで，政策評価広報課と幹事局総務課，幹事局担当課で議論しながら，業務フロー図を作成してもらった。経産局側では必ずしも判然としない本省内で

図表5－3　業務フロー図

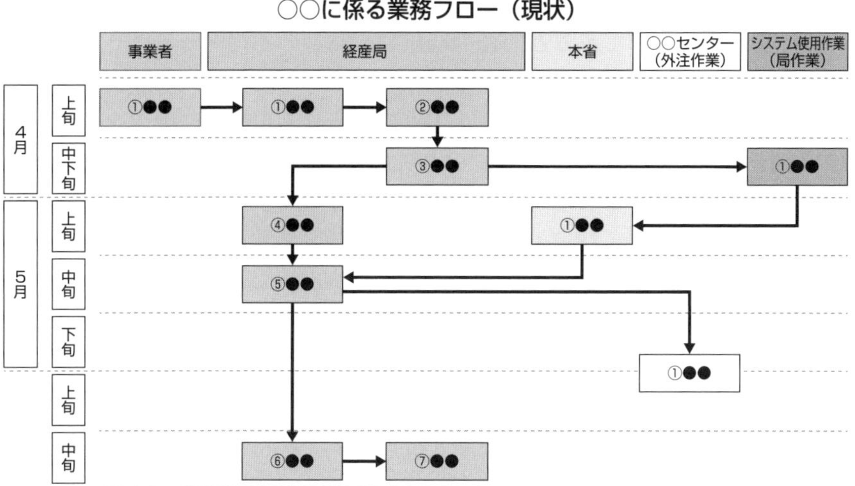

出所：有限責任あずさ監査法人（2017）より。

の業務フローについては，政策評価広報課から本省担当課に依頼して，情報を追加してもらった。

業務フロー図については，外部コンサルタントとも議論し，「A4の1枚紙」に収めることとした。業務のIT化を意図しているのであれば，情報システムに落とし込めるような詳細なフロー図が必要になるであろうが，著者の携わったBPRでは，必ずしも業務のIT化が目的ではなかったので，関係者が議論できるような概観的なフロー図を作ることを目標とした。

また，これも外部コンサルタントの指導を踏まえ，縦軸に時系列，横軸に担当者を示すような形で業務フロー図を作成してもらった（**図表5-3**）。

4　コスト管理表の作成

業務フロー図の策定後，それぞれの業務フローに対応する「人員数」「業務処理件数」「1件当たりの処理時間」をまとめた「コスト管理表」を作成した。コスト管理表の作成に当たっては，幹事局から他の地方の経産局に問い合わせてもらい，結果をとりまとめてもらった（**図表5-4**）。

コスト管理表のそれぞれの情報は，各経産局担当課の担当者の主観に基づくものである。したがって，おそらくは担当者の主観に基づくバイアスが幾分含まれており，正確無比なデータではない。他方で，こうして作成されたコスト管理表を眺めてみると，10の経産局の回答の平均をとったり，比較をしたりすることが可能となる。

政策評価広報課内で議論したり，本省の担当課の担当者に確認を依頼する中で，予想外に多くの時間を要しているプロセスが発見された場合には，さらなる深掘りの対象とした。また，経産局ごとに，まったくバラバラの回答が寄せられた場合も，特定の経産局だけが短時間で業務を遂行できながら他の経産局が長時間を要している理由を精査するために，深掘りの対象とした。

深掘りの対象となったプロセスについては，幹事局を通じてさらに聞き取りをしてもらった。ときには，回答した担当者が時間のカウント方法を取り違えて回答したというケースもあった。しかし，他の経産局とはまったく違うプロセスで実施（例えば，検討会を対面開催するのではなく書面開催しているなど）していることや，本省の担当者が想定していなかったような理由で業務量が多い（制度の問い合わせ対応に多大な時間が割かれているなど）ことが発見されることもあった。

こうした深掘り作業と並行して，実際の業務を担当している担当者の所感も，現場の「生声」として，幹事局を通じて政策評価広報課に報告してもらった。

コスト管理表の精査のプロセスを通じて，業務改革に向けた当初の仮説を修正し，同時に論点の絞り込みを行っていった。

5　改善に向けた打ち合わせ

業務フロー図とコスト管理表，現場の「生声」が揃った段階で，政策評価広報課，本省の担当課，外部コンサルタントの３者を集めて打ち合わせを行った。

対象案件ごとに，政策評価広報課から業務フロー図やコスト管理表，業務改革の論点を説明し，本省の担当課がそれに対する所見を述べ，それに対して外部コンサルタントがコメントをする，という形式で打ち合わせが行われた。

こうした打ち合わせの場に外部コンサルタントに入ってもらうことは，行政の担当者だけでは気づかない改善提案を提案してもらうという意味で効果的であった。また，組織内で行ったBPRというプロセスそのものに客観性を

図表-5-4　コスト管理表

●●事業に係る業務フロー上の処理コスト												
	A局	B局	C局	D局	E局	F局	G局	H局	I局	合計	平均	入力データの考え方
①中間・確定検査												
人員数	4	5	8	9	5	6	5	6	4	52	6	確定補助員含め検査する人員全て
事務処理件数	3	37	64	54	35	8	10	36	21	268	30	確定件数
1件あたりの処理時間(h)	8	5	8	10	5	12	12	7	3		8	現地調査（移動時間含まず）＋室内処理
所要時間(h)	24	185	512	540	175	96	120	252	63	1967	219	
②確定通知・支払手続												
人員数	4	3	8	6	4	3	5	5	3	41	5	確定起案する人員全て
事務処理件数	3	37	64	54	35	8	10	36	21	268	30	確定件数
1件あたりの処理時間(h)	3	3	3	1	3	3	3	2	3		3	確定起案＋精算請求等処理
所要時間(h)	9	111	192	54	105	24	30	72	63	660	73	
③公募申請受付												
人員数	3	2	3	2	2	1	5	5	2	25	3	担当者数
事務処理件数	4	37	61	54	42	12	12	32	16	270	30	1次公募申請件数
1件あたりの処理時間(h)	3	1	1	1	2	1	2	1	1		1	受付～形式審査～本省報告まで
所要時間(h)	12	37	61	54	84	12	24	32	16	332	37	
④意見照会												
人員数	1	1	1	2	1	1	1	1	2	11	1	担当者数
事務処理件数	2	10	16	14	7	8	16	11	4	88	10	意見照会する県、市町村
1件あたりの処理時間(h)	2	5	5	5	15	5	3	3	3		5	調整～起案～発送
所要時間(h)	4	50	80	70	105	40	48	33	12	442	49	
⑤審査委員会	会議開催	書面	会議開催	会議開催	会議開催	化書面	書面	会議開催	書面			書面又は会議開催いずれか記載
人員数	5	1	4	2	5	1	1	4	2	25	3	担当者数（会議実施の際は課内出席者含む）
事務処理件数	4	37	61	54	42	12	12	32	16	270	30	審査件数
1件あたりの処理時間(h)	9	6	20	60	30	6	4	7	3		16	事前準備～会議開催まで
所要時間(h)	36	222	1220	3240	1260	72	48	224	48	6370	708	

出所：有限責任あずさ監査法人（2017）より。

与える意味でも効果があったと考える。

なお，こうした外部コンサルタントの助力を得るためには，当然のことながら，支出が発生する。著者が担当したBPRでは，外部コンサルタントに，打ち合わせへの同席やBPRプロセス全体の監修などを依頼する一方で，コスト管理表の作成や生声の収集などは幹事局に担ってもらうことで，外部コンサルタントに作業を依頼する範囲を絞り込んだ。

打ち合わせに当たっては，単に業務効率を高めるための提案だけでなく，行政サービスの受益者にとっての満足度を高めること，つまり，サービスの質を高めつつプロセスを効率化することを主眼に置きながら議論を行うこととした。

6 業務改革の実施

打ち合わせで方向性が示された改善提案については，政策評価広報課と本省担当課の間で実施に向けた段取りを話し合った。この過程で，外部コンサルタントから提案があった改善提案のうち，コストや実現性などを勘案して実施が困難なものは実施計画から外し，代わりに新しい改善提案を含めるなど，相当程度の改善提案の入れ替えがあった。

最終的には10案件の改善提案をとりまとめて，政策評価広報課から省内や各経産局に対して報告し，業務改革の実施に対する同意を取り付けた。省内全体で，「こうした改善点が特定されたことは喜ばしい」という雰囲気を醸成し，関係者が改善策に具体的に着手することへの後押しを図った。実施に当たってITツールの活用が必要なものなどは，省内の情報システム担当課への相談を取り持つなど，政策評価広報課において，実施に向けた支援を行った。また，年度末には，各改善提案の進捗状況について，フォローアップ調査を行った。

業務改革の実施に合わせて，「削減された業務時間を使って何をするか」ということも，各経産局の幹事局に検討してもらった。BPRによって業務効率が改善されると，「それによってどれぐらいコストが削減されるか」という話になりがちである。しかし，業務改革をするほど現場から人が削減されていくということになっては，現場からの改善提案が生まれなくなってしまう。

各地方の経産局は，法律の執行や予算事業の執行を通じて，管区内の事業者にとって経済産業省本省よりも身近な存在である。業務執行の様々な場面で聞こえてくる事業者の声を集めることや，地域の実情に応じた施策の立案，また，事業者からの相談に対面で相談に乗ることなどは，各地域に所在する経産局にしかできない業務であり，かつ，必要性も高い。それまでの人員削減の中で，こうした創造的で付加価値の高い業務に十分な資源を投じることが徐々にできなくなってきているという危機感が，各担当部署から上がってくる業務改革要望の背景でもあった。各幹事局からは，こうした背景を踏まえて，「利用者からのヒアリングを丁寧に行って政策提言につなげたい」などといった回答が寄せられた。

Ⅲ BPRの実施結果

ここからは，BPRを行った結果について，簡単に紹介したい。2016年度にBPRの対象とした業務は，以下の業務である。

①関税暫定措置法にかかる執行業務
②化学兵器禁止法にかかる国際検査業務
③アルコール事業法にかかる業務
④航空機製造事業法にかかる業務
⑤武器等製造法に基づく業務
⑥大店立地法の届出にかかる執行業務
⑦省エネ法における定期報告に関する業務
⑧電気事業法にかかる電力需要調査関連の業務
⑨中小企業等経営強化法における経営革新等支援機関に関する業務
⑩ふるさと名物応援事業補助金の業務

1 関税暫定措置法にかかる執行業務

(1) 業務の概要

関税暫定措置法は，一定数量の皮革製品・革靴について，事業者からの申請に基づき，無税または低税率を適用している。事業者からの申請は毎年度行われ，申請受付は対面で行うこととしていた。

(2) 改善提案の概要

年度の申請受付初日に申請者が集中する傾向があり，その処理のために関係職員を動員して受付を行っていたが，それでも申請者の待ち時間が生じる状況にあった。

申請の受付方法を確認したところ，申請時の受付書類が揃っているか窓口で確認してから書類を受け付ける方式をとっており，職員が書類を確認し終わるまで，次の申請者を待たせる対応をとっていた。

このため，改善提案として，申請書類を一旦受け付けて，受付後に書類を確認することで，申請者の待ち時間を削減するとともに，申請受付当日の職員の業務量を削減することが提案された。

また，申請受付後の確認プロセスを効率化する観点から，経産局担当者のチェック項目を明確化し均一化することも提案された。

2　化学兵器禁止法にかかる国際検査業務

(1) 業務の概要

化学兵器禁止法（化学兵器の禁止及び特定物質の規制等に関する法律）は，特定の化学物質を製造する事業者について，経済産業省に対して製造実績を届け出るよう義務付けている。また，経済産業省は，化学兵器禁止条約に基づき，とりまとめた結果を国際機関（OPCW）に報告している。国際機関は，当該申告の正確性等を確認するために，個々の対象施設に査察官を派遣するなどして，国際検査（査察）を実施している。

国際機関からの査察は抜き打ちで行われ，連絡が入った場合，経済産業省本省および経産局は対象事業所に速やかに連絡するなどして，円滑な査察の実施に協力している。

(2) 改善提案の概要

各経産局では，査察の連絡が入ったときに経産局から対象事業者に速やかに連絡できるよう，必要な体勢を構築することとしている。一部の経産局では，担当者が待機時間中に庁舎を離れることは想定されていないと考え，別案件での出張を控えるといった対応をとっていた。

改善提案においては，経済産業省本省と経産局との間で認識を統一化し，携帯電話番号を登録すれば待機時間中に別案件で出張することも可能であることを明確化するなどして，待機に伴う負担を軽減することにすることが提案された。

3　アルコール事業法にかかる業務

(1) 業務の概要

アルコール事業法は，アルコールが工業用に確実に供給されることを確保する一方で，酒類原料への不正使用の防止に配慮するため，製造・輸入・販売・使用の４区分について，事業者の許可制を設けている。許可を受けた事業者は，年に１度，業務報告書の提出が義務付けられている。また，許可を受けた事項に変更が生じた場合にも，事業者は変更許可申請を行うことが求められる。許可申請や変更許可申請，業務報告書の提出は，経産局に対して行われることとなっている。

（2）改善提案の概要

対象事業者のうち特に「使用」を行う事業者からの申請が多く，経産局においては，事業者からの申請方法についての問い合わせに，多くの時間を要していた。

このため，改善提案においては，従来からの事業者向けのパンフレットに加えて，重要な事項にフォーカスしたコンパクトなポイント集をつくることで，問い合わせ数を減らすことが提案された（**図表5-5**）。

また，業務報告書の記載不備が多く発生していることから，申請受付システムを改良し，申請者において記載不備の内容を自ら把握できるような支援システムを拡充することが提案された。

図表5-5　アルコール事業法許可事項の変更手続き

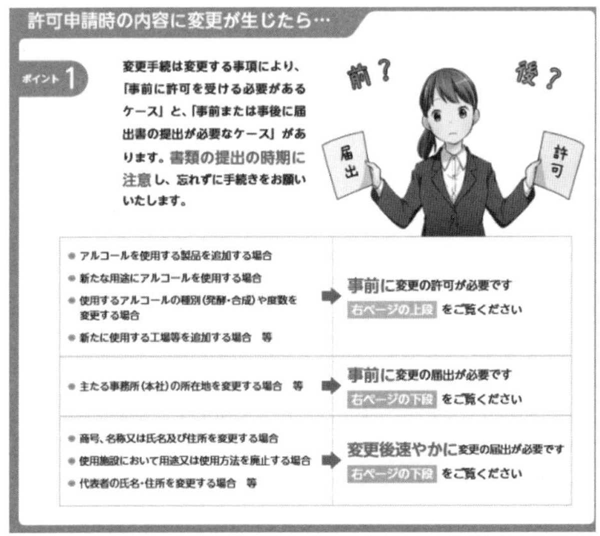

出所：経済産業省製造産業局アルコール室（2017）より。

4　航空機製造事業法にかかる業務

(1) 業務の概要

航空機製造事業法は，航空機や航空機用機器を製造・修理する事業を許可制にしている。一部の許可申請や届出は，法令の規定に基づき，経産局を経由して経済産業省に進達することとなっている。

(2) 改善提案の概要

経産局においては，事業者からの許可申請を受け付ける際に，事業者からの相談に対応していたが，経産局を経由して本省に進達される案件について，本省においても事業者からの相談に乗っているケースがあった。

改善提案においては，本省で相談を受け付けるものについては，経産局では相談を受け付けないこととし，その旨を事業者に対しても周知することが提案された。また，経産局で相談を受け付けるものについては，データベースを作って回答を均質化することが提案された。さらに，経産局における要件審査と本省における審査の役割分担について，明確化することが提案された。

5　武器等製造法に基づく業務

(1) 業務の概要

武器等製造法においては，武器の製造や保管等を許可制にしている。航空機製造事業法と同様，一部の許可申請や届出は，法令の規定に基づき，経産局を経由して経済産業省に進達することとなっている。

(2) 改善提案の概要

航空機製造事業法と同様に，事業者からの許可申請等の相談に経産局が対応した案件について，本省でも相談対応に応じているケースがあることが確認された。

改善提案においては，本省で相談を受け付けるものについては，経産局では相談を受け付けないこととし，その旨を事業者に対しても周知することが提案された。また，経産局で相談を受け付けるものについては，データベースを作って回答を均質化することが提案された。

6　大店立地法の届出にかかる執行業務

（1）業務の概要

大店立地法（大規模小売店舗立地法）に基づき，大型店舗の出店等には都道府県等への届出が義務付けられている。当該届出にかかる情報は，毎月，①都道府県等が届出データを更新し，②各経産局が管内の更新データをとりまとめたうえで，③本省が全国分のデータをとりまとめてホームページに公表している。

（2）改善提案の概要

各経産局においては，管区内の都道府県等のデータをとりまとめ，本省に送付するという作業を行っていた。

改善提案においては，当該プロセスについて，各都道府県等が経済産業省本省のシステムに直接アクセスし，提出データの不備等を自動的にチェックしたうえで集計を行うことで，経産局の業務を省略することが提案された。

また，本省における公表時には詳細版の公表とともに概要版を作成していたが，外部コンサルタントから「概要版に特段の付加価値が見出せない」との指摘があり，概要版の作成の廃止を含めて，利用者のニーズを踏まえて公表内容を検討することが提案された[5)]。

7　省エネ法における定期報告に関する業務

（1）業務の概要

省エネ法(エネルギーの使用の合理化等に関する法律)では，原油換算でエネルギー使用量が1,500KL以上の事業者(約12,000者)に対して，毎年７月末を期限に定期報告を義務付けており，各経産局への報告書の届出を求めている。各経産局においては，記載方法についての説明会を開催するほか，記載内容についての個別相談業務を行っている。届出された内容に不備がある場合には，経産局から事業者に対して不備を指摘するといった対応も行っている。

---

5)　本件のその後の経過としては，廃止が提案された概要版について，精査の結果，利用者のニーズが存在するとして，引き続き作成・公表されることとなった。また，本省側のシステムを早期に改修することは困難として，ITツールを使って経産局でのとりまとめ作業を効率化する方向で検討が進められることとなった。

(2) 改善提案の概要

省エネ法の定期報告においては，約９割の届出が紙で届け出られており，データの電子化（スキャン，データ打ち込み作業）に費用を要していた。

このため，改善提案においては，まず，事業者が電子的に届出の提出を行わない要因を分析し，電子届出に誘導していくことが提案された。

また，受付システムにおいてエラーチェック機能を設けることで，不備のある報告が行われようとする際に，事業者が自ら把握できることを可能にすることが提案された。

さらに，事業者から郵送された届出については，従来，紙に基づいてエラーチェックを行い，必要に応じて事業者に修正を求めていた。紙で届出されたものも，スキャン，データ打ち込みされたうえで自動エラーチェックにかけられるため，紙の段階でのエラーチェックは行わず，電子データ化した後での自動エラーチェックに一本化することが提案された。

8　電気事業法にかかる電力需要調査関連の業務

(1) 業務の概要

電気事業法に基づき，自家用発電所の設置者（約5,000者）は，半年に１度，経産局に自家用発電所の発電実績を報告することが義務付けられている。また，自家発電の設置者が自家消費した電力量について，経済産業省において月次で調査し公表している。経産局においては，事業者に対するデータ提出の依頼や，データの受付・確認，データの入力といった作業を行っている。

(2) 改善提案の概要

各種データは，経産局を経由して経済産業省本省に提出され，とりまとめられる。

経産局に提出されるデータの提出様式は，紙，PDF，Microsoft Excel形式データなど統一されておらず，データの集計に時間を要していた。また，集計したデータのチェックにも時間を要していた。

このため，改善提案においては，事業者からの提出をMicrosoft Excel形式でのデータに統一することが提案された。また，Microsoft Excel形式でのデータ提出に事業者を誘導するに当たり，提出事業者が自らデータの入力エラーを把握できる自動チェック機能を導入することで，事業者および経産局双方で作業の効率化が図られるようにすることが提案された。

9　中小企業等経営強化法における経営革新等支援機関に関する業務

(1) 業務の概要

中小企業等経営強化法においては，中小企業に対して専門性の高い支援事業を行う担い手の多様化・活性化を図るため，税務，金融および企業財務に関する専門的知識や，中小企業支援にかかる実務経験等を有する個人や法人支援機関等を，経営革新等支援機関として認定する制度を設けている。経産局においては，支援機関候補からの申請受付，データ作成，認定書・認定証交付，変更届出受理といった業務を行っている。

(2) 改善提案の概要

経産局においては，経営革新等支援機関の認定を行うたびに，申請受付から認定証交付にいたるまでの，一連の業務フローが発生する。

改善提案においては，制度創設から4年が経過し，申請される件数自体が減少していたことから，従来の年4回の申請受付という頻度を改め，年1回の受付とすることが提案された[6)]。

また，経産局においては，本省から届いた書類を，職員が申請者ごとに袋詰めして郵送するという作業を行っていたが，本省が外注し事業者に直接郵送することで経産局の業務時間を削減することが提案された。

10　ふるさと名物応援事業補助金の業務

(1) 業務の概要

ふるさと名物応援事業補助金は，中小企業地域産業資源活用促進法に基づく事業計画の認定を受けた事業者や，農商工等連携促進法に基づく事業計画の認定を受けた事業者から応募があった場合に，対象経費の一部を補助する事業である。経産局においては，事業者からの公募の受付，審査，都道府県等への意見照会，採択決定，補助金交付業務といった業務を行っている。

---

6)　本件のその後の経過としては，申請受付を年1回とするという提案は採用されず，全面的に電子申請に切り替えるという方向で改善が図られることになった。

(2) 改善提案の概要

本業務に要している時間について確認したところ，各経産局の回答に大きなばらつきがみられた。原因を精査した結果，審査委員会の開催方法について，対面開催を行っている経産局と，書面開催としている経産局があることが確認された。対面開催を行っている経産局においては，書面開催という方法が可能であることについて認識していなかった。

改善提案においては，対面での会議開催の必要性について検討し，書面開催が可能な場合は書面による審査を取り入れることが提案された。

また，申請から採択決定，交付業務までの業務フローを確認する中で，外部コンサルタントからの指摘を踏まえ，事業者の利便性の観点から，補助金の採択決定時期を公募要領において明記することが提案された。

Ⅳ BPRの実施結果についての考察

1 改善提案の類型

10の案件は，いずれの案件も，第Ⅲ節で説明した統一的ステップを踏まえて改善提案が検討されたものである。一方で，提案された内容は，個々の案件ごとに，大きく異なっている。類型化すると，以下のような改善提案が行われた。

①ITのさらなる活用

(3) アルコール事業法にかかる業務，(6) 大店立地法の届出にかかる執行業務，(7) 省エネ法における定期報告に関する業務，(8) 電気事業法にかかる電力需要調査関連の業務

②業務の外注

(9) 中小企業等経営強化法における経営革新等支援機関に関する業務

③各経産局間でばらつきがあった業務の平準化

(1) 関税暫定措置法にかかる執行業務，(10) ふるさと名物応援事業補助金の業務

④本省・経産局間の役割分担の明確化，作業の重複排除

（2）化学兵器禁止法にかかる国際検査業務，（4）航空機製造事業法にかかる業務，（5）武器等製造法に基づく業務

⑤実施内容等の見直し

（6）大店立地法の届出にかかる執行業務

2　改善提案に至った背景

外部コンサルタントからは，10案件のBPRを行う中でみえてきた視点として，以下の4点の指摘があった。

①本省／経産局間のコミュニケーション

- 業務について本省と経産局間において認識あわせが必要なケースがみられる
- 各経産局間で実施方法に差異が生じている

②ニーズ・実情に応じた対応

- 利用者の側に立ち，わかりやすい情報提供を行うことで利用者からの問い合わせそのものを減らす
- 利用者のニーズにマッチしたタイミングでサービスを提供する

③情報の管理とITの活用

- 利用者から紙ではなくデータの提出を促す
- 形式的なデータチェックはITを利用する

④業務の実施方法

- マニュアルの策定，業務の平準化
- 形骸化している作業の廃止
- 業務実施主体の見直し

3　数量的効果

前述のBPRの理念に関して触れたとおり，著者が携わったBPRでは，投入

資源量当たりの成果を向上させることを目標とし，しかも，具体的な変化としての成果を上げることを重視してきた。本来的には，BPRの成果は，現実に何がどう変化したかという観点で評価されるべきである。

もともとのコスト管理表の数値は，それぞれの案件の担当者に聞き取って作ったものであり，正確性が担保されたものではない。また，実際に改善提案を実行したとして，想定どおりの業務効率化の成果が得られるかは，実行してみないとわからない点が多い。そうした数値であることから，数値の信憑性については十分に割り引いて考える必要がある。

一方で，それぞれの改善提案で期待されそうな数値を業務の関係者に入力してもらい，現状のプロセスのコスト管理表と比較すると，具体的に何時間の業務時間が削減されることが想定されるか，機械的に試算すること自体は可能である。著者の携わったBPRの場合，案件によって業務時間数や削減率は様々であったが，10案件全体のもともとの業務時間は約10万時間／年で，改善提案によって約2割強の業務時間削減につながるという試算であった。

4　改善提案の実施

前述のとおり，改善提案については，外部コンサルタントからの提案をそのまま採択するのではなく，コストや実現性について政策評価広報課，本省担当課や経産局担当課とよく議論したうえで決定したものである。そうした形で実施の方向性が決まった改善提案については，関係課において快く実施に向けた段取りを検討してもらったと考えている。政策評価広報課でフォローアップも行い，年度末には，ほぼすべてが具体的な検討または実施の段階に入ったことを確認した。

改善提案の実施に向けた，より幅広い関係者の巻き込みに当たっては，フロー図やコスト管理表，前述の想定業務削減量などを示し，「このようにきちんと分析したうえでの提案なのだから，実施に移さない理由はない」という雰囲気を醸成していくことも有効であったと思われる。

他方で，それぞれの事業や制度については，省内外の関係者との調整を要するものもあり，別の形で改善提案が実施されたものもある。本章の内容は，著者が2016年度に政策評価広報課で取り組んでいた際の状況を説明しており，その後の検討で修正を加えられることになった改善提案もある。

例えば，IT化については，著者がBPRに取り組んでいた当時は，現在ほど行政手続きの電子化が進んでいなかったので，紙での申請受付を考慮することが前提になっていた。その後の検討で，より踏み込んだIT化を行うことで業務改革につなげているケースもある。

5　BPRの費用対効果

BPRを実施するに当たっては，外部コンサルタントとの契約の費用，政策評価広報課や経産局の担当者がBPRに従事する業務時間，関係者がヒアリングに応じるために割く時間など，目にみえないコストが生じる。こうしたコストを上回る成果がもたらされなければ，BPRに着手することは適切ではないとも言える。

BPRのコスト管理表からはじき出される，改善提案の実施による業務時間削減量は，あくまで試算値であり，あたかも実際に効率化される業務時間量であるかのように取り扱うのは適切ではない。そうした点を割り引いて考える必要はあるが，著者が携わったBPRの場合，前述のとおり10案件全体で約10万時間／年の業務を約２割強削減するという試算であり，相当程度割り引いて考えたとしても，BPRに要したコストを大幅に上回る効果があったと考えている。

また，改善提案のフォローアップを行うことで，ほぼすべての提案が具体的な実施検討の段階に移ることになった。同じ提案を行うにしても，きちんとした分析やプロセスに基づいた提案のほうが，一般的には，関係者の納得や同意の取り付けが得られやすい。BPRという方法をとることで初めて具体的に改善が進む側面もあったものと思われる。

6　BPRの副次的効果

著者の携わったBPRは，IT化だけを出口にしたものではなかったが，IT化を行うに当たっては，BPR同様に業務フローを書き出したうえで最適化することが不可欠になり，業務フロー図やコスト管理表をより精緻にしたものが必要になる。BPRが，行政組織内のIT化を進めようとする機運を生み出すきっかけになるのではないかと思う。

実際，著者の離任後の2017年度に政策評価広報課が取り組んだBPR[7)]にお

7）　株式会社エヌ・ティ・ティ・データ経営研究所（2018）にまとめられている。

いては，電子申請や情報システム化，アウトソーシングに力点を置いた取組みが行われている。

政府全体でみれば，例えば，「デジタル・ガバメント実行計画」（2019年12月）において，業務改革（BPR）を徹底することを強調しつつ，2024年度には行政手続きの９割を電子化する方向で取組みが進められることになっている。

IT化以外の側面について目を向けると，経産局のBPRを実施した背景の１つには，経産局側からの業務改革欲求があった。なかなか本省を巻き込んだ形での業務改革ができなかったところに，一定の方法論をとれば本省を動かして具体的に業務改革を実現できるという成功体験が生まれ，さらなる業務改革への機運や職場満足度，本省と経産局とのコミュニケーションの円滑化につながったのではないかと考えている。

おわりに

経産局に限らず行政機関は，それぞれ多岐にわたる業務を行っている。また，個々の業務プロセスは，法律などの制度や会計ルール等の制約を受けながら実施され，一旦確立した業務プロセスの変更には多くの関係者との調整が必要となる。１つひとつの業務プロセスの洗い直しという手間のかかる仕事は，ややもすると後回しにされがちではないかと思う。

業務改革を実行するためには関係者の調整が必要であり，組織内で漠然と必要性が認識されていたとしても，具体的な成果を上げることは意外と難しい。実際に組織内の業務改革に取り組んだ人であれば経験があることではないかと思うが，関係者がそれぞれの立場からの所感を述べ合うスタイルの会議からは，実施に際して一定の初期コストが伴うような業務改革は生まれにくい。

本章で紹介したBPRの取組みは，かなりの部分を行政機関内で内製化したうえで，部分的には外部コンサルタントの力も借りながら，体系的に業務改革を進めていく仕組みである。業務フロー図の作成やコスト管理表といった業務の「見える化」は，実際に着手すれば，一案件当たり数時間や十数時間で素案ができるような作業である。行政組織内で比較的容易に取り組むことができるし，客観的な分析を踏まえて改善策を検討できるため，改善策についての関係者間の合意形成も行いやすい。高い確率で，投じた手間以上の効果が見込まれるのではないかと考える。

BPRを成功裏に進めるためには，いくつかの要因があると思う。まず，BPRの取組みに協力することが評価され，関係者が前向きに取り組む環境が整っていることが重要である。業務プロセスの担当者の協力を仰ぐためには，担当者が所属する担当課のBPRへの理解が重要になるし，そうした担当課の協力姿勢を引き出すには，さらに上層部の支援を取り付ける必要がある。

また，BPRを進めていくに当たって最小限必要となる資金・権限・職員といったリソースを確保することも必要となる。現場や業務改革の担当者に「何かやれ」と言うだけでは，おそらく何も進まない。本章ではBPRの進め方をかなり具体的に記述するよう心がけたが，進め方がわかったとしても，BPRの実施には一定の工数を要するため，それを実施できる体制を構築することが必要となる。また，可能であれば，BPRに詳しい外部コンサルタントからの支援を受けることが望ましい。

さらに，BPRの結果何らかの改善提案が出てきたとしても，その実現のためには，ITの活用など，さらなるリソースが必要になる可能性が高い。そうした改善提案の実現まで見据えたリソース確保の目処が，ある程度立っていることが重要となる。

こうした諸点を考えると，BPRの実施には，リソース配分に携わる部署や役職者の関与が必要となる。著者が携わったBPRの場合，経済産業省の政策，予算，人事を調整する官房各課がBPRの推進の重要性について理解を示し，様々な場面でBPRの推進を支援してくれた。また，そうした体制を構築できた背景には，組織の上層部まで含めた業務改革への強い期待や理解があったことが大きいように思われる。

こうした実施に当たっての注意点はあるものの，BPRの取組みは，非常に手堅い業務改革の手法である。一定程度確立された方法論があり，かなり高い確率で具体的な業務改革の効果を見込むことができる。まだBPRの取組みを試みていない業務は多数あるはずであるし，こうした取組が行政機関の様々な業務に横展開されていけば，持続的にプロセス改善が進んでいくことが期待される。一方で，現実には，日本の行政機関の各部署において自律的にこうしたBPRの取組みが推進されているという状況ではないし，BPRの行政組織への一層の普及展開は，課題として残されていると言えよう。

最後に，著者が取り組んだ今回の業務改革においては，単に業務量など投入資源を削減することを目指すのではなく，投入資源量当たりの成果を向上させることを目的としていた。この観点からは，政策の執行に当たって行政機関に何が求められているかという点に立ち返って議論することが，時として求められる。

行政機関が執行する政策は，BPRの業務フロー図で示されるような１つひとつのステップを踏んで執行に移されていく。こうした執行の細かい点まで含めた段取りを「政策デザイン」とよぶならば，BPRは既存政策の政策デザインを改善する取組みとも言える。一方で，行政機関において，政策デザインの改善ノウハウが組織内に蓄積されていけば，それを新規政策の政策デザインに最初から反映していくことも視野に入ってくるのではないか。

BPRを通じた業務改革の取組みは，行政機関の政策執行の効率や質を高めていくうえでの様々な可能性を秘めている。日本において，こうした取組みがより多くの関心を集め，実践され，さらに発展していくことを期待したい。

参考文献

株式会社エヌ・ティ・ティ・データ経営研究所（2018）「平成29年度産業経済研究委託事業（ビジネス・プロセス・リエンジニアリング（BPR）手法を活用した経済産業政策分野の事業・施策の評価及び見直しに関する調査）調査報告書」（経済産業省委託調査）。

経済産業省製造産業局アルコール室（2017）「アルコール事業法許可事項の変更手続き」。

三菱UFJリサーチコンサルティング（2010）「民間企業等における効率化方策等（業務改革（BPR））の国の行政組織への導入に関する調査研究」（総務省委託調査）。

有限責任あずさ監査法人（2017）「平成28年度政策評価調査事業（ビジネス・プロセス・リエンジニアリング（BPR）手法を活用した経済産業政策分野の事業・施策の評価及び見直しに関する調査）調査報告書」（経済産業省委託調査）。

第6章 町田市における自治体間ベンチマーキング

はじめに

本章では，近年の新たな取組みである町田市の自治体間ベンチマーキングについて検討する。この取組みは，経済財政諮問会議でも紹介され，注目を浴びている。

町田市の自治体間ベンチマーキングは，自治体に共通の法定業務について定量的な比較を行い，参加自治体同士がその業務について意見交換して気づきを得て，それをもとに，それぞれの自治体が業務改善を行う新しい手法である。現在は，業務改善を主眼に取組みが行われているが，将来的には，共創による新たな価値を創出することや大きなイノベーションをもたらすことも視野に入っている。

第Ⅰ節では自治体間ベンチマーキングの概要について，第Ⅱ節では自治体間ベンチマーキングの導入背景と変遷について概観する。具体的な事例として，第Ⅲ節では市民税業務の取組み，第Ⅳ節では固定資産税業務の取組み，第Ⅴ節では，住民基本台帳業務（以下，住基という）・印鑑登録業務（以下，印鑑という）・戸籍業務（以下，戸籍という）の取組みについて把握する。第Ⅵ節では町田市の評価と今後の展開について述べる。

Ⅰ 自治体間ベンチマーキングとは

1 概要

自治体間ベンチマーキングは2015年度に町田市が始めた取組みである。町田市は，自治体間ベンチマーキングを「自治体間で業務プロセス，パフォーマンス，コスト等を比較し，差異を見える化すると共に，自治体間で共通化できるベストプラクティスを検討し，業務改革・改善につなげるプラットフォーム」と定義づけている。

町田市の人口は2020年１月１日現在で428,821名である。比較対象の自治体は同程度の40〜60万人程度の自治体としている。対象業務は，法令で定められ，人的資源の投入量が多い業務とし，これまでに国民健康保険業務，後期高齢者医療制度業務，介護保険業務などを対象としてきた。比較する指標は，自治体職員の業務プロセス単位の稼働時間数，業務処理件数，業務コストなどの定量的に把握できるデータを使用する。自治体が集まって意見交換会を開催し，そこで得られた知見をそれぞれが持ち帰り，業務改善を行う。また，年に１度，東京都や神奈川県，千葉県などの自治体に声をかけ，シンポジウムを開催している。

2　特徴

自治体間ベンチマーキングの特徴は４点挙げられる。

①自発的な自治体間連携による業務改革・改善活動であること。

②業務をプロセス単位に分解して稼働時間，業務処理量，コストなどを指標化し，超ミクロレベルで見える化していること，また，委託の状況やコストも見える化していること。

③参加自治体の実務担当者が一堂に会し，討議形式での意見交換会を実施していること。

④コストメリット，サービス向上などの優位性があり，自治体間で共通化できるベストプラクティスを検討するとともに，よい仕組みや効率的なやり方をお互いに取り入れ，改善・改革につなげていること。

3　狙い

自治体間ベンチマーキングの狙いは３段階を想定している（**図表6-1**）。ステップ１は，比較・検討のインフラづくりで，ステップ２は小さなイノベーション，ステップ３は，大きなイノベーションである。現在は，ステップ１の業務の見える化とベストプラクティスの検討と，ステップ２の各参加自治体の個別最適化まで実現している。今後は，当初から想定しているステップ３の参加自治体間での全体最適化および国・自治体・ベンダによる標準化も検討していく。

図表6-1　自治体間ベンチマーキングの狙い

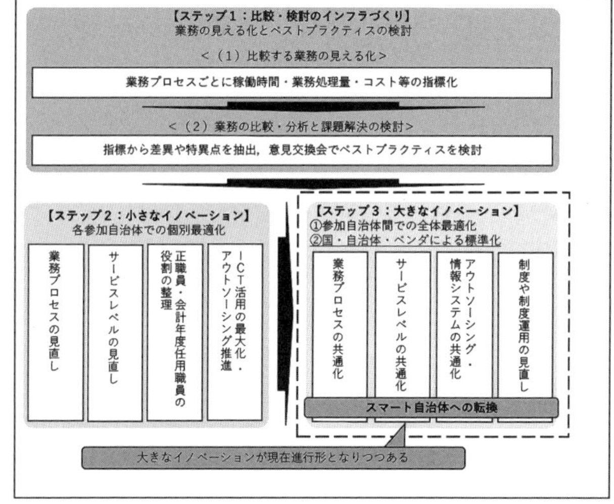
【ステップ1：比較・検討のインフラづくり】
業務の見える化とベストプラクティスの検討
＜（1）比較する業務の見える化＞
業務プロセスごとに稼働時間・業務処理量・コスト等の指標化
＜（2）業務の比較・分析と課題解決の検討＞
指標から差異や特異点を抽出，意見交換会でベストプラクティスを検討
【ステップ2：小さなイノベーション】
各参加自治体での個別最適化
業務プロセスの見直し
サービスレベルの見直し
正職員・会計年度任用職員の役割の整理
ICT活用の最大化・アウトソーシング推進
【ステップ3：大きなイノベーション】
①参加自治体間での全体最適化
②国・自治体・ベンダによる標準化
業務プロセスの共通化
サービスレベルの共通化
アウトソーシング・情報システムの共通化
制度や制度運用の見直し
スマート自治体への転換
大きなイノベーションが現在進行形となりつつある

出所：2019年度自治体間ベンチマーキングシンポジウム資料より抜粋。

4　実施体制および実施対象業務，参加自治体

町田市では，企画政策課，経営改革室，総務課が協力して事務局を担っている。企画政策課は他自治体との窓口役を，経営改革室は対象業務の所管課の支援および意見交換会の実務を，総務課は業務体系表の作成を担当している。

図表6-2は自治体間ベンチマーキングの対象業務と参加自治体，実施スケジュールを示している。自治体間ベンチマーキングの対象業務は11業務に及ぶ。対象業務は事務局で検討のうえ，所管課に相談し決定する。2015年度は，国民健康保険業務，後期高齢者医療制度業務，介護保険業務の3業務をスタートさせた。2016年度は市民税業務と資産税業務の2業務を，2017年度には保育関連業務を，2018年度は住基・印鑑・戸籍業務の3業務を，そして，2019年度には，子ども手当業務と医療費助成業務の2業務をスタートさせた。実施サイクルは2，3年である。実施手順については次項で詳細に述べる。

参加自治体は**図表6-2**のように，福島県郡山市を除き，東京都や神奈川県，千葉県など首都圏の人口が同規模の自治体である。

図表6－2　実施対象業務と参加自治体および実施スケジュール

対象業務	参加自治体	2015	2016	2017	2018	2019	2020
国民健康保険業務 後期高齢者医療制度業務	江戸川区，八王子市，藤沢市，町田市	業務体系の整理 比較調査・分析	比較調査・分析 意見交換会				
介護保険業務	江戸川区，八王子市，藤沢市，町田市	業務体系の整理 比較調査・分析	比較調査・分析 意見交換会				
市民税業務	江戸川区，八王子市，藤沢市，多摩市，船橋市，市川市，郡山市，厚木市，町田市		業務体系の整理 比較調査・分析	比較調査・分析 意見交換会	比較調査・分析 意見交換会		
資産税業務	八王子市，市川市，松戸市，郡山市，厚木市，町田市		業務体系の整理	比較調査・分析 意見交換会	比較調査・分析 意見交換会		
保育関連業務	八王子市，三鷹市，町田市			業務体系の整理 比較調査・分析 意見交換会	比較調査・分析		
住民基本台帳業務 印鑑登録業務 戸籍業務	八王子市，厚木市，郡山市，目黒区，町田市				業務体系の整理 比較調査・分析 意見交換会	比較調査・分析 意見交換会	
子ども手当業務 医療費助成業務	八王子市，厚木市，市川市，郡山市，町田市					業務体系の整理 比較調査・分析 意見交換会	比較調査・分析 意見交換会

出所：町田市提供資料より著者作成。

町田市と他自治体との役割分担であるが，町田市が中心となり，調査票の設計や，調査結果の分析，意見交換会の実施を担っている。ただし，対象業務の業務量調査の分析や課題抽出，意見交換会や報告会の開催，業務改善案の提案については，業者に委託を行っている。一方，他自治体の企画部門は，所管部門が作成した調査票や意見交換会の議題などをとりまとめて町田市に連絡する。意見交換会には，各自治体の企画・経営部門と所管部門が集まり，活発な意見交換が行われる。得られた成果は，年に1度，シンポジウムを開催し報告している。

5　実施手順

図表6-3が示しているように，6つの手順があり，意見交換会を踏まえて，各自治体が持ち帰って議論し，再び意見交換会で情報交換を行い，2，3年かけて仕上げていく。**図表6-2**で掲げたように，基本的な進め方は，初年度前半に対象業務の選定，調査票の設計・分析を行い，初年度後半に第1回意見交換会を開催し，調査票の分析を議論する。2年目に第2回意見交換会で，調査分析について再び議論し，第3回意見交換会でベストプラクティスの検

図表6-3　自治体間ベンチマーキングの手順

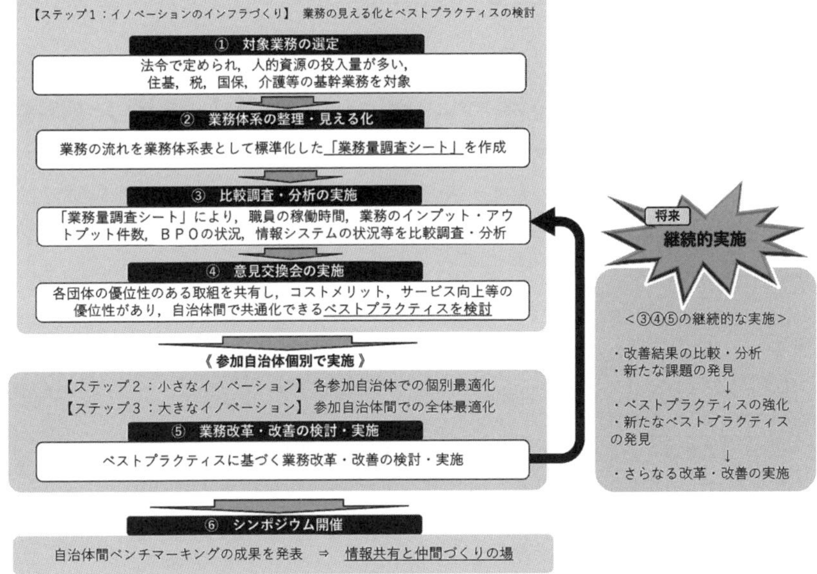

出所：2019年度自治体間ベンチマーキングシンポジウム資料より抜粋。

討を行う。そして，業務改善は各自治体での判断に任せることとしている。**図表6-2**のように，市民税業務と資産税業務は３年間行った。

業務量調査では，業務を大，中，小の３段階に体系化し，正規職員が担うべき業務を洗い出し，正規職員だけでなく，嘱託員や臨時職員も含めた業務時間を集計しているのが特徴である。そして，集計した正規職員，嘱託員，臨時職員の各区分の業務時間に，町田市の年間給与額（正規職員809万円，嘱託員391万円，臨時職員287万円）を乗じて算出した値を合算したコスト指数を導き出して比較を行う。

6　導入効果

現在の自治体間ベンチマーキングでは，意見交換会後の業務改善策については，各自治体に任せているので，自治体間ベンチマーキング全体の導入効果をみることはできない。しかし，町田市では，対象業務の自治体間ベンチマーキング後の業務改善による業務削減時間を計っている。2019年度はまだ実績値は出ていないが，2017年度は7,198時間，2018年度は11,062時間が削減された。2019年度の計画見込も入れると，３年間で29,885時間が削減される予定である。

Ⅱ　自治体間ベンチマーキングの導入背景と変遷

前節では，自治体間ベンチマーキングの概要について述べた。本節では，自治体間ベンチマーキングの導入背景と変遷について検討する。変遷は**図表6-4**のとおりである。

図表６－４　自治体間ベンチマーキングの変遷

年度	変遷
2008年１月	新公会計制度導入の方針が決定
2008年11月	副市長を会長とする新公会計制度導入検討委員会を創設
2010年３月	日々仕訳方式を採用することを決定
2011年12月	町田市基本計画『まちだ未来づくりプラン』『町田市新5カ年計画』を作成・公表
2012年４月	全国の基礎自治体に先駆けて，新公会計制度による会計処理を開始
2013年８月	「事業別財務諸表」を作成し，決算審査に活用開始
2015年４月	行政BPR・サービス水準適正化研究会」（現自治体間ベンチマーキング研究会）を開始
2015年８月	「事業別財務諸表」から「課別・事業別行政評価シート」に名称変更
2016年10月	意見交換会開始
2017年２月	『町田市5カ年計画17－21』を作成・公表
2017年３月	業務改革シンポジウム開催（以降毎年開催）
2018年３月	総務省が示した「統一的な基準」に基づく財務諸表を公表開始
	「財務諸表自治体間比較検討会」開始

出所：町田市提供資料より著者作成。

1　新公会計制度（東京都方式）の導入（2007~2014年度）

官庁会計は予算を目的としたものであり，単式簿記・現金主義を採用している。しかし，ストック情報がないために，自治体全体のフルコストがわからないという指摘がなされてきた。日本の公会計の取組みは，1987年に熊本県がバランスシートを公表したのが始まりで，それから10年が空き，1997年に神奈川県藤沢市，1998年に三重県と大分県臼杵市が公表した。それ以降，本格的に取り組まれるようになり，東京都方式，構想日本方式が生まれた。総務省が率いる地方公会計制度は，2006年に総務省方式改定モデルと基準モデルの併用となったが，2014年に統一的な基準が公表された。

町田市も従来からの官庁会計や決算統計だけでは，財政状態や経営成績を示すツールがなく事業の有効な評価が行えないこと，ストック情報が欠如していること，フルコスト情報の欠如が生じ将来の負担がみえないこと，事業の成績がみえないことなどの課題を認識していた。

このような課題を受けて，町田市長の石阪丈一氏によるトップダウンで，2008年１月に，新公会計制度導入の方針が決定された。町田市における新公会計制度導入の目的は２つあった。１点目は，新公会計制度で明らかになった事業の成果とコストを，個別の組織や事業におけるマネジメントに活用すること，そして，この取組みを通じて，職員の意識改革を図ることである。２点目は，企業会計と同様に事業のフルコストを見える化することで，市民に対する説明責任を果たすことである。石阪市長は，横浜市職員としてパシフィコ横浜で企業経営を行っていた際に，役所自体も複式簿記でなくてはならないと実感していた。

2006年に町田市長へ就任した後，2008年11月に，副市長を委員長とする新公会計制度導入検討委員会を創設し，2010年３月には，日々仕訳方式を採用することを決定した。2011年12月に公表された『町田市新５ヵ年計画（2012年度～2016年度）』では，行政経営改革プランの「基本方針３：いつでも適切な市民サービスが提供できる財政基盤をつくる」の改革項目に「3-1財政運営の最適化」と「3-1-1管理会計機能の強化」が謳われた。2012年４月から新公会計制度をスタートさせ，2013年の８月に最初の事業別財務諸表を作成し，決算の参考資料という位置づけで，市議会に提出した。2014年度決算では，事業別財務諸表を地方自治法の「主要な施策の成果に関する説明書」と位置づけて市議会に提出した。また，行政評価を行っていることを意識付けするため，「事業別財務諸表」から「課別・事業別行政評価シート」と名称を変更した。

町田市は新公会計制度を導入するにあたり問題意識を抱えていた。１点目は，財務諸表をマネジメントに活用できるようにするために，施設別や事業別といったセグメント別の財務諸表を迅速に作成する必要があること，２点目は，財務諸表を市役所の限られた部署の職員のみで作成するのではなく，すべての職員，すべての組織で作成することにより，財務諸表を自らのものとして考える，つまり，発生主義の考え方を浸透させることでコスト意識や業務改革の意識を持たせ，当事者の視点で作成することであった。

2　行政サービス水準他市比較から自治体間ベンチマーキングへ（2015年度以降）

町田市は，課別・事業別行政評価シートを作成した当初から自治体間ベンチマーキングの実施を想定していたわけではなかった。市長の意向と職員の発案によって，後に自治体を比較することにつながっていく。町田市は，新公会計制度の導入が自治体間ベンチマーキングの礎となったと考えている。

2015年度の管理職試験合格者への市長講話では，「他自治体との比較を通じ，町田市の強み・弱みなど自市の立ち位置を把握することが重要である。民間企業であれば当たり前にやっていることである。業務を根本的に見直すべきである。ビジネス・プロセス・リエンジニアリング（以下，BPRという）を実行すべきである」という話がなされた。2015年度は町田市基本計画の後期実行計画の策定に向けて動き出した時期でもあった。この市長講話を受けて，町田市政策経営部企画政策課，同部経営改革室，総務部総務課，財務部財務課の3部4課では，町田市の現状把握をしなければいけないという課題解決に向けた議論を行う中で自治体間比較の活動が開始された。当初は，現在の自治体間ベンチマーキング研究会という名称ではなく，「行政BPR・サービス水準適正化研究会」と称していた。

対象業務については，各自治体で，課の所掌範囲や業務の組み立てが異なり，単純に比較するのは難しい状況であるため，法令で定められた，国民健康保険や介護保険，住基のような業務ならば自治体間で比較しやすいと考えた。また，課別・事業別行政評価シートにはない業務プロセスや処理量などにも深く踏み込み業務改善に結び付けたいという思いから，事業課を巻き込んで業務内容を探る形態の調査となった。

比較自治体は規模の近い自治体や近隣の自治体との比較が有効なのではないかという想定に基づき，近隣自治体を個別訪問し協力をよびかけたところ，八王子市，藤沢市，多摩市の協力を得ることができた。また，新公会計普及促進連絡会議の構成自治体にも参加をよびかけたところ，江戸川区，福生市，荒川区などの協力を得ることができた。

業務プロセス調査は，国民健康保険と介護保険を採択し，八王子市，藤沢市，江戸川区，町田市で実施することとなった。業務プロセス調査は，町田市が業務ごとの職員稼働時間の把握のために使用している「事務と執行体制シート」を細分化したフォーマットを活用することとし，基本的に書面による調査を行った。電話やメールで情報交換を行うこともあった。

町田市は，当初は，書面調査を分析することのみを想定していたが，その過程で各市の実情を意見交換しなければ，なぜ差異が生じるのかを明らかにすることができないと考え，2016年度から意見交換会を実施することとした。

2016年度には，千葉県市川市，船橋市，松戸市などが新たに加わった。また，八王子市や福生市の協力を得たことで，多摩・島しょに属する複数の自治体が連携する取組みとなった。東京都市長会の「多摩・島しょ広域連携活動助成金」を申請し，2016年度から助成を受けて活動を行っている。

2016年度までは，「行政BPR・サービス水準適正化研究会」という名称だったが，2017年度以降，「自治体間ベンチマーキング研究会」という名前に置き換わった。

2017年２月には，自治体間ベンチマーキングは，町田市の基本計画の後期実行計画である『町田市５ヵ年計画17-21』の行政経営改革プランに定める48の取組みの１つに位置付けられた。この取組みの目的は，「事務の標準化及び効率化」と「業務改善意欲にあふれる組織風土の醸成」である。

Ⅲ 自治体間ベンチマーキング事例①：市民税業務

前節まで，自治体間ベンチマーキングの概要や変遷をみてきた。本節では，自治体間ベンチマーキングの具体的事例として，市民税業務，資産税業務，住基・印鑑・戸籍業務を取り上げる。

市町村の税務組織は，市民税課，資産税課，納税課に分かれているところが多い。自治体によっては課でなく係であったりする。

町田市の市民税課は個人市民税や法人市民税だけでなく，軽自動車税やたばこ税，入湯税などの課を作るほどのボリュームがない諸税も担当し，総務・人事や統計，電子化などの税制も担当している。町田市では，市民税課の業務は**図表6-5**のように分類される。市民税の中でも最も業務量が多いのが，個人住民税であり，どの自治体でも当初課税や定期課税とよばれる１月から６月が繁忙期である。町田市では個人市民税の賦課業務が市民税課全業務の

図表 6 - 5　市民税業務の業務区分

業務大分類	業務中分類	
A 課管理事務	①課の統括　②仕事目標・事務改善活動	③人事・服務管理　④議会対応 等
B 税務事務に係る企画及び総合調整	①課税状況調 ③市税条例改正等管理 ⑤コンビニ証明発行に係る連絡調整	②市税推計 ④市税概要，市税のしおり等の作成 ⑤エルタックス導入・推進に係る連絡調整
C 個人市・都民税賦課事務	①【当初】申告受付準備 ③【当初】市・都民税の賦課金額の決定及び通知 ⑤【随時】扶養親族調査	②【当初】個人課税資料の収受とエラーチェック ④【随時】法定調書の処理 ⑥【随時】未申告調査 等
D 法人市民税賦課事務	①申告等の発送 ③都（県）税通知及び更正請求の処理 ⑤未申告法人・申告書返戻法人等に関する事務	②納付の受付 ④法人市民税の減免に関する事務
E 軽自動車税賦課事務	①登録台数の確認及び課税台帳の作成 ③物件異動届の収受及びナンバーの交付・回収 ⑤車検用納税証明書の送付	②納税通知書の作成及び送付 ④軽自動車税の減免及び期間の延長に関する業務 ⑥納税通知書の返戻調査・課税保留処理 等
F その他諸税賦課事務	①たばこ税の申告等事務 ③その他諸税の申告・賦課等事務	②入湯税の申告等事務
G 市税の調定	①調定資料の作成	②調停に係る会計処理
H 他市等からの調査への回答	①所得照会への回答	②滞納状況等の照会
I 証明・閲覧事務	①課税・非課税証明書の発行（他課取扱分除く） ③固定資産課税台帳等の証明・閲覧対応 ⑤法人所在証明の発行	②納税証明書の発行 ④住宅用家屋証明書の発行

出所：2018年度自治体間ベンチマーキングシンポジウム資料より抜粋。

61％を占めている。

町田市の個人住民税の当初課税業務は**図表6–6**のとおりである。町田市では，市民税課に正規職員45名，嘱託職員３名，臨時職員５名の計53名が属していた（2018年４月１日現在）。そのうち，市民税係18人と特別徴収係の17名で，概ね500,000件（2016年分）の個人住民税賦課業務に対応していた。

町田市は，個人住民税の当初課税の負荷に着目し，また，2020年10月には，税務システムの更改が行われるという背景もあったため，市民税を自治体間ベンチマーキングの題材に決めた。参加自治体は江戸川区，八王子市，藤沢市，厚木市，船橋市，市川市，郡山市で，平塚市と柏市が意見交換会のオブザーバーとして参加した。

業務量調査の結果，個人市・都民税賦課事務のうち，当初課税の個別課税資料の収受とエラーチェックに業務量とコストがかかっていることがわかった。その中でも，給与支払報告書と確定申告書に業務量とコストがかかっていることがわかった（**図表6–7**）。

この業務量調査を踏まえて，４回にわたり意見交換会を実施した。第３回意見交換会では，給与支払報告書の体制について議論した。**図表6–7**に示したとおり，比較作業は，「記載内容の補筆」，「報告書（紙）のスキャン」，「パ

図表6-6　町田市の個人住民税の当初課税

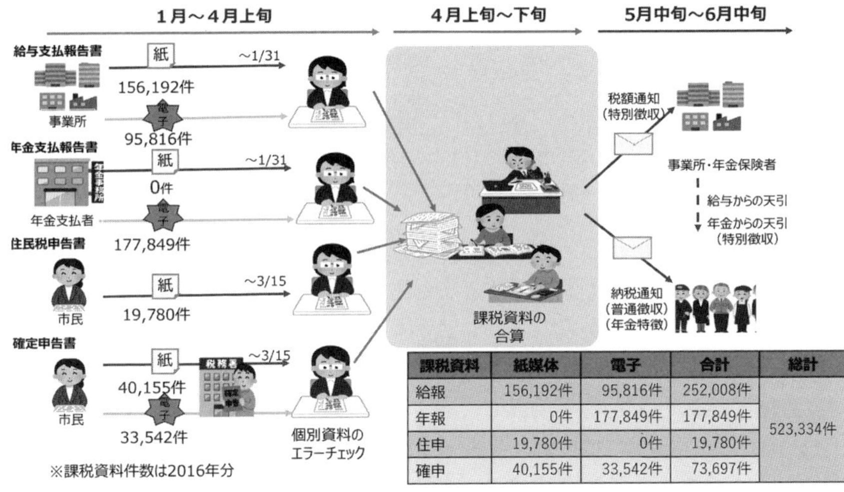

課税資料	紙媒体	電子	合計	総計
給報	156,192件	95,816件	252,008件	523,334件
年報	0件	177,849件	177,849件	
住申	19,780件	0件	19,780件	
確申	40,155件	33,542件	73,697件	

出所：2018年度自治体間ベンチマーキングシンポジウム資料より抜粋。

図表6-7　市民税業務の業務量調査の比較

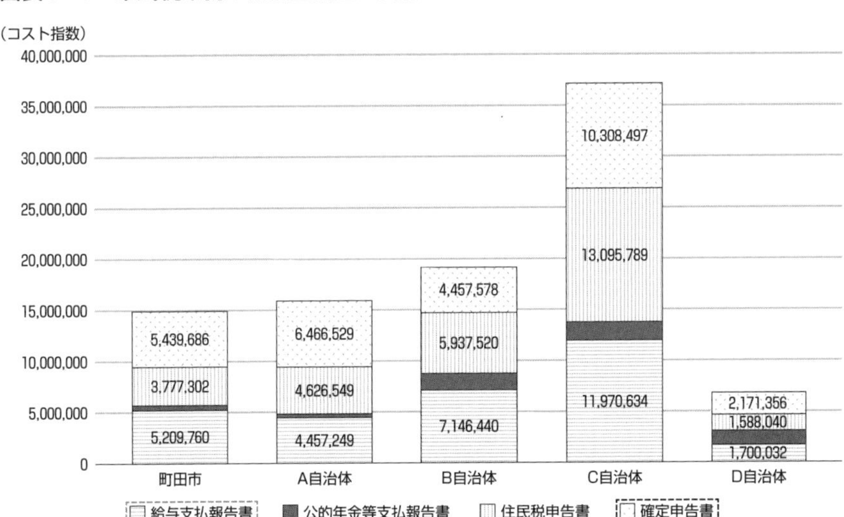

出所：町田市データより著者作成。

図表6－8　給与支払報告書の体制

項目	A自治体	B自治体	C自治体	D自治体	E自治体	町田市
記載内容の補筆	まとめて委託 ※補筆の疑義照会は職員が対応	臨時職員 ※疑義分は職員が対応	臨時職員	まとめて委託	職員 臨時職員	派遣職員
報告書（紙）のスキャン		未実施	臨時職員		臨時職員	委託
パンチ入力		委託	委託		委託	委託

出所：2018年度自治体間ベンチマーキングシンポジウム資料より抜粋。

ンチ入力」の３事務とし，Ａ自治体とＤ自治体は３事務ともまとめて委託していた。**図表6-8**でＤ自治体のコストが圧倒的に低いのは，委託分は業務量調査から除かれているからである。Ａ自治体のコストがＤ自治体に比べて多いのは，職員が補筆の疑義照会を行っていることが挙げられる。Ｂ自治体，Ｃ自治体はパンチ入力のみ委託しており，町田市は報告書（紙）のスキャンとパンチ入力を委託していた。意見交換会の議論では，正規職員の負荷を軽減するには，まとめて委託することが有効という結論に達した。

その結論を受けて，町田市では2021年度からまとめて委託をするという改善の方向性を打ち出した。

Ⅳ　自治体間ベンチマーキング事例②：資産税業務

つづいて，資産税業務の事例を検討する。資産税業務とは，固定資産税業務を指す。固定資産税の課税対象は，土地と家屋，償却資産であり，資産税課はこれらの評価や課税を行っている。町田市の場合は，事業所税も資産税課の業務である（**図表6-9**）。

町田市では，資産税課に正規職員49名，嘱託職員１名，臨時職員４名の計54名が属していた（2018年10月１日現在）。そのうち，土地係22人と家屋係19名，償却資産係５名である。正規職員の年間業務量のうち，29％が土地評価事務で，25％が家屋評価事務と，この２業務で年間業務量の５割以上を占めている。

町田市は，土地の評価事務の負荷に着目し，また，市民税課と同じく2020年10月には，税務システムの更改が行われるという背景もあったため，資産税を自治体間ベンチマーキングの題材に決めた。参加自治体は八王子市，厚木市，松戸市，市川市，郡山市で，平塚市と柏市が意見交換会のオブザーバ

図表6－9　資産税業務の業務区分

業務大分類	業務中分類
A　課管理事務	①課の統括　②仕事目標・事務改善活動　③人事・服務管理　④議会対応　等
B　納税義務者等管理事務	①登記情報等にもとづく納税義務者の管理　②申請・届出に基づく納税義務者の管理　③納税管理人に関すること　④承継人に関すること　⑤情報提供業務
C　土地評価事務	①評価替え（3年ごと）　②土地評価・賦課準備事務　③課税客体の把握　④現地調査　⑤評価計算　⑥帳票類の確認・整理
D　家屋評価事務	①評価替え（3年ごと）　②家屋評価・賦課準備事務　③課税客体の異動情報の把握　④新築家屋の調査　⑤評価計算　⑥帳票類の確認・整理
E　償却資産評価事務	①償却資産に関する　賦課処理　②調査業務
F　固定資産税賦課事務	①縦覧，課税台帳（名寄帳）の閲覧　②当初納税通知書等作成・発送　③納税通知書返戻処理　④固定資産税・都市計画税の非課税・減免処理　⑤現況確認等に伴う税額更正　⑥法に基づく不服等の申し立て
G　固定資産税評価・賦課関連事務	①地方税法に基づく情報開示　②法定統計処理等　③税務システム関係業務　④他市，他機関との調整　⑤庁内・外からの照会回答事務　⑥課税地図等の更新　⑦税制改正への対応
H　国有資産等所在市町村交付金及び納付金事務	①交付金及び納付金の算定　②交付金及び納付金の請求
I　特別土地保有税事務	①特別土地保有税の徴収管理
J　事業所税評価・賦課事務	①事業所税の賦課事務
K　罹災証明書発行事務	①現地調査・罹災証明書発行

出所：2018年度自治体間ベンチマーキングシンポジウム資料より抜粋。

ーとして参加した。

土地評価事務のうち，「課税客体の把握」，「現地調査」，「評価計算」の3業務に業務量とコストがかかっていることがわかった（**図表6−10**）。

この結果を踏まえて，2回にわたり意見交換会を実施した。議題は「現地調査の実施方法」「不動産の登記申請書（登通）と不動産の登記済通知書（税通）の入力業務」「課税誤りに伴う措置」「評価方法の標準化」「評価内容変更時の調査記録の保存方法」の5つを採択した。

町田市は「現地調査の実施方法」と「評価方法の標準化」に着目した。「現地調査の実施方法」では，どの自治体も年1回の現地調査を行ううえで，航空写真を活用している。現地調査は原則2人体制の自治体が多い。1人で現地調査を行っている自治体も，判断に迷うような難しい箇所については複数体制を敷いている。意見交換会では，自治体によって，現地調査で確認する要点が必要最低限度に絞られているということがわかった。「評価方法の標準化」については，ある自治体では，土地評価システムを活用し，評価の標準化と効率化ができていることがわかった。

これらの気づきを得て，町田市は，「現地調査の実施方法」については，

図表6-10 資産税業務の業務量調査の比較

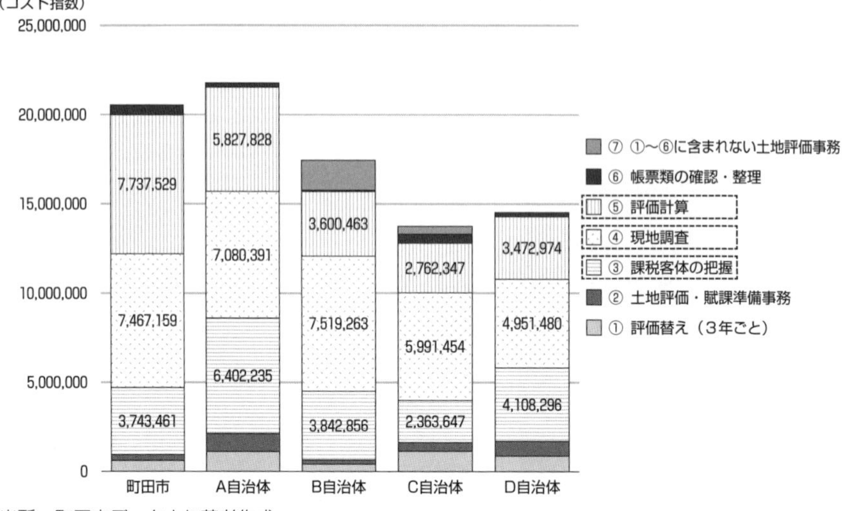

出所：町田市データより著者作成。

航空写真などによる現況確認の範囲を広げる検討を行うこととし，現地調査の車両運転手は委託をするという改善の方向性を打ち出した。また，現地を確認する視点をあらかじめマニュアル化し，業務標準化と簡素化を図ることとした。現地調査用に色分けされた地図を使用し，地目のみ確認することとした。一方，「評価方法の標準化」については，土地評価システムを購入し，2022年度に稼働を予定している。

V 自治体間ベンチマーキング事例③：住基・印鑑・戸籍業務

3事例目は市民課の住基・印鑑・戸籍業務である。住基・印鑑・戸籍業務は市役所業務の根幹といえる業務である。住民票の写しや戸籍証明書，印鑑登録証明書などの発行業務，マイナンバーカードの交付業務，住民異動届や戸籍届，印鑑登録の受付・処理など，多種多様な事務がある（**図表6-11**）。町田市の市民課では，国民健康保険被保険者証の発行や市立小学校・中学校の転入学の手続き，母子手帳の交付，税証明の交付など他課の業務も行っているのが特徴である。

図表６-11　住基・印鑑・戸籍業務の業務区分

大区分	中区分
A① 住基・戸籍関連証明発行事務	住民票の写し等の交付
	戸籍証明書の交付
	郵送による住民票の写し等及び戸籍証明書等の交付
	印鑑登録証明書の交付
	広域証明の交付
	その他各種公簿に基づく証明の交付
	住民基本台帳の閲覧対応等
	開示請求対応
	住民基本台帳事務における支援措置
	電話問合せ対応
	発行件数，手数料管理
A② 住民基本台帳管理事務	住民異動届書の受付，処理及び管理
	戸籍異動に基づく住民記録変更
	転出届関連通知処理
	外国人の住居地の届出処理
	特別永住者に係る申請，交付に関すること
	実態調査事務
	住民基本台帳カード多目的利用サービス登録事務
	住民基本台帳カードの電子証明書関連事務
	住民基本台帳事務
	人口統計事務
A③ 印鑑登録事務	印鑑登録・変更・廃止
A④ 番号制度カード交付管理事務	個人番号カード関連事務
	通知カード関連事務
A⑤ 戸籍管理事務	戸籍届出関連事務
	不受理申出（取下）関連事務
	戸籍届出関連ＤＶ被害者支援事務
	戸籍届出期間経過通知事務
	戸籍事務協議会・支局関連事務
	相続税法関連事務
	埋火葬許可証の交付に関すること
	絵柄入り戸籍届書関連事務
	市境界変更に伴う本籍変更関連事務
	住民基本台帳法関連事務
	人口動態調査関連事務
	犯罪人名簿及び破産者名簿関連事務
B 住基・戸籍関連事務	住居表示関係事務
	住居表示への変更に伴う住所変更処理
	住居表示への変更に伴う戸籍変更処理
	区画整理に伴う住所変更処理
	区画整理に伴う戸籍変更処理
	市民課長会に関すること
	手数料改正に関すること
	システム関連事務
	コンビニ交付に関すること
	住民基本台帳事務研究会
	ＤＶ等保護支援担当者会議
C 他課業務	臨時運行許可事務，納税証明書の交付等
D 課管理事務	人事服務管理，議会対応，予算編成，文書管理等

出所：2019年度自治体間ベンチマーキングシンポジウム資料より抜粋。

2019年３月末時点で，町田市の住民基本台帳に登録されている人口は428,502人，世帯数は195,668世帯である。本籍数は132,386件，印鑑登録数は259,692件，マイナンバー交付数は66,575件（15.5％）である。

町田市では，市民課に正規職員58名，嘱託職員35名が属していた（2018年４月１日時点）。

参加自治体は目黒区，八王子市，厚木市，郡山市で，江戸川区と平塚市，船橋市，市川市が意見交換会のオブザーバーとして参加した。

住基・印鑑・戸籍業務のうち，戸籍管理事務，住民基本台帳管理業務，住基・戸籍関連証明発行事務の３事務に業務量とコストがかかっていることがわかったため，以下において，それぞれ検討した。市民税業務と資産税業務はコスト指数で比較しているが，住基・印鑑・戸籍業務は件数の増加が業務量の増加に直接つながるので，１件あたりの単位コストで比較することとした。戸籍管理事務は戸籍届出受理件数で，住民基本台帳管理事務は，転出入・転居届出件数で，住基・戸籍関連証明発行事務は，住民票発行件数でコスト指数を割って，１件あたりの単位コストを算出している。

1 戸籍管理事務

戸籍管理業務で，最も業務量とコストが多かったのは，戸籍届出関連事務である。**図表6-12**は戸籍届出関連事務を比較したものである。1件当たりの単位コストの合計は，町田市が最小であった。個々の事務で比較すると,「受付（窓口)」の単位コストは，町田市よりもA自治体とD自治体が低い。「確認（窓口)」の単位コストは，A自治体やD自治体よりも町田市が低い。業務量調査の結果を受けて，3回の意見交換会を行った。町田市は業務にかかわる職員数が3人と，他自治体の6人よりも少ないことが判明した。B自治体，C自治体，D自治体は，戸籍の附票に記載されている住所の更新作業を，紙資料の手入力ではなく，住民記録システムなどを介した自動取り込みしており，コストが抑えられていることがわかり，町田市も戸籍附票情報を，住民記録システムなどを介して戸籍システムと連携させることで，自動取り込みを行うという改善の方向性を打ち出した。

図表6-12　戸籍届出関連業務の業務量調査の比較

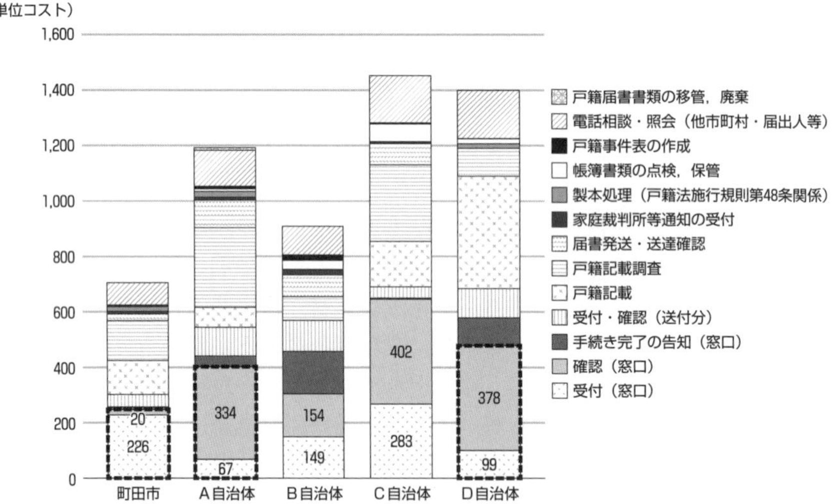

出所：町田市データより著者作成。

2　住民基本台帳管理事務

住民基本台帳管理事務のうち，最も業務量とコストが多かったのは，住民異動届の受付，処理および管理である。**図表6-13**は住民異動届の受付，処理および管理を比較したものである。「住民異動届の受付等」にかかる１件当たりの単位コストは，一部業務委託を行っているＢ自治体を除き，Ｄ自治体が最小であった。Ｄ自治体は他の自治体の半分以下となっている。

業務量調査の結果を受けて，３回の意見交換会を行った。町田市はＤ自治体と比べて，国民健康保険被保険者証の発行や市立小学校・中学校の転入学の手続きなど他課の業務も行っていることがコスト高の一因であることがわかった。意見交換会では，多くの自治体は，手続きに要する時間や職員の誤入力の防止を課題に挙げていた。今後，マイナンバーカードの普及に伴い，券面変更等カード処理の業務量が比例して増加する見込みなので，デジタル化が本格化するまでは，それも含めた全体の業務の効率化は各自治体共通の課題である。方策の１つとして，意見交換会ではICT導入の有効性について意見があがり，他市における窓口業務の効率化事例も参考にしながら，意見

図表 6 -13　住民異動届の受付等の業務量調査の比較

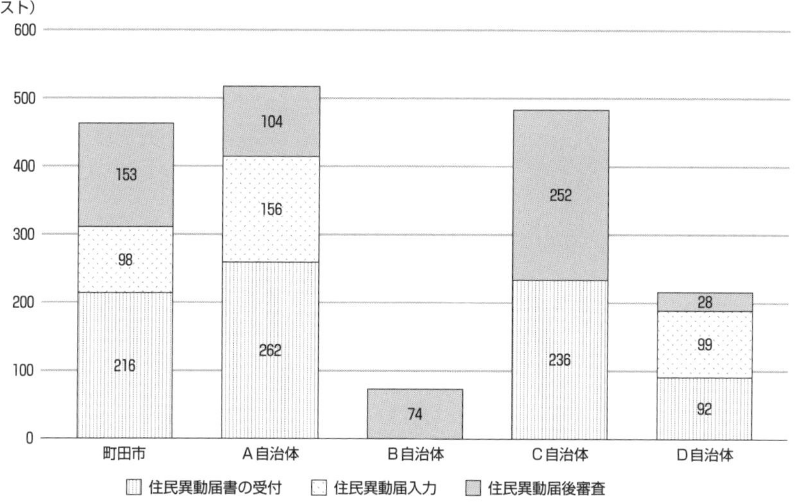

(注) B自治体は一部業務委託している。
出所：町田市データより著者作成。

交換を行った。ベンチマーキングの結果を踏まえ，現在は，例えば申請書の記載を，本人確認資料などの自動読取により省略し，読み取ったデータをもとに，窓口での補足で受付を完結させられるものなど，業務改善効果と窓口における市民の負担を軽減することも目的としたICT導入を検討している。

3　住基・戸籍関連証明発行事務

図表6-14は住基・戸籍関連証明発行事務のうち，「住民票の写し等の交付」を比較したものである。「住民票の写し等の交付」にかかる1件当たりの単位コストの合計は，すでに業務委託を行っているC自治体を除き，町田市とD自治体が最小であった。

業務量調査の結果を受けて，3回の意見交換会を行った。第2回意見交換会では，証明書の発行枚数と受領した手数料の照合の実施方法と課題について議論し，「サポート人員を用意し，レシートと発行した証明書枚数の照合を行っている」，「翌日営業日の午前中にレジの金額と証明書の発行枚数の照合を目視にて行っているため，照合作業にかける職員の負担を軽減することが課題である」という意見が出された。第3回意見交換では，証明書の発行

図表6-14　住基・戸籍関連証明発行事務の業務量調査の比較

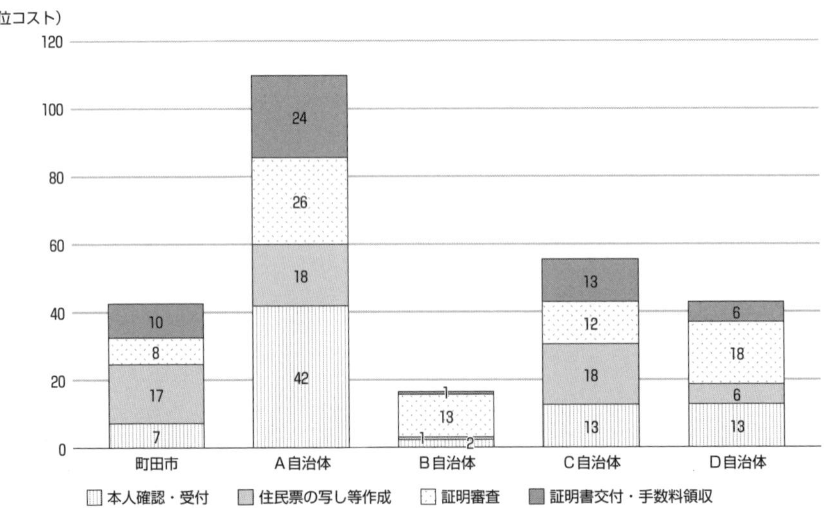

(注)B自治体は一部業務委託している。
出所：町田市データより著者作成。

枚数とレジの突合の機械化することの是非について議論し，「現在，レジで受領した手数料と証明書の発行枚数等を申請書に記載された内容が一致しているかを職員が半日かけて目視でチェックしている」，「例えば，申請書に記載されている証明書の発行枚数等をAI-OCRとRPAを活用し，集計作業や照合作業を自動化することで，作業の効率化と精度向上につながるのではないか」という意見が出された。

意見交換会を踏まえて，町田市では，証明書の発行について，①2つの参加自治体は，発行した証明書の枚数と徴収した手数料の突合の際の誤謬を課題としていた。②町田市では，申請書にかかれた証明書の発行枚数とレジの件数・金額の記録を1件ずつ目視で確認していたという気づきを得た。そして，①ICTの活用を行い，証明書の発行枚数とレジの突合を機械化することを検討する，②デジタル手続法などの動向を見ながら，証明発行の申請をデジタル化するなどを検討することとした。

証明書の発行枚数とレジの突合を機械化することの具体的な改善イメージは，証明書交付請求書・申請書をAI-OCRで読み取り，証明書種別・枚数をデータ化し，データ化した申請書情報とレジデータについて，RPAを活用し，自動的に突合することである。この実現に向けて，町田市は取り組んでいるところである。

Ⅵ　まとめ：自治体間ベンチマーキングの評価と今後の展開

本節では，自治体間ベンチマーキングの評価と今後の展開について述べる。

1　評価：町田市の変容（比較指標の模索から業務改善へ）

第Ⅱ節でみてきたように，自治体間ベンチマーキングのきっかけは，新公会計制度の導入であった。新公会計制度の導入の目的は，マネジメントの活用と市民に対する説明責任である。町田市は，財務諸表をマネジメントに活用できるようにするためには，施設別や事業別といったセグメント別の財務諸表を迅速に作成する必要があると考えていた。

町田市は，町田市の新公会計制度を模索する際に，民間企業の企業会計では，流動比率や固定比率や資本回転率などの経営分析手法が確立されているので，経年比較，同業他社比較などを行うことができるが，公会計では経年比較や自治体間比較の基準が確立されていないことに気づいた。

確立されていない理由として，以下の4点を考えた。

①自治体規模の差異

自治体ごとに人口，面積，予算，事業などの規模が異なる。

②財務諸表の作成単位の差異

共通の行政サービス（事務事業）があるものの，財務諸表の作成単位（セグメント）やサービス内容が自治体ごとに異なる。

③自治体共通の指標が未整備

民間企業では，事業規模に左右されない，「利益」や「売上」といった共通的な指標があるが，自治体にはない。

④比較のベースとなるミクロレベルの財務諸表を作成する自治体が少ない

課別や事業別の財務諸表を作成する自治体は徐々に増えているものの，全体的には少数である。

図表6-15は町田市の財務諸表の考え方を示している。町田市は，町田市全体と会計別，部別の財務諸表をマクロレベルとし，課別，事業別の財務諸表をミクロレベルと捉えている。町田市は，ミクロレベルの財務諸表の精度を高め，近隣自治体と比較し，すべてのレベルの財務諸表を用いて，マネジメントに生かそうと考えた。そして，比較するための指標を知るために，自治体間ベンチマーキングを取り組むに至った。その後，事業別財務諸表は課別・事業別行政評価シートに名称が変更され，ミクロレベルでは，財務諸表の開示と行政評価が行われている。

町田市の自治体間ベンチマーキングの定義は，「自治体間で業務プロセス，パフォーマンス，コスト等を比較し，差異を見える化すると共に，自治体間で共通化できるベストプラクティスを検討し，業務改革・改善につなげるプラットフォーム」である。

自治体間ベンチマーキングは，自治体間の比較指標の模索からスタートしたが，現在では，業務改善につなげるというBPRの側面が強くなり，さらに

図表 6-15　町田市の財務諸表の考え方

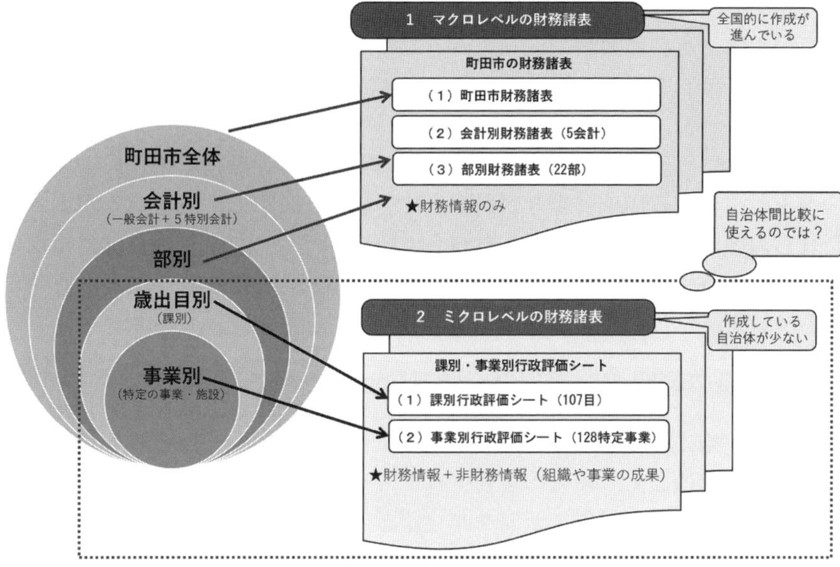

出所：2019年度自治体間ベンチマーキングシンポジウム資料より抜粋。

は，団塊ジュニア世代が高齢者となり，高齢化率が35％を超える2040年頃に，自治体が抱えるさまざまな行政の課題（以下，2040年問題という）を解決する業務プロセスを作り出そうという局面にまでステップアップしている。

町田市は，自治体間ベンチマーキングの実施を通じて，現在，以下のような課題を認識している。

①自治体間ベンチマーキングによる業務の改革・改善は，基本的に既存制度の枠内に留まっている。この枠内においても，まだまだ，BPRの余地はあるが，BPRが進めば進むほど，改革・改善は先細りになるものと想定される。

②2040年問題が顕在化するにつれて，さらなる業務の効率化が必須となる。

③これまで自治体間ベンチマーキングで培った経験を踏まえつつ，デジタルファーストへと発想を転換し，テクノロジーの積極的な導入・活用により，市民にとって便利な“まち”への転換と，職員の負担が少ない“まち”への転換を目指していきたい。

④国が進めている行政サービスを提供する手法またはシステムの標準化を踏まえた対応が求められる。

町田市は，現在の業務の取り組み方でなく，抜本的にビジネスプロセスを変えるか，デジタル化を進めないと2040年問題は乗り越えられないと考えている。

考察するに，現在の自治体間ベンチマーキングは比較指標の作成よりもコストを最小化するBPRに重きが置かれているように思われる。したがって，これらの課題を克服するには，財務会計的視点だけでなく管理会計的視点を取り入れ，将来を見据えたBPRや業務管理の高度化などを行うことが有効である。以下，具体的な方策を提示する。

2　今後の展開①：将来の業務プロセスを作る

町田市が抱えている現在の課題を克服するには，現在行っている現行業務のBPRだけではなく，将来の業務プロセスも作ることを提案したい。2040年問題やマイナンバー対応，デジタル化など，今後自治体が行う新たな業務も想定した業務プロセスを考え，町田市から他自治体に対して，将来の業務プロセスを発信したらどうか。

先の長い作業になるが，1つひとつの業務について，現在の業務が今後も必要になるかどうかを見極め，必要ならば効率化やデジタル化，意識改革などについて徹底的に考えるのがよいだろう。慣習を変えるだけで実現できるのか，法令を変える必要があるのか，単にITシステムを導入し，自動化するだけで実現できるのか，セキュリティやプライバシーをどう扱うのか，組織体制や必要な人員，作業場所など，あらゆる項目を検討し，実現可能性や妥当性を追求していくとよい。

最適な業務プロセスを作った後は，AIやRPAを活用して業務の効率化を進めるとよいだろう。

3　今後の展開②：業務管理の高度化

自治体間ベンチマーキングのコスト構造分析はかなり進んでいる。また，個別業務の事務改善活動もかなり進んでいる。これまで同様に業務の標準化，見える化を行い，コスト最小化の事務処理方法の紹介は他自治体にも効果があるので続けていくとよいだろう。

また，各参加自治体の業務改善をさらに進めるためには，意見交換会の継続が有効である。現在，意見交換会で各自治体が持ち寄っている職員からの提案は組織の活発化につながる。

さらに，現在行っている業務量調査を発展させ，作業配置調整（繁閑調整）を行い，働き方改革につなげていくことも可能である。次の第７章で，独立行政法人統計センターの事務量マネジメントの事例を紹介している。第８章でも，国税庁広島国税局の事例を紹介している。統計センターも広島国税局も日報で事務作業を記録している。特に，統計センターは15分単位での活動記録を作成し，その活動記録を職員の作業配置に活用している。統計センターは，年間を通じて統計データを作成しているが，１つひとつの統計データはデータ量が異なるので，作業時間や作業に充てる人員，また予算なども異なる。日報データを活用して，繁閑調整を行っている。

そのほかにも，日報データを活用して，工程管理や事務能率，品質管理を図っている。この工程管理，事務能率，品質管理は管理会計的視点であるが，自治体間ベンチマーキングでも期待する成果に掲げられている業務の効率化，市民サービスの維持・向上，標準化，働き方改革，SDGｓへの貢献を達成する手法である。したがって，町田市も事務量マネジメントを意識して，作業配置（繁閑調整），工程管理，事務効率，品質管理など業務管理の高度化を図っていってはどうか。

おわりに―組織戦略との連携と行政評価の活用―

地方財政論では，「足による投票」と「ヤードスティック競争」という理論があるが，住民は自治体間を比較し，居住地を選択できる。町田市の自治体間ベンチマーキングの発想は，町田市民がそのまま住み続け，他自治体から新たな住民が流入することが根底にあるはずだ。自治体間競争に勝つには，組織戦略も必要である。

ミクロレベルのコストに注力し過ぎると，本来マネジメントに生かすべきである省くべき非付加価値活動か，増やすべき付加価値活動の判断がわからなくなることがある。そこで，バランスト・スコアカードの戦略マップを活用して，部門戦略（部課レベル）を作成するとよい。そうすれば，施策目標同士の因果関係をみることができる。施策目標と事業目標や事業項目が目的・

手段関係でつながっているので，事業を実施すれば，事業目標や施策目標が達成される仕組みになっている。

加えて，行政評価もさらに重要視するとよい。内部をみるだけでなく，外部，つまり自治体の外，市民や社会に向けて目を向けるとよい。具体的には，税収確保や住民満足度の向上，社会資本の増加などアウトプットやアウトカムの目標を増やし，PDCAや意思決定に活用していくと住民サービスの向上につながるだろう。

そして，部門戦略を導入した場合は，戦略マップがきちんと機能しているか，機能していないならどう変えるかなどを行政評価で考えていくと，さらにPDCAの向上につながると考えられる。

謝辞

本章を執筆するにあたり，町田市経営改革室に多大なご協力をいただきました。御礼申し上げます。

参考文献

町田市（2011a）「まちだ未来づくりプラン」。
町田市（2011b）「町田市新５カ年計画」。
町田市（2017）「町田市５カ年計画17-21」。

第7章 (独)統計センターにおける管理会計実践

はじめに

事務量系の行政管理会計の事例の1つとして，本章では，独立行政法人統計センターにおける管理会計実践を考察する。独立行政法人は，政策の実施部門を担うことから，業務の効果性・効率性を一層高めるために，中央政府から独立した法人格を与えられたものである。そのため，目標達成や業務の効率化が他の行政機関よりも明確に求められており，行政管理会計との適合性も高いと考えられる。しかし，独立行政法人における管理会計実践についてはこれまでほとんど明らかにされてこなかった。本章の目的は，事務量マネジメントに古くから取り組んでいる統計センターの事例を検討し，事務量マネジメントのさらなる広がりを明らかにすることである。

本章の執筆に当たっては，統計センター公表資料（ホームページや公開文書）を参照するとともに，メールでの質疑応答とヒアリング調査を行った。ヒアリング調査は，2020年2月27日に著者3名が統計センター（東京都新宿区）を訪問し，経営企画課の担当者5名に対して約1時間45分にわたって行った。また，今回の調査の前提として，著者の1人（大西）が2012年2月2日にも統計センターを訪問しており，経営企画課への聞き取りを行っていた。

本章の構成は次のとおりである。まず次節では統計センターの概要を説明する。第Ⅱ節では，事務量マネジメントの基礎となる事務量の測定について説明する。それを踏まえて，第Ⅲ節では事務量マネジメントのPDCAをみていく。事務量マネジメントに加えて，第Ⅳ節では品質管理，第Ⅴ節ではコスト構造分析について検討する。第Ⅵ節では，事例を踏まえた考察を述べる。

Ⅰ 統計センターの概要

統計センターは，統計の作成・利用・基盤整備を担う独立行政法人である。

前身は総務省統計センターであり，2003年に独立行政法人として発足した。独立行政法人の中でも，国立公文書館や国立印刷局などと並んで行政執行法人に分類される。行政執行法人では，中期目標管理法人や国立研究開発法人とは違って，中期目標・計画は策定されず，年度ごとに目標・計画が設定され，その実績が報告・評価される[1)]。現在の正規職員数は約700名である（これ以外に，業務の繁忙に応じて，非常勤職員約200名がいる）。

統計センターが扱う統計は公的統計である[2)]。公的統計には，総務省統計局が所管する国勢調査や消費者物価指数（CPI）などのほかに，各府省や地方公共団体が所管する統計（例えば，雇用動向調査＝厚生労働省，東京都生計分析調査＝東京都）がある。また，経常的に（毎年あるいは毎月）実施される統計（個人企業経済調査＝毎年，小売物価統計調査＝毎月）と周期的に（5年周期）実施される統計（国勢調査，経済センサスなど）がある。

統計センターのメインの役割は，上記の統計を作成すること（以下，統計編成という）である。本章では，この統計編成を中心として管理会計実践を検討する。統計編成以外にも，統計センターには，統計データの利用，統計技術の研究，統計に関する国際協力といった役割がある。

統計ができあがるまでには，統計編成の前に，統計の企画設計，データを集める実地調査がある。これらの業務は，総務省統計局などその統計の実施主体が行う。統計センターも，例えば，統計作成のためのシステム開発を行って，統計の企画設計にかかわることがある。また，実地調査を担う地方公共団体が主催する講習会や研修への参加により，実地調査に協力することもある。また，統計編成の後には，実施主体による統計の分析や公表が行われるが，ここでも統計センターは，政府全体で統計を利用するためのシステムの管理・運用などを担っている。

---

1) 行政執行法人の職員は国家公務員とされることも，他の独立行政法人との違いである。

2) 統計センターの業務の範囲は，「独立行政法人統計センター法」によって公的統計と定められている（第10条）。しかし，将来的に民間と競合する部分が出てきたときには，コスト低減のプレッシャーがさらに強まることが予想される。本章で述べる事務量マネジメントは，そうしたプレッシャーの緩和にもつながる。

Ⅱ　事務量の測定

統計編成には大きく分けて，調査票のデータ化，統計分類符号の格付，データチェック・審査，結果表の作成・審査という４つの工程がある。４つの工程それぞれで事務量が発生する。事務量は統計調査ごとに異なるため，一概には言えないが，４つの工程で最も事務量が多いのは統計分類符号の格付（自由記入事項のコード化）であるという。以下では，４つの工程にわたって事務量がどのように測定されるのかをみていく。

1　事務区分

４つの工程は事務区分に分けられる。例えば，調査票の受付，調査票の入力，格付（コード化），データのチェック（チェックの内容も多岐にわたる），データ間の整合性審査などの事務区分がある。統計編成に直接かかわる業務だけでなく，業務の方針策定，要員管理，システム開発といった管理系・システム系の業務も事務区分に分けられる。

事務区分は，何年のどの統計調査か（これを調査区分とよぶ），その統計調査のどの部分を集計したのか（これを集計区分とよぶ）によって異なる[3)]。例えば，調査票の入力は，国勢調査における入力なのか経済構造実態調査における入力なのかによって，別々の事務区分となる。また，同じ国勢調査でも，本体調査の人口データの入力なのか，就業データの入力なのかが区別される（**図表7-1**）。

事務量はこうした事務区分ごとに把握される。例えば，データのチェックに5.5時間という事務量がかかったとすると，この事務量はどの調査区分（例えば，2015年の国勢調査）のどの集計区分（本体調査の人口データ）における事務量なのかがわかるようになっている。

多岐にわたる事務区分には，アルファベットと数字からなるコードが振られている。調査区分・集計区分・事務区分をあわせると，18桁のコードにな

---

3)　このほかに所属課ごとの区別もある。なお，国勢調査は人口統計編成課，経済センサスは経済統計編成課というように，課によって担当する統計は決められている。

図表7-1　事務区分の体系

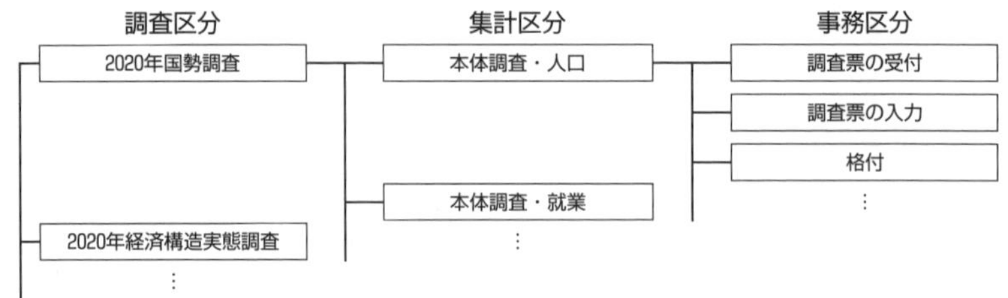

出所：統計センター提供資料より著者作成。

る[4]。コードは使われなくなっているものも含めると10万個を超える数になるという。

事務区分とコードを設定するのは編成管理課である。事務区分は統計の集計方法の変化や業務の変化にあわせて不断に見直されている。見直しがあると，編成管理課は一定の命名基準に従って新しい事務区分を設定し，そこにコードを振っていく。

2　事務量の入力

事務量は職員１人ひとりが毎日入力する日報の時間記録を集計したものである。日報は常勤・非常勤の区別なく全員が入力する。事務量マネジメントでは，こうした時間記録にかかる手間の問題が指摘されてきた（大西ほか2016，p.26）。統計センターでは，時間記録の単位を15分としている。これは一般的に適当とされる単位（１時間から30分）よりも細かい。にもかかわらず，入力にかかる時間は長くても１日５分程度だという。

日報入力の画面は**図表7-2**のとおりである。各職員はこの画面を開いて，上述した事務区分のコードを選択し，そこに15分単位の時間を入力する[5]。入力で手間がかかるのは，無数にある事務区分の中から，自分の担当したものを探すところだという。しかし，１日にいくつも異なる事務区分に携わるのは稀であるという。また，自分がよく担当するものを「お気に入り」に登

---

4)　18桁に地域のコード（２～４桁）が加わる

5)　超過勤務で対応した事務区分には別のコードが割り振って，超過勤務で対応したことがわかるようになっている。

図表7-2　日報入力の画面

日報入力者は、毎日、業務内容（休暇、超過勤務を含む）を15分単位に実績時間を入力する。
業務内容は調査集計事務コード別に入力する。

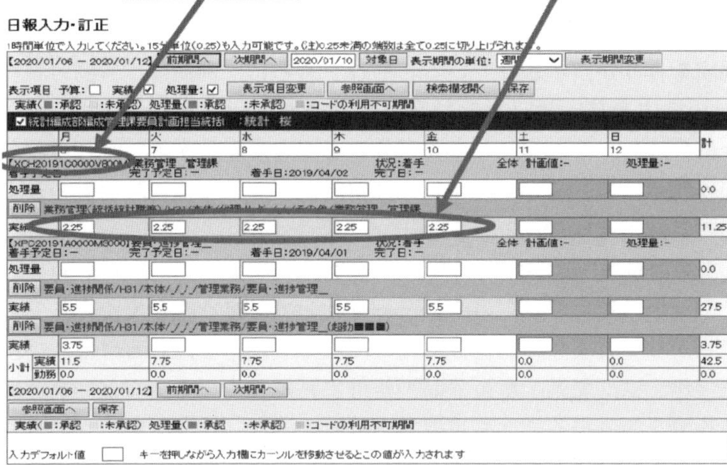

出所：統計センター提供資料。

録できるようにするなどの工夫が施されている。

Ⅲ　事務量マネジメント

以上のように把握した事務量は，すべて工程管理システムに集計される。工程管理システムには，事務量の計画値が入力されており，その計画値と実績値を比較することができる。工程別管理システムは，独法化にあわせて2003年から導入・運用され，定期的に更新されてきた6)。統計センターでは，この工程別管理システムをデータベースとして，事務量マネジメントのPDCAサイクルを回している。以下では，事務量の計画と，それを実績と比較したときのアクションについてそれぞれみていく。

---

6)　独法化以前にも，1人あたり事務量を「工手間（くてま）」とよび，工程計画・要員計画を作成していた。

1 事務量の計画

統計センターには，翌年度の統計編成を行うために必要な統計調査の規模（調査対象の数など）が例年11月頃に提示される。そこには，どういった統計調査の編成を行うかが示されている。それをもとに，例えば，労働力調査には2.5日というように，半日単位で必要な日数が見積られる。これをさらに事務区分に分解し，それぞれの事務区分に必要な事務量が計算される。各事務区分の事務量は，月ごとに（4月には何時間，5月には何時間というように）年間の計画が作成される。

計画された事務量は，担当するグループ（3，4人以上）に割り振られる。個人にまで割り振らないのは，事務量を細分化してしまうことでかえって全体の能率が下がってしまうのを避けるためである。能率を高めるには，担当者の専門性（例えば，職業・産業分類の格付に精通している，など）を考慮に入れて事務量を割り振ることも重要である。

近年では，公的統計にもオンライン調査が導入されており，その比率がどれほど高まるかが事務量の計画にも影響を与える[7)]。調査にオンラインで回答してもらえれば，例えば，紙の調査票を入力する作業が必要なくなる。オンライン回答率の目標水準は，統計センターが統計編成に入る前の企画設計段階で設定される。統計センターの事務量の低減には，企画設計段階を担う総務省統計局や地方公共団体との連携が必要になる。

2 事務能率

計画の前提になるのが事務能率，すなわち一定の業務アウトプットを出すのに何時間かかるか，である。事務能率もまた工程管理システムによって毎月測定されている。事務能率の測定には，事務量のほかに，業務アウトプット量のデータが必要になる。業務アウトプット量は，工程管理システムとは別に「製表システム」とよばれる業務管理システムによって集計される。これは自動集計であり，職員が入力する必要はない。製表システムから工程管理システムへは，業務アウトプット量が自動転送され，事務量と突き合せて，業務アウトプット1単位当たり何時間（例えば，青森県の調査票50枚を処理

7) 例えば，2015年の国勢調査では，約40%がオンラインでの回答であった。

するのに1時間，すなわち1枚当たり平均1.2分）という事務能率が計算される。この事務能率の精度を高めるために，前述のような15分単位での事務量データが必要になる。なお，事務能率には個人差が出てくるが，その平均値をもとに事務量を計画する。

3　計画と実績の対比（チェック，アクション）

事務量は事務区分ごとに毎月，計画と実績が対比される。**図表7-3**のような月次の対比表が作成され，各部署に通知されている[8)]。

計画と実績のズレに対しては，その原因に応じて様々な対策が講じられる。例えば，ある統計において調査票の記入エラーが少なければ（エラー率が低ければ），調査票処理の事務区分において計画値よりも実績値が小さくなる。この場合は，事務量の計画値が見直され，この事務区分から別の事務区分へと事務量の割当を変更する。

反対に，エラー率が想定よりも高かった場合，計画を変更して多くの事務量を割り当てることになるが，原因によってはさらなる対策が必要になる。

例えば，エラー率が高いために，データをチェックする方法を変更する必要があるかもしれない。そのチェック方法が既存の事務区分にないものになるのであれば，新たな事務区分が設定される。さらに，高いエラー率の原因が，もともとの調査票の記入段階の問題にある可能性もある。調査票の記入段階は統計センターの枠を超えるため，統計局などの統計調査の実施主体に問題をフィードバックしていく。

図表7-3　事務量の計画・実績対比

課CD	調査	調査年	集計	事務	調査名	調査集計事務CD	調査集計事務名称	計画年度計	計画累計	実績累計	計画4月	実績4月	計画5月	実績5月	計画
D20210	A01	2020	100000	D1100	国調	A012020100000D1100	国調/H32/本体/受付/_/_/支援システム/受付関連システム_分析・仕様書作成・動作確認_			0					
D20210	A01	2020	130B06	S1110	国調	A012020130B06S1110	国調/H32/本体/人口等基本/_/チェック_データチェック/情報処理/開発_データチェック要領(人口等)_システム分析_	156	156	103	14	16	14	15	
D20210	A01	2020	1A0000	A0000	国調	A0120201A0000A0000	国調/H32/本体/_/_/_/基本方針・製表計画/製表の基本方針_			19					
D20210	A01	2020	1A0000	F4000	国調	A0120201A0000F4000	国調/H32/本体/_/_/_/手続作成/産職分類内容例示_			3					
D20200	A12	2019	1A0000	F310M	家計構造	A1220191A0000F310M	家計構造/H31/本体/_/_/_/手続作成/符号格付事務_製表事務手続_管理課	107	107	308	36	0	36	10	
D20240	A12	2019	1A0000	S1200	家計構造	A1220191A0000S1200	家計構造/H31/本体/_/_/_/情報処理/開発_支援システム等_	123	101	75	14	9		21	
D20240	A12	2019	1A1010	41400	家計構造	A1220191A101041400	家計構造/H31/本体/_/世帯票/基本調査/チェック審査/シーケンスチェック_本集計・演算1回目_★★★	47	40	5					
D20210	A12	2019	1A1010	4140N	家計構造	A1220191A10104140N	家計構造/H31/本体/_/世帯票/基本調査/チェック審査/シーケンスチェック_本集計・演算1回目_人口課★★★	706	422	6					
D20240	A12	2019	1A2000	38000	家計構造	A1220191A200038000	家計構造/H31/本体/_/家計簿/_/符号格付/疑義回答_	98	27						
D20240	A12	2019	1A2100	31100	家計構造	A1220191A210031100	家計構造/H31/本体/_/家計簿/10月分/符号格付/符号格付_調査票_★★★	6,408	2,860	2,280					
D20240	B32	2019	1B2031	31100	家計	B3220191B203131100	家計/H31/本体/二人以上/家計簿・勤労/3月分1期/符号格付/符号格付_調査票_★★★	410	410	153	410	153			
D20240	B32	2019	1B2031	31500	家計	B3220191B203131500	家計/H31/本体/二人以上/家計簿・勤労/3月分1期/符号格付/符号格付_オンライン_★★★	27	27	14	27	14			

出所：統計センター提供資料。

8）このほかに，業務の進捗状況は週に一度の幹部会で報告され，進捗を確認している。

Ⅳ 品質管理

事務量マネジメントは，事務量の計画段階における効率的な資源配分に重きが置かれており，毎月の実績とのズレをチェックしていきながら，それを機動的に計画にフィードバックしていくものである。これに対して，業務そのものをより正確かつ迅速に行うための改善は品質管理として取り組まれている。

品質管理では，部門ごとに複数の管理項目があり，それぞれの管理項目に数値目標が設定される。格付の部門であれば，例えば，調査の記述内容にコードを割り振る際の正解率といった目標値が設定される。各管理項目には数値目標が設定され，月次でその目標に対する達成度が評価される。品質管理に関する全体会議が年2回開催されており，毎月の達成度が報告される。

実際に達成度を高めていくための工夫が，手順の標準化とそれを踏まえた研修である。例えば，上述のコード化についても，どのような記述内容にどのようなコードを割り振るのかは標準化され，研修によって職員に伝えられる。その後，業務が進められ，正解率が十分に高くなかったときは，原因を調べ，例えば，同じパターンで間違ってコード化していたことが判明した場合は，その改善を指導していく。これを続けていくと，ある程度間違いやすいものが浮かび上がってくる。そのときは中間研修という形で，そうした間違いやすいものを職員に伝える。

統計センターでは，独法化以前からこうした品質管理[9)]に取り組んできたが，近年では部署（工程）ごとに実施するだけでなく，全工程にわたって業務の最適化を図るTQM（Total Quality Management：総合的品質管理）として展開されている。上述した標準化についても，全工程に関係するものは必要に応じてシステム開発に反映させ，標準化を行き渡らせる。

9) 独法化以前からQCサークルには取り組んでおり，2005年にはトップダウンにより職員の改善提案制度も導入された。

V　コスト構造分析

事務量マネジメントや品質管理による効率化や業務改善を財務的に評価し，より包括的・マクロ的に（例えば，経年比較などを通じて）変化を捉えようとするのがコスト構造分析である。コスト構造分析におけるコストの集計単位は，統計センターの提供するサービスである。サービスには，統計を作成する製表サービス，研究機関などにデータを利用してもらう二次的利用，公的統計を電子的に官民に提供する共同利用システムの運用がある。製表サービスはさらに，総務省統計局の統計調査を周期調査と経常調査に分け，それに各府省や地方公共団体から受託した統計調査の受託製表，総務省統計局の統計調査からデータを加工して作成される加工統計等を加えて4つに分けられる（**図表7-4**）。

各サービスのコストは人件費と物件費に分けて示される（人件費は常勤・非常勤の別に示される）。人件費と物件費の金額には，直接費に加え，間接費の配賦額が含まれる。間接費となるのは，総務部門人件費，役員人件費，光熱費，通信費，ネットワーク関連の補修費，減価償却費などである。間接費は，上述の工程管理システムで把握される各業務の事務量をもとに配賦される。

こうして計算されたサービス別人件費および物件費の実績値は，経年比較に利用されている。経年比較といっても，5年ごとの周期調査によって金額

図表7-4　コスト構造分析

（単位：百万円）	合計	人件費	（うち常勤）	（うち再任用）	（うち非常勤）	物件費
合計	9,395	5,852	5,226	273	353	3,543
製表業務	6,053	5,338	4,752	242	345	715
周期調査	1,574	1,408	1,383	26	0	166
経常調査	3,099	2,736	2,271	139	325	364
受託製表	674	560	523	23	13	114
加工統計等	706	635	574	54	7	71
二次的利用	1,741	342	315	22	5	1,399
共同利用システム	1,601	172	160	9	3	1,429

出所：統計センター提供資料。

が変化してしまうため，前回同じ周期調査を実施した年（５年前）との比較が有用である。例えば，統計センター職員が行っていた業務の民間委託を進めていったとすると，人件費から物件費にコストがシフトしていったかどうかをみていくことになる。

前節で述べた事務量マネジメントを用いれば，ある統計にかかる事務量を経年比較することができる。例えば，2014年のある統計に3,500人日かかっていたのが，2019年には3,200人日に減少し，事務量が削減されて効率的になったことがわかる。こうした事務量の経年比較に加えて，コストによる経年比較を行うことによって，例えば，常勤職員が行っていた業務のパターン化により，非常勤職員が行えるようになったことでの人件費の低下を把握することができる。

Ⅵ 事務量マネジメントを実践するために

独立行政法人には，企業会計原則に基づく財務報告も義務付けられていることから，「会計の登山口」（竹本・大西 2018，p.94）から入って行政管理会計を考えていきやすいところである。しかし，統計センターの管理会計は，独法化以前からの事務量の把握と業務改善が出発点になっており，「業務の登山口」（竹本・大西 2018，p.94）から管理会計を捉えているといえる。

本章では，この「業務の登山口」から入った管理会計実践の現在地を明らかにすることができた。その管理会計実践の全体像は，マクロのコスト構造分析から事務量マネジメントを通じてミクロの品質管理という三層構造で捉えることができよう（**図表7-5**）。中心にある事務量マネジメントは，事務量の詳細な把握をベースとした年次・月次のPDCAサイクルである。品質管理は標準化を組み込んだ日々の業務改善である一方，コスト構造分析は長期的なコスト低減やコスト構造の変化を理解するのに有用である。

このような統計センターの管理会計実践を踏まえた考察として，ここでは事務量マネジメントに近接してしばしば言及されるABC／ABMとの関係について述べる。

統計センターの年度評価には，「業務運営の高度化・効率化に関する事項」として，ABC／ABMを基礎とした業務マネジメント」を実施していると記載されている。事務量マネジメントは，一般に，ABM（Activity-Based

図表7－5　統計センターの管理会計実践（全体像）

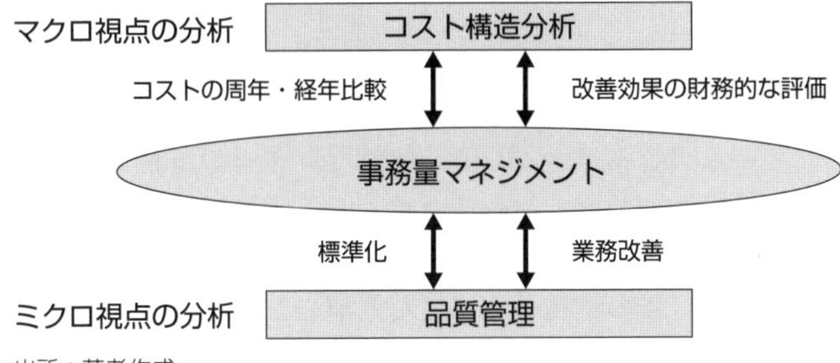

出所：著者作成。

Management：活動基準管理）との共通項が多いとされてきた（大西ほか 2016, p. 27）。統計センターの事務量マネジメントにおいても，事務区分（＝活動）を設定し，その事務量（＝業績尺度）の計画・実績対比を行うことで様々な業務改善が図られている。ABMの応用例の1つであるといえる。

一方で，事務量マネジメントをABMと捉えるときに問題となるのがABC（Activity-Based Costing：活動基準原価計算）との関係である。ABCを精緻な間接費の配賦方法と捉え，その正確性を追求し過ぎると，業務改善に十分な注意が払われなくなることが危惧されてきた（大西ほか 2016, pp. 27-28）。前節で説明したように，統計センターでも，事務量が間接費の配賦に使用されている。しかし，これ以上の配賦の正確性を追求しようという発想はみられない。間接費の配賦を導入したのも，工程管理システムによってすでに事務量が把握されていたからであり，間接費の配賦のために事務量を把握しようとしたのではなかった。統計センターでは，事務量マネジメントによる業務改善が第一であり，業務改善の効果を財務的に（マクロ的に）評価する視点があればさらによい，ということからコストが計算されるようになった。

このように，行政組織における管理会計実践として，ABCがなければABMには進めないとするのではなく，ABMを定着させてからABCに進んでもよいというアプローチは示唆に富んでいる。業務改善を着実に進めていけば，財務的な成果（コストの削減）は後からついてくるものといえよう。

おわりに

広島国税局のように，事務量マネジメントを組織戦略や価値観と関連付ける事例が知られている（竹本ほか 2020)。統計センターの事務量マネジメントもまた，業務の正確さや統計の信頼性を重んじる価値観を反映してきたといえる。詳細な事務区分と15分単位での事務量の測定をみてもわかるように，事務量マネジメントが日々の業務の中に当たり前のように浸透しているといっても過言ではない。

今後の課題には業務のICT化がある。統計センターにも要員の削減が求められる中で，専門性を求められない業務はICT化を進める必要がある。RPAの導入も検討対象になる。RPAの導入に当たって注意が必要なのは，トップからの継続的な関心に加えて，現場からの改善提案を活性化させることである（大西・梅田 2019)。統計センターでは，本章でみたように，すでに事務量マネジメントと品質管理を通じて事務改善が職員レベルにまで浸透している。こうした事務改善に対する職員の高いリテラシーをもとに，RPAの導入などによってICT化を進めるうえでも，現場に蓄積された経験をシステムに組み込んでいけるような改善提案との連動が期待される。

参考文献

大西淳也・梅田宙（2019)「RPAと事務改善活動についての論点の整理」『PRI Discussion Paper Series』（財務総合政策研究所）3。

大西淳也・松尾貴巳・藤野雅史（2016)「第1章 一般行政分野における計数的マネジメント」樫谷隆夫編著，財務省財務総合政策研究所編『公共部門のマネジメント―合意形成をめざして―』同文舘出版，pp.19-60。

竹本隆亮・大西淳也（2018)『実践・行政マネジメント―行政管理会計による公務の生産性向上と働き方改革―』同文舘出版。

竹本隆亮・小林重道・奥迫仁則・大西淳也（2020)「国税庁広島国税局における管理会計実践について」『管理会計学』28（2)，pp.91-107。

第8章 国税庁広島国税局における管理会計実践

はじめに

本章では，国税庁広島国税局[1)]において2014（平成26）事務年度[2)]から取り組まれている管理会計実践について述べる。本章の著者のうち竹本・小林・奥迫は管理会計実践の導入当初からの課長以上のコアメンバーであり[3)]，著者のうち大西は管理会計実践の導入時の局長である[4)]。なお，本章は管理会計手法の実践プロセスについて詳述することを目的としており，実践の趣旨・背景等については，次章「国税庁広島国税局における管理会計実践・解題」において詳述する。

広島国税局[5)]における管理会計実践については，匿名ではあるが，これまでも紹介されてきている（樫谷編著 2016，竹本・大西 2018など）。樫谷編著（2016，pp.61-84）では，財務総研で2015～16年に開催された「公共部門におけるマネジメントに関する研究会」による，広島国税局の実践開始の翌事務年度における現地調査に基づき整理している[6)]。同研究会座長の樫谷隆夫先生は，その著書である樫谷編著（2016，p.ⅰ）において，広島国税局の事例について「わが国のホワイトカラー分野でみれば，官民を通じ，さまざまなところに配慮しながら，ここまでしっかりと効果的・効率的に業務を運

---

1) 広島国税局は中国地方５県50税務署を所轄し，当時の定員は3,200名（現在は3,000名）であった。

2) 国税庁では７月～翌年７月を事務年度と称している。2014（平成26）事務年度は2014年７月～2015年７月を意味する。

3) ほかにもコアメンバーはいたが，現職については名前を秘する。

4) 大西の後任局長である志村仁氏，その次の局長である鑑水洋氏の積極的なバックアップも重要な推進力となっていた。記して感謝を申し上げたい。

5) 本章では広島国税局の名前を出しているが，その趣旨については次章で述べる。

6) 樫谷編著（2016，pp.61-84）については，管理会計実践の開始直後の記録として参考としていただきたい。

営している例は，現在のところ他にはないと言い得るレベルのものである」と評されている。また，竹本・大西（2018，pp.107-218）では，広島国税局における4年にわたる実践を踏まえて整理している。そこでは広島国税局の部内にいかに浸透・徹底していったのかなどについて詳述しており，管理会計手法の導入プロセスの事例として非常に参考になるものと考えている。

本章では，第Ⅰ節として事務量マネジメントの全体像について言及する。そして，第Ⅱ節として個人課税部門の確定申告事務における取組み，第Ⅲ節として岡山東税務署・広島東税務署における取組みを概観する[7)]。それぞれに小括を付したうえで，最後に，まとめに代えて自律的組織に向けた考察を行う。

Ⅰ 事務量マネジメントの全体像

第Ⅰ節では，事務量マネジメントの全体像について概観する。まず，国税局の標準的な事務運営について述べたのち，広島国税局における2014（平成26）事務年度の全体的な取組みについて説明する。そのうえで，2015（平成27）事務年度以降の全体的な取組みについて述べ，その後，広島国税局全体の観点から事務量マネジメントの現状と課題について記述する。最後に小括を付する。

1 国税局の標準的な事務運営

国税局では全国的に同じような事務運営（以下，標準的な事務運営という）が行われている[8)]。以下では，標準的な事務運営について説明したうえで，そこでの問題点等について端的に述べる。

（1）事務日誌による事務量の把握

全国的に行われている国税局の標準的な事務運営の特色の1つに，事務日誌による事務量把握がある。これは，職員が従事した事務について事務区分

7) 税務署の取組みを記述することにより，組織内でいかにカスケード（落とし込み）されていったか，理解しやすいものとなったと考えている。

8) 国税庁の事務運営と管理会計との関係は大西（2010，pp.163-194）を参照されたい。

図表8－1　事務区分別の事務量の把握

事務日誌入力画面

A 署　2 部門　23 職員番号

30 年 5 月 9 日

開始時間	終了時間	業務コード	摘　要
9:00	10:00	211	
10:00	12:00	212	
13:00	15:00	213	

事務区分コード表

事務区分コード表

事　務　区　分		業務コード
	書類整理	211
	書類審査	212
	入力チェック	213
内部事務		200
	選定事務	510
	準備調査	511
	実地調査	512
	調査手続	513
外部事務		500

大分類　100～900

中分類　110～990

小分類　111～999

稼働事績集計表

A 計　（署別、部門別、担当別）

30 年 5 月 ～ 年 月

事務区分		日数	構成比	進捗
	書類整理	60.0	10.0	85.0
	書類審査	90.0	15.0	83.0
	入力チェック	30.0	5.0	80.0
内部事務		180.0	30.0	81.0
	選定事務	60.0	10.0	90.0
	準備調査	30.0	5.0	75.0
	実地調査	120.0	20.0	75.0
	調査手続	30.0	5.0	70.0
外部事務		240.0	40.0	75.0

- 各事務系統の事務をその内容に応じて200～300項目ほどの事務区分を定めている。
- 職員は，従事した事務に応じて原則として時間単位で事務区分ごとに事務量を入力する。
- 職員が入力した事務区分ごとの事務量は，局計，署計，部門計，担当別計に集計される。

出所：著者作成。

別に事務量を把握し，事後の事務管理に活用するものである。事務系統ごとに200～300項目の事務区分を定め，職員は各自が従事した事務区分ごとに，超過勤務時間も含め原則として1時間等の単位で事務量を入力している（**図表8-1**）。

（2）事務改善提案制度

特色の2つ目に事務改善提案制度がある。この制度は1950年に献策制度として発足し，1963年には提案制度と改称され，現在に至っている。提案制度の目的は，第1には適正な事務の管理（事務の品質確保）であり，第2には事務の効率化等とされている。提案の内容は，日常の職務等におけるささいなものでも構わないとされ，提案者は個人提案，グループ提案に区分され，年間を通じて常時募集されている。

提出された提案は，税務署で第一次審査を経た後，国税局で第二次審査が行われている。審査の結果，一定以上の得点のものは，有効な提案と認めた旨の通知を提案者に送付するとともに，事務改善に積極的に活用するものとされている。さらに，高得点のものは，国税庁へ進達され，第三次審査がなされる。

(3) 事務量マネジメント導入前の状況と問題点

以上のように国税局においては，事務日誌による事務量把握のような特徴的な取組みが行われており，かつ，非常に長い歴史を有する事務改善提案制度も実施されてきていたところである。しかしながら，2014（平成26）事務年度における事務量マネジメントの導入前においては，折角のこれら取組みが十分に活用されているとはいい難い状況であった。例えば，事務日誌による事務量把握はほとんど分析されることなく，報告のためにチェックをしているに過ぎなかった。そして，事務量自体はそれほど重視されることなく，調査件数，調査事績，滞納整理事績といった実績の対前年比ばかりが注目され，また，事務改善提案については職員から提出されるものの，活用されるものは少なく，ほとんどは廃案として捨てられていた。

事務運営は前年踏襲型であり，組織的にデータの分析や検証を行うことなく，自らの経験則に頼った感覚的な運営が繰り返されていた[9)]。そうした中で，内部事務量は増加，税務調査等の外部事務量は減少してきており，その結果，税務調査や組織運営の効率が低下しているのではないか，職員間のコミュニケーションやモチベーションが低下しているのではないかという問題意識が高まりつつあった。

2 広島国税局における2014（平成26）事務年度の取組み

導入の初年度において，最初に動きがあったのは事務改善活動であり，少し遅れて組織戦略についての動きがあった[10)]。

(1) 事務量マネジメント（「人日管理」）の概要

2014（平成26）事務年度に，広島国税局では，組織におけるマネジメントの強化・高度化をし，組織に即した管理会計手法等の運用徹底を図っていくため，「人日管理」を中心とした事務量マネジメントを導入した。この事務量マネジメントの目的は「内部事務を効率化して，外部事務の拡充を図り，人材育成等につなげていく」ことであり，その目的のために，事務量を中心に考えていく事務運営，特に「人日」で考えていく事務運営を徹底していく

9) 現場職員の残業や年次休暇の未消化によって行政運営を取り繕ってきたともいえる。
10) 2014（平成26）事務年度の動きについては樫谷編著（2016, pp.61-84）に詳しい。

こととしていたのであった。

事務量マネジメントの真ん中には「人日」を位置付け,「人日」による計画,実績,差異分析,修正とPDCAを回していくこと[11]とし,これを活動基準管理(Activity-Based Management;ABM)の考え方で運営していく。そして,「ミクロへの展開」として「ムダ取り」を位置付け,業務の標準としての業務処理手順を常に見直してムダを取っていく。その過程で職員からの事務改善提案を重視し,改善活動を徹底していくこととした。また,これにあわせて,職員提案の対象にBPR(Business Process Re-engineering)も加え,実践していった[12]。さらに,「マクロへの展開」として,組織戦略について戦略マップやロジックモデルを意識して「目標の連鎖」として構築し,組織戦略の観点から効果の高い事務に注力することとした[13]。そして,以上を通じて,職員の意識を向上させ,業務を見直すことによって事務量を捻出し,牽制効果の高い税務調査等の外部事務に「人日」を投入することとした(**図表8-2**)。その際には,1949年の国税庁創設以来のスローガンであり,職員への浸透度も非常に高いと思われた「正直者には尊敬の的,悪徳者に畏怖の的」という標語を,これらの取組みの推進力として活用した[14]。

(2)事務改善提案の活用

以上のような事務量マネジメントのうち最初に大きな動きがあったのは事務改善提案であった。事務改善活動においては大きく3つのパターンで示さ

図表8-2　広島国税局における取組みの基本的な考え方

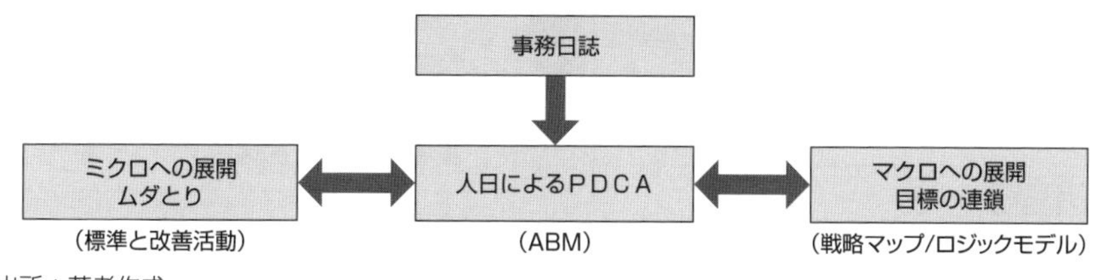

出所:著者作成。

11) これを「人日管理」という。
12) 提案する現場職員の立場からすれば,事務改善とBPRを区別する必要はない。
13) 付加価値が高いか否かは,組織戦略から考える必要がある。
14) 組織の価値観を活用したということである。

れる有効策が自然発生的に生じてきたことから[15)]，それをヨコ展開していった。なお，当時はRPA（Robotic Process Automation）という言葉が一般化していなかったため，明示的には組み入れてはいなかった。現在であればRPAの活用も視野に入ってこよう。

①業務体制

事務改善活動の１つ目のパターンは，業務の多能化，見える化，情報の共有化を進め，繁閑調整等を頻繁に行う業務体制の構築であった。以下でいくつか事例を紹介する。

具体例の１つ目は，ヒトそれぞれが業務を分担するのではなく，皆でいろいろな業務ができるよう多能化しつつ，ホワイトボードの活用やミーティングの実施によって繁閑調整を密に行うものである（**図表8-3**）。ヒトに仕事を割り振って分担させるのではなく，仕事にヒトをこまめに割り付ける体制をとろうということである。これにより，多能化や情報の共有化だけでなく，

図表８－３　【業務体制の例１】情報の共有化による事務の効率化

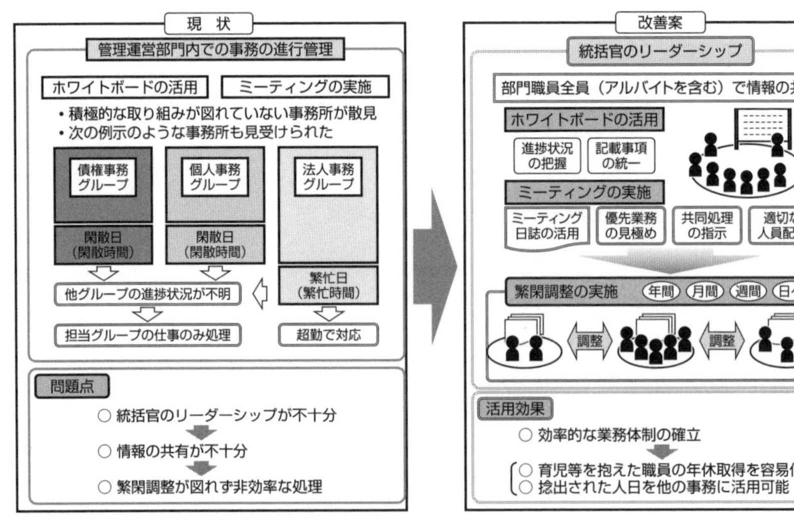

出所：著者作成。

15）事前に計画していたものではなかった。やってみたら自然とそうなっていたのである。

事務の平準化等にも非常に効果があった[16)]。

具体例の２つ目は，遠隔地にある用務先にそれぞれの担当者が時間を要して出張するのではなく，遠隔地の出張予定について情報を共有し，出張予定の者に業務を依頼することにより移動時間の削減をしようというものである（**図表8-4**）。些細なことではあるが，これにより広島国税局全体で年間100人日分の事務量の捻出が想定された。

具体例の３つ目は，機能別に分担した事務処理体制では，窓口事務等により事務の中断原因が発生することから，部門職員全員で協力して中断原因を完全に排除した「集中タイム」を設けることにより，同種事務を一気に大量処置しようということである（**図表8-5**）。事務処理遅延の防止やリカバリーに有用であるとされた。

具体例の４つ目は，機能別に分担した事務処理体制では，時間にとらわれず漫然と事務処理を実施する傾向にあることから，部門職員全員で協議し，１時間当たりの処理件数の目標を「ターゲットタイム」として設定することにより，職員の集中力の確保と改善意欲の向上を図っていこうというものである（**図表8-6**）。目標を意識することにより，改善策の検討につなげようと

図表８－４【業務体制の例２】情報の共有化による事務の効率化

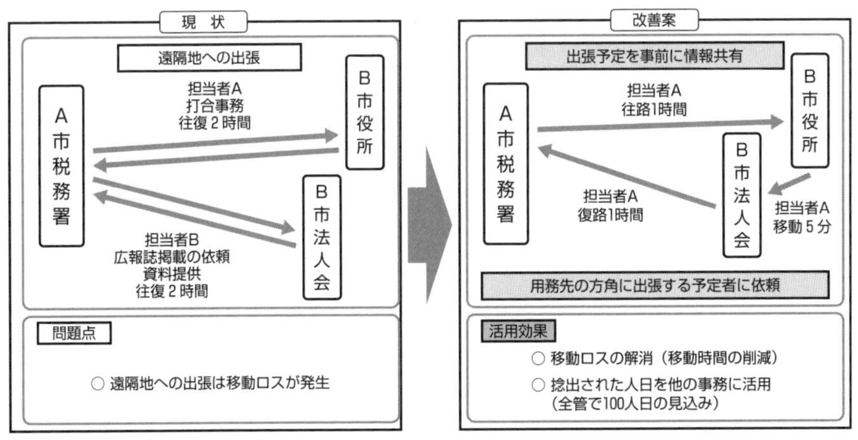

出所：著者作成。

16）年次休暇等の急な取得等に非常に大きな効果があった。

図表8－5　【業務体制の例3】「集中タイム」による事務の効率化

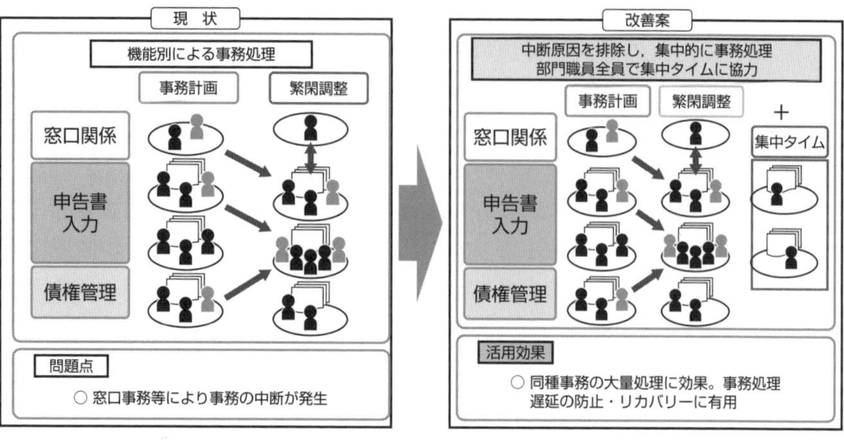

出所：著者作成。

図表8－6　【業務体制の例4】「ターゲットタイム」による事務の効率化

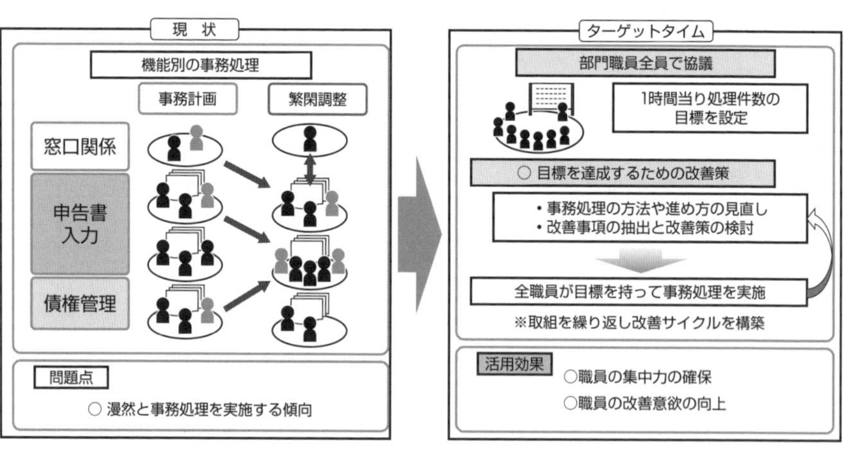

出所：著者作成。

図表8-7 【業務体制の例5】「Set & Go」による事務の効率化

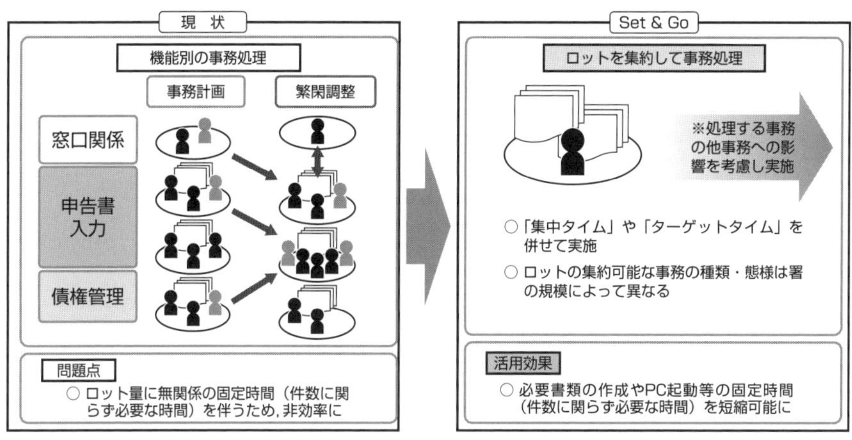

出所：著者作成。

しているのである。

具体例の5つ目は，機能別に分担した事務処理体制では，ロットの量に無関係な必要書類の作成やパソコンの起動など，固定時間（件数にかかわらず必要な時間）を必然的に伴うことから非効率であった。そこで，ロットを集約して事務処理する「Set & Go」方式を「集中タイム」や「ターゲットタイム」と併せて実施することにより，固定時間を短縮することをねらったというものである（**図表8-7**）。

②事務フロー

事務改善活動の2つ目のパターンは，ついでにできる事務の実施，重複作業の見直し，並行・共同作業の実施による合理的な事務フローの確立であった。事務フローを標準とすれば，標準の見直しによる効率化ということである。以下でいくつか事例を紹介する。

具体例の1つ目は，書類毎に受け渡しした際にそれぞれに整理番号を検索していたのであるが，これだと整理番号の検索が複数回となってしまう問題があった。そこで，同一納税者の書類についてはこれを束で受け渡しすることにより，整理番号の検索を複数回から1回に短縮しようという事務フローの改善活動である（**図表8-8**）。これにより，広島国税局全体で150人日分の

図表8-8 【事務フローの例1】書類の受け渡しの際のひと手間実施

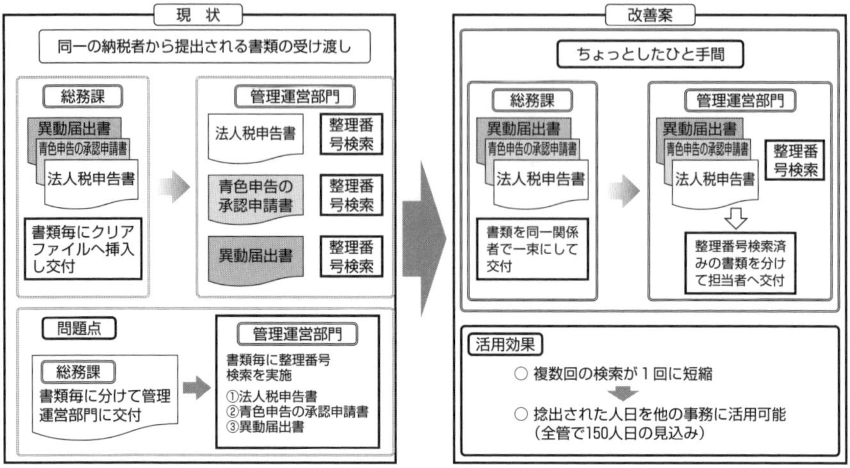

出所：著者作成。

事務量の捻出が想定された。

具体例の2つ目は，還付手続きのデータ照合について従来3回照合していたのを，電子データを活用することにより，照合回数を削減しようという事務フローの改善活動である（**図表8-9**）。形骸化していた事務を見直すことにより，広島国税局全体で150人日分の事務量の捻出が想定された。

具体例の3つ目は，所得税の予定納税通知書を手書き・手計算により作成していたものを，Excelを利用したシステム化を図ることにより，自動計算により作業効率をアップしようという事務フローの改善活動である（**図表8-10**）。これにより，広島国税局全体で200人日分の事務量の捻出が想定された。

③作業手順書

事務改善活動の3つ目は，内部事務の未経験者や非常勤職員の活用を促進するため，事務処理要領を具体化した作業手順書の作成であった。作業手順書は標準そのものであるので，標準化の徹底と位置付けることもできよう。以下でいくつか事例を紹介する。

具体例の1つ目は，従来の事務処理要領には若干粗いという問題があり，行間を読むノウハウが必要となっていた。そこでノウハウ共有化のため行間

図表 8 - 9 【事務フローの例 2】自動車重量税の還付データ照合事務の省略・簡略化

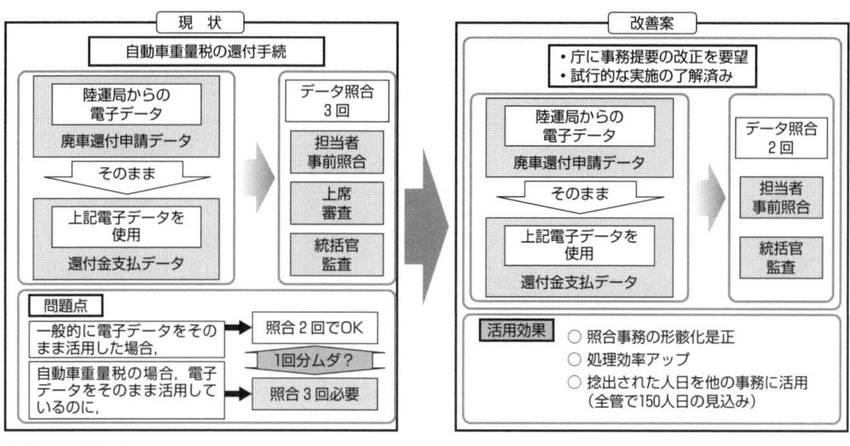

出所：著者作成。

図表 8 -10 【業務フローの例 3】所得税・予定納税通知書作成事務のシステム化

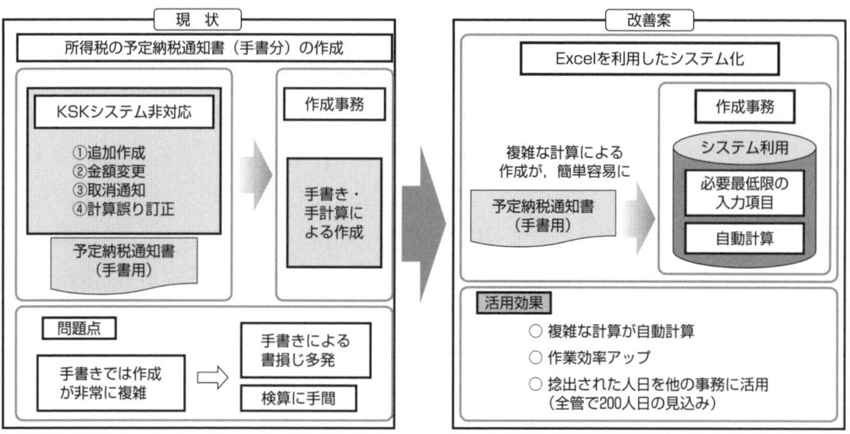

出所：著者作成。

第Ⅱ部 第8章 国税庁広島国税局における管理会計実践

図表8-11　【作業手順書の例1】所得税の事後処理事務における非常勤職員の活用

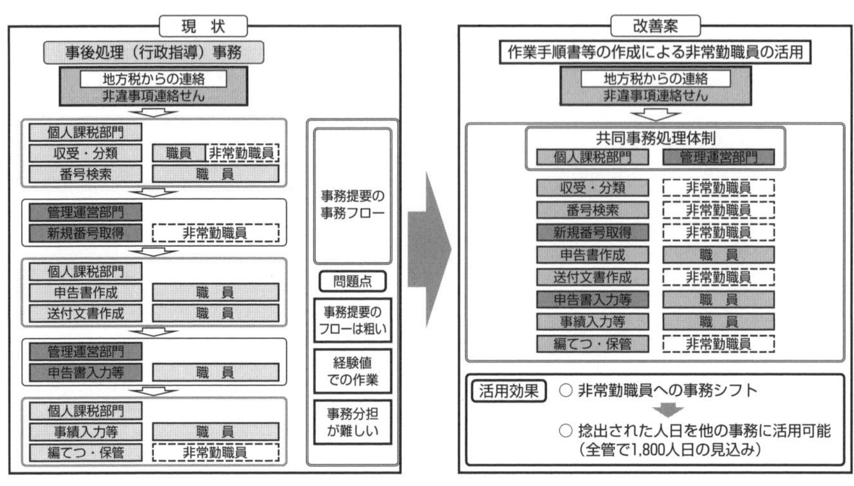

出所：著者作成。

にそれを文書として埋め込み，未経験者や非常勤職員でも使える作業手順書を作成していったのであった（**図表8-11**）[17]。これにより，広島国税局全体で1,800人日分の事務量の捻出が想定された。

具体例の2つ目は，納税者から提出される多様な様式の申告書等を署から局へ送付するに際し，当該事務の事務処理要領が粗いことから担当者のノウハウで実施していた。このため，担当者ごとに作業手順のバラツキがみられた。そこで，手順書やチェック表を作成し活用することにより，送付漏れが防止できるようになり，未経験者も容易に処理が可能となった（**図表8-12**）。これにより，広島国税局全体で200人日分の事務量の捻出が見込まれた。

④成功体験から好循環サイクルの実現へ

以上の例は事務改善提案の一部の例であるが，これらの事務改善提案の活用により，当初はハードルが高いと思われた効率化が意外なほど早く動き出し，実際に事務量が捻出されはじめ，これが成功体験となって新たな事務改

---

17) 現場の職員においては事務の必要から各自が虎の巻を作っていたが，これだと事務の品質にバラツキが生じかねないことから，当該虎の巻を精査のうえ，統一化し，事務の品質の安定化を図ったのである。

図表8－12　【作業手順書の例2】調査課所管法人の申告書送付事務における作業手順書等の活用

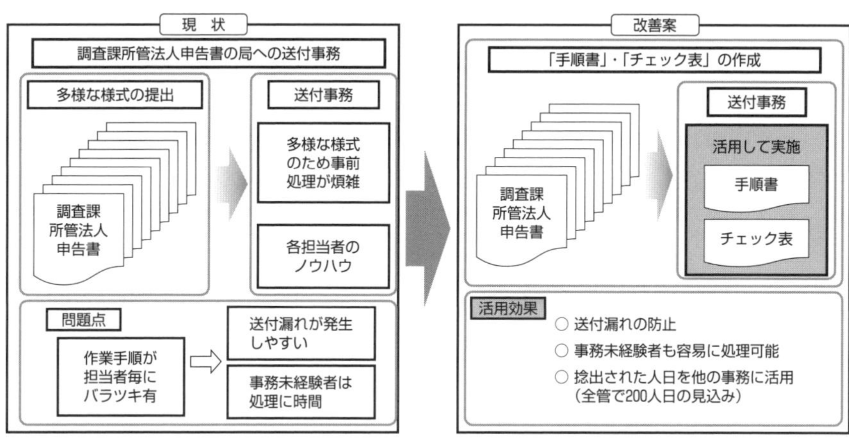

出所：著者作成。

善提案を生み，さらなる効率化が期待できるという好循環サイクルができあがっていった。その結果，事務量マネジメント導入当初の2014（平成26）事務年度においては早くも約3,000人日の事務量を捻出することができ，その翌年の2015（平成27）事務年度においては，平年度化効果もあり，さらに約17,000人日の事務量を捻出することができた[18]。

このような事務改善提案活動の推進力の源泉となったのは，各部門，各職員の自律的な判断に基づく取組みであった[19]。各部門，各職員が，現場で行う事務の中でたとえ小さなことでも考え，それを事務改善提案として提出していくようになり，それが受け入れられ，評価されることを通じて，これらが成功体験となり，そして，新たな事務改善提案につながり，提出された事務改善提案が活用されて事務量の捻出へとつながっていったのであった。これらの過程では，現場職員が自律的に行動するように，幹部職員は現場職員にいかに促すか，これがきわめて重要なポイントとなっていったのであった[20]。

18）両年度を合わせれば，職員１人で年200人日とすれば約100人分の事務量となる。

19）事務改善提案においては女性職員の活躍が目立った。このことは特記されるべきと考える。時間制約の厳しい中にある女性職員が多かったからこそ，事務のムダに敏感であったと思われる。

20）幹部職員によって，取組み初期の対応に大きな差が生じていた。

今後を見通せば，マイナンバー制度等によって新たな事務が策定・追加されるにつれて，効率的・効果的な事務フローの構築が求められるようになることが予想された。また，一般論としても，行政需要の高まりの中で定員事情が厳しくなることも予想された。このため，これらへの対応の必要からも，このような事務改善活動による事務量の捻出は，細かい話ではあるものの，今後の宝の山としてますます重要となっていくものと考えられていったのであった。

（3） 1枚紙に描く組織戦略

事務量マネジメントについては事務改善やムダ取りといったミクロへの展開は進んだ一方で，マクロへの展開である組織戦略としての目標の連鎖については課題が多い状況であった。これは，効率化によって生み出された貴重な事務量が漫然と費消されてしまうことを意味し，そうなれば事務改善活動にかかる折角の成功体験に基づいたモーメンタムが失われることになるという大きな問題を秘めていた。そこで，各税務署において組織戦略を構築させ，PDCAをより機能させる観点から，国税局より「Planの全体像（例）」（**図表8-13**）を示すことにより，税務署の運営についての全体像を1枚にまとめるよう提言した。各税務署において，効率化により捻出した事務量を外部事務にいかに活用するか，外部事務の効果を最大限発揮するための波及効果，牽制効果，再発防止策をどうするかについて，目的－手段関係や因果関係仮説等により目標を連鎖させ，組織戦略を綿密に組み立てさせるように指示したのであった。

組織戦略は多すぎると読んで理解するのに大きな労力が必要となり，このため誰も読まなくなる。その結果，職員の方向付け（同じ方向を向いて努力すること）に役立たないものとなりかねない。そこで，組織戦略を1枚に端的にまとめることができれば，現場職員も含め組織全体で，わかりやすい→意識が合わせやすい→職員の方向付けが容易となるといった効果が期待できると考えた。その結果，組織の方向を巡るコミュニケーションツールとしても機能し，組織内での合意形成にも効果を発揮することが期待された。

このような考え方の下，1枚紙のプランは「署運営全体プラン」と称され，各署に徹底されていった。「署運営全体プラン」の策定を通じて，各税務署長が，各署の事情や実情を把握しながらその状況を踏まえて自律的に判断し，

図表8－13　Planの全体像（例）

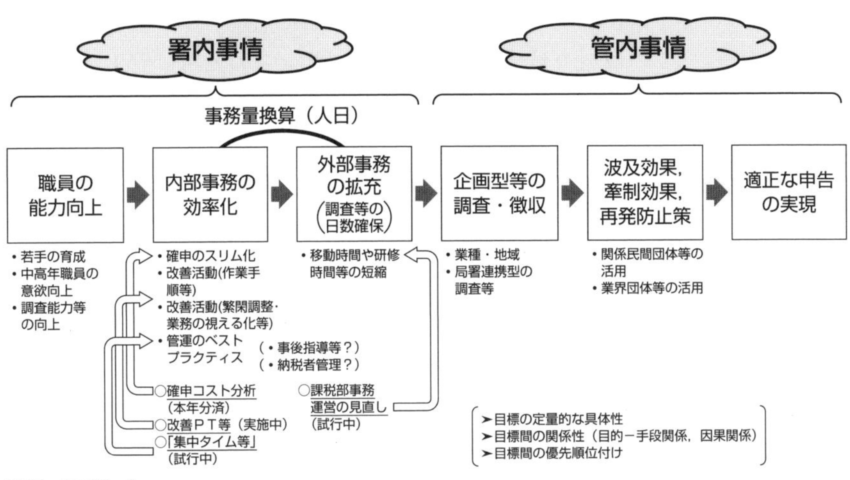

出所：著者作成。

署ごとの具体的な戦略を柔軟に考えるようになっていったのであった[21)]。そして，このように策定された「署運営全体プラン」に沿って，各部門，各職員それぞれが，連携を図りながら自律的に行動していくようになっていったのであった。各レベルでの自律的な判断や行動が，「署運営全体プラン」という組織戦略を中心にそれぞれつながっていったと位置付けることもできよう。

（４）組合の理解と協力

職員が働きやすく，明るく風通しの良い職場環境づくりのためには，職員の意見や要望を正しく汲み上げていくことが大切である。とりわけ，職員を代表する職員団体から職場の「生の声」を聞くことが極めて重要である。このようなことから，広島国税局としても，事務量マネジメントの取組みを進めていくうえでは，職員団体からの「生の声」が何よりも大切なものと考え，職員団体の執行部と話し合いを重ねていった。

職員団体の執行部とは，まず，職場の状況について認識を共有するこ

21）税務署長によって，取組み初期の対応には大きな差が生じていた。

と[22]を目指した。そのうえで，事務量マネジメント（「人日管理」）の趣旨や目的について丁寧に説明していった。説明の際に強調したのは2点であった。1つには，この取組みは，ワークライフバランスの要請に資するものであるということであった。事務が効率化されれば，職員の負担を減らし，効率化された事務量を超過勤務の縮減や年次休暇の取得促進に充てることができる。また，事務処理が「正しく・早く・安全に・楽に」なれば，職員にとっても気持ちよく効率的に仕事ができるようになるといったことなどについて丁寧に説明した。もう1つは，組織の価値観についてであった。我々は「正直者には尊敬の的，悪徳者に畏怖の的」という組織の価値観を持って仕事をしている。そうした組織の価値観は，職員の日々のモチベーションにも密接につながっている。事務量マネジメントは，このような組織の価値観からしても必要となる取組みではないかといった説明を行っていった。

これらの説明を受けた職員団体の執行部の反応は，事務量マネジメントにより効率化した事務量をワークライフバランスに活用できることに理解を示してくれたものであった。ただし，事務量マネジメントの取組みについては，職員が不安や不信を抱くことないよう，趣旨，目的等を十分に説明して欲しいとの要望があった。いかに良い取組みであっても，事務を行う職員にその趣旨等がしっかりと伝わらなければ，良い結果は得られないだろうし，趣旨等が誤って受け止められたならば，労働強化にもつながりかねないという心配があったからであった。また，「人日管理」の基となる稼働事績（事務日誌）の入力に当たっては，職員が超過勤務した時間も含め，事務区分別に正確に入力するよう指導して欲しいとの要望があった。

こうした要望に対しては，事務量マネジメント（「人日管理」）の取組みの趣旨や目的等については，会議等あらゆる機会を通じて十分に説明していく。また，稼働事績（事務日誌）の正確な入力についてもきちんと指導・徹底していく。そして，事務量マネジメント（「人日管理」）により得られた効率化の効果については，「外部事務量の確保」や「超過勤務の縮減」，さらには「年次休暇取得の容易化」につながっていくものであり，事務計画や事務の実績

22) 職場が抱える課題として，ゆとりのない職場状況であること，職員同士の人間関係が希薄化している状況，管理職職員が自己の職務に追われ周りをみる余裕すらなくなっている状況，事務系統にとらわれた事務運営が根強く残っている状況などがみられることについて認識を共有した。

管理に適切に反映させていくと答えた。こうしたやり取りを経て，事務量マネジメントの取組みについて，職員団体の理解も得られることとなっていったのである。

(5) 災害への対応

2014（平成26）事務年度が始まって間もなく，8月19日から広島市北部でバックビルディング現象による局地的な豪雨となり，翌20日未明に土砂崩れや土石流により多数の住宅が巻き込まれ土砂災害が発生した[23)]。本件災害に対しては，災害の発生時から関係各機関からの情報収集を行うとともに，所轄税務署であった広島北税務署および近隣税務署に被災者へのお知らせといったポスターの掲示，パンフレットの設置等の緊急対応を図った。

この2014年8月豪雨による広島市土砂災害への対応には次のような特色があった。1点目は，納税者目線に立った対応という趣旨で，広島国税局独自で「被害を受けられた方」および「支援をされた方」を対象に，より身近な解説を加えたリーフレットとFAQを国税庁と協議しつつ作成したこと，および，広島市内税務署の総合窓口に被災者および支援者の専用窓口を設置して対応を図ったことである。2点目は，被災者への早期支援と確定申告前の申告処理の促進を図り，確定申告期の混乱を避けるため，地方公共団体との共催による雑損控除[24)]に関する事前説明会を計画的に開催したことである。そして，こうした被災者対応等に関して，その対応のための事務量をあらかじめ積算することを通じ，計画的に実施していったことは強調しておくべきことであろう。3点目は，災害が一段落するまでは実地調査に従事できないことから，その時期において，将来どのような事務にどれだけの事務量を投下するか検討しておき，災害対応後の実地調査につなげていくための資料情報事務を拡充したことである。4点目は，この災害での対応を1つの標準として事後に残す観点から，災害対応マニュアルを作成したことである。

23) 被害は死者74名，住宅被害4,500件にものぼった。

24) 雑損控除とは，災害等によって資産について損害を受けた場合等に受けることができる所得控除である。

3　広島国税局における2015（平成27）事務年度以降の取組み

事務量マネジメントの取組みについては，次の事務年度以降も継続された[25)]。そこでは，以下のような様々な取組みについて深堀りされた。

（1）事務改善提案の更なる活用

事務改善の提案件数は2013（平成25）事務年度以前は400件程度であったものが2014（平成26）事務年度には800件超と2倍以上に増加したことにみられるように，事務改善に向けた意識は高まってきていた。しかし，提出された提案のうち活用された件数は全体の3割程度にとどまっており，残りの7割は活用されずに廃案となっていた。そこで，改善提案は原則として廃案にすることなく使い切るべきであるとの問題意識の下，広島国税局各主務課[26)]の若手職員によるワーキンググループにおいて「提案の活性化フロー」に基づき検討することにより，従前であれば廃案になりそうな提案についても丁寧に検討した結果，やむを得ず廃案になってしまう数パーセントの提案を除き，提案のほとんどを活用につなげることができた（**図表8-14**）。このように，国税局側の真摯な検討により，職員からの事務改善提案を活かしき

図表8－14　事務改善提案の活性化フロー

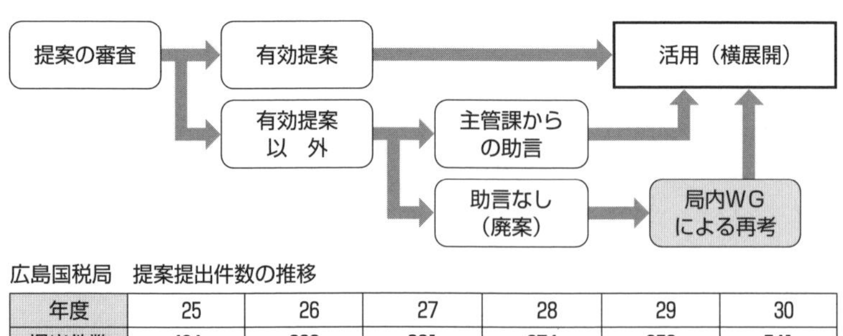

広島国税局　提案提出件数の推移

年度	25	26	27	28	29	30
提出件数	434	802	861	874	653	541

出所：著者作成。

25） 2015（平成27）事務年度以降の動きについては竹本・大西（2018, pp.107-208）に詳しい。
26） 課税総括課，法人課税課，個人課税課，管理運営総括課，徴収課などをいう。

ることができたのであった[27)]。

(2) 転換プロセスの重要性

事務量マネジメント(「人日管理」)導入の2014(平成26)事務年度以降,その効果として相当に大きな事務量が得られたが,その過程で,捻出できた事務量はあらかじめ何に使うのか十分に考えておかないと事務量そのものが雲散霧消してしまうことが判明した。そこで,内部事務において効率化した事務量が,税務署の事務運営の中で,どのように各事務系統や部門に配分され,どのようなプロセスを経て税務調査等の外部事務量に転換していくのかについて,**図表8-15**のような表で可視化していくこととした。そこでのキモは,あらかじめ事務量をどこに受け入れ,どれだけ外部事務に回せるかについて検討しておく必要があり,これがないと,内部事務をいくら効率化して事務量を捻出できたとしても,事務量を転換していくプロセスの途中でロスが生じ雲散霧消しかねないということにあった。

この事務量転換プロセスにおけるロスの最小化のため,以下の点について全税務署で認識を共有化していった(**図表8-16**)。

1点目は事務の「玉突き」と「溜め」である。事務量の転換のためには,管理運営部門等の内部事務を主に担当する部門の職員は,効率化できた事務量を使って,課税部門等の他の事務系統の内部事務のうち質問検査権を行使せずにできる事務を支援する[28)]。課税部門等で内部事務を担当する職員は,支援により浮いた事務量を自らが調査事務等の外部事務に使うか,調査担当

図表8-15　事務量の転換プロセス

項目	事務効率化日数 a	他系統への 応援等日数 b	転換率 b/a	外部事務 投入日数 c	活用率 c/b	インプット/ アウトプットの効率 c/a
全署計	人日 17,070.3	人日 16,802.9	% 98.4	人日 14,634.8	% 87.2	% 85.8

出所:著者作成。

27) 図表8-14にある提案件数をみると2017(平成29)事務年度以降減少している。事務改善提案件数は事務量マネジメントの実践度合いについての先行指標と考えることもできる。そう考えた場合,これが何を意味しているのか,留意されるべきであると考える。

28) 内部事務部門の職員を削減していないことに注目されたい。これは,仮に職員を削減してしまうと,内部事務部門の協力を得ることが困難になりかねないからである。

図表 8 - 16　動態表を活用した事務管理

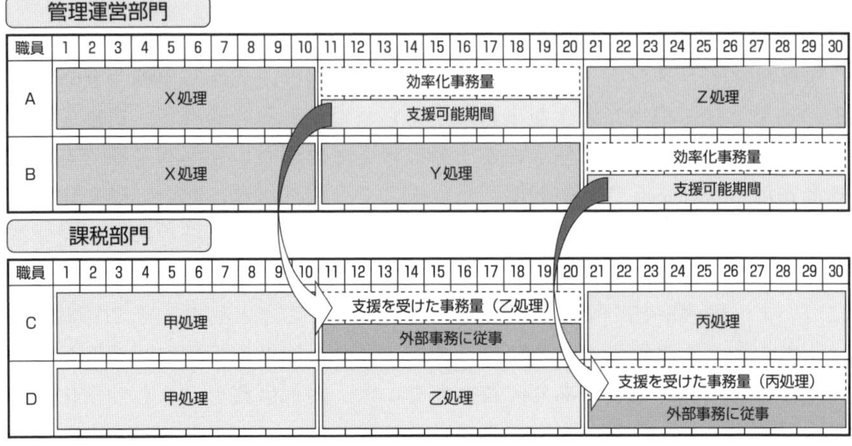

（注１）監理運営部門の職員Aは，Y処理事務の効率化によって11日から20日の間に空きが生じることから，課税内部部門の乙処理を支援できる。これにより，課税内部部門の職員Cは外部事務に従事することができる。

（注２）管理運営部門の職員Bは，Z処理事務の効率化によって21日から30日の間に空きが生じることから，課税内部部門の丙処理を支援できる。これにより，課税内部部門の職員Dは外部事務に従事することができる。

出所：著者作成。

職員が行っている事務を支援する。このようにして，内部事務で効率化できた事務量を外部事務に段階的に押し出していかなければならない。また，調査事務に活用できるロットの事務量を確保するために，数か月先の事務まで見越して前倒しするといった「溜め」も必要となるということである。

２点目は，支援元と支援先とでの緊密なコミュニケーションである。事務量の円滑な転換のためには，効率化で捻出した事務量を財源に，管理運営部門等の他部門を支援する部門と，課税部門等の支援を受け外部事務量を確保する部門との間で，支援する事務の内容とそのタイミングについて，実際に従事する職員を念頭に置いて綿密なすり合わせを行う必要があるということである。

３点目は，代替策の準備である。ロス減少のためには，効率化できた事務量が調査事務とマッチングできない場合でも，調査以外のマッチングできる代替事務をあらかじめ準備しておく必要があるということである。

こうした転換プロセス重視の事務量マネジメントにおいては，組織運営上の効果として，税務調査等の外部事務量の増加というメリットもあった。しかし，それ以上に重要であったのは，税務署幹部が，内部事務において効率化した事務量をどのような形で外部事務に投入できるかをあらかじめ考え計画を立て，継続的に状況を観察し，想定どおりにならない場合にはどこに問題があったのかを把握して，必要に応じて途中で計画を見直し，代替策を考えるといったことにあった。税務署においても，事務量に途切れがないように，事務量を供給サイドからみる視点が持てるようになり，税務署の幹部自身がそういった視点をもって自律的に判断できるようになっていったのである。

（3）内部事務の集中化と事務量マネジメント

近隣の小規模な税務署の内部事務に関して，中心となる大規模な税務署に集中化していくことを内部事務の集中化といい，近年では「内部事務の効率化による外部事務量の確保」の一環として内部事務の集中化についても複数局において試行されてきていた。この内部事務の集中化の試行に当たり，広島国税局においては事務量マネジメント（「人日管理」）による取組みと並行して行うこととしていた。その理由としては，広島国税局においては，事務量マネジメントの取組みにより，内部事務において効率化できる事務量が相当程度に確保できると見込まれたことから，あえてそれを放棄して内部事務の集中化のみに特化する必要は認めえなかったこと，また，内部事務の集中化といった新たな体制に移行する場合には，新たな事務フローの策定も想定され，そこにムダも生じかねないことから，事務改善活動等によるムダとりも併せて行っていくことが望ましいと考えられたからである。

そこで，広島国税局では，内部事務の集中化の試行について，次の３つの視点から分析することとした。１つ目は，事務量マネジメントによる効率化の効果と内部事務の集中化の試行による効率化の効果をそれぞれ区別して分析を行うことである。２つ目は，内部事務の集中化の試行によるメリット部分である効率化の効果だけではなく，試行により新たに発生してしまうデメリット部分となる事務量についても分析を行うことである。３つ目は，試行開始までの準備期間に必要な初期投資のコストが何年で回収できるのか，回収期間法的な考え方によって回収期間の分析を行うことである。この分析の中で工夫した点は，初期投資の回収期間の分析を，金額により計算するのではなく，事務量（人日）を使って計算したことであった[29)]。その結果，内部事務の集中化という体制の変更だけでは，初期投資の回収期間は約４年もかかると見込まれた[30)]。しかしながら，これを事務量マネジメントによる取組みと併せて行った場合には初期投資の回収は１年以内にでき[31)]，効率化の効果はそれだけ大きなものになるという見込みが立ったのであった。

いずれにせよ，こうした内部事務の集中化というような事務処理体制の変更の際には，ムダ取り等の事務量マネジメントによる取組みを併せて行いながら実施していくことが望ましいと考えられた。なぜなら，国税庁等における机上での定性的な検討だけでは，実際のメリット・デメリットは必ずしも明らかとはならないからである。

さらに注意しなければならないのは，このような事務処理体制の変更を行う場合には，例えば，ミスが生じないような事務フローを考えておくことが求められる。どのような方策で事務処理の品質管理を保ちつつ，ミスの発生を防止していくのかといった措置を図ったうえで必要となる事務量を勘案すべきである。そのうえで，ムダとりに向けて現場職員目線での事務改善活動もまた併せて推進していくことが求められるのである。

（４）外部事務における事務量分析の活用

事務量マネジメントを通じて内部事務の効率化による外部事務量の確保は図られていった。しかし，何とかかき集めて確保した外部事務量に見合うほどには，実地調査件数等の外部事務の成果は上がっていなかった。その原因を検討したところ，現行の「稼働事績システム」を活用すれば詳細な原因究明ができることが判明した[32)]。例えば，税務調査以外の様々な事務の割合

29）物件費で要する金額を職員１日当たりの平均給与で割るというザクッとした方法で物件費を事務量（人日）に換算し，業務にかかる事務量と合わせて計算した。

30）内部事務の集中化のための初期投資としては320人日相当（物件費5,400万円を換算しての170人日と準備のための事務量150人日）を要するが，集中化による効率化事務量は，新たに発生するデメリット部分を差し引くと年間80人日相当（メリット部分280人日，デメリット部分200人日）であり，初期投資の回収期間は約４年となる。

31）事務量マネジメントによって1,000人日を超える事務量が捻出されることから，集中化を事務量マネジメントと併せて行えば，初期投資の回収は１年以内に可能と見込まれる。

32）現に使っているシステムに，実は既に装備されていたことが判明したのであった。

を署別に比較したり，１日当たりの調査効率や法人別の準備調査や調査手続等の事務量の割合を署別に比較したり，さらには，実地調査事務量と調査事績を法人別に比較したりして，余分な事務量が投下されていないかといった様々な分析が実は可能なのであった（**図表8-17**）。

この事務量分析の結果，調査件数が増加していない原因の１つは，実地調査に充てるべき事務量が，内部的な事務である調査選定事務に必要以上に充てられていたことにあった。事案終了後の次の事案に着手する間の人日が，必要以上に調査選定事務に充てられていたことが判明した[33)]。そこで，事案ごとに担当者の計画と実績を示すガントチャートのような「実地調査線引表」を活用して見える化し（**図表8-18**）[34)]，ムダとりを行っていった。

図表８-17　事務事績システムを活用した事務量分析

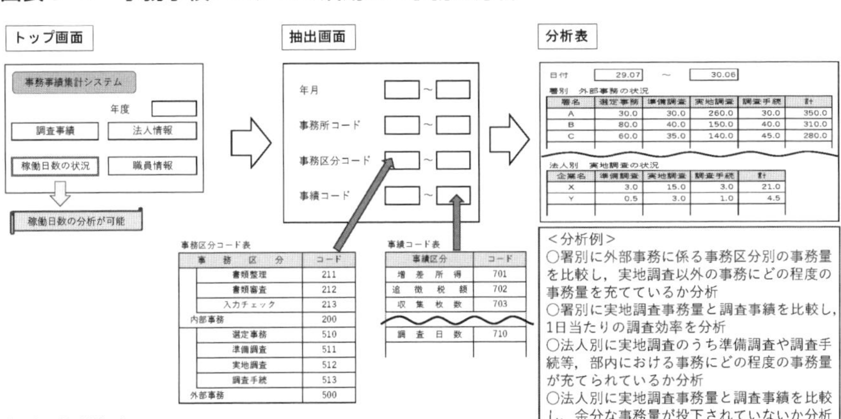

出所：著者作成。

33) 実地調査は納税者の都合等により日程の調整が必要となるため，ある実地調査が終了した後に次の実地調査に着手しようとすれば，事案の終了から次の事案の着手までの間に隙間の人日が生じてしまう。これにより，本来，実地調査事務に充てるべき人日が内部的な事務である調査選定事務等に充てられるなど，ムダが生じやすくなっていたのであった。

34) ガントチャートは，工場の生産管理等の工程管理に用いられる棒グラフの一種であり，横棒によって作業の進捗状況を表し，作業計画を視覚的に表現できるものである。

図表8－18　実地調査線引表の活用

担当者	1	2	3	4	5	6	7	8	9	10	11	12	13	14	15	16	17	18	19	20
	月	火	水	木	金	土	日	月	火	水	木	金	土	日	月	火	水	木	金	土
甲			㈱A						隙間					㈱B				隙間		
							㈱C						〔問題意識〕同時進行で隙間が埋められるのでは？							
乙					㈱D						隙間						㈱E			
										㈱F										

月間行政調査計画（実績）管理表

企業名	主担者	区分	1	2	3	4	5	6	7	8	9	10	11	12	13	14	15	16	17	18	19	20
			月	火	水	木	金	土	日	月	火	水	木	金	土	日	月	火	水	木	金	土
㈱A	甲	計画								一時中断し，㈱Cに従事								再開				
		実績																				
㈱B	甲	計画																				
		実績																				
㈱C	甲	計画													早期終結したため，㈱Fに従事							
		実績																				
㈱D	乙	計画																				
		実績												再開								
㈱E	乙	計画			一時中断し，㈱Fに従事						乙の代わりに甲が従事											
		実績																				
㈱F	乙	計画																				
		実績																				

出所：著者作成。

（5）国税局本局における事務量マネジメント

国税局は税務署の事務を指導・監督する機関である。したがって，国税局の局員は，事務運営について，PDCAサイクルに基づき，常に問題意識と改善意識の中で事務に従事しなければならない。そして，組織を取り巻く環境の変化に応じて，新たな課題が増していく中で，国税組織の最大の資源である事務量そのものについて敏感にならなければならない。しかし，残念なことに，一面ではそのような意識が薄れ，事務量は横に置いて自身の業務のみを遂行するために目先のハエを追うような対応が見受けられることもあった。

その要因の1つには，国税局内の各課，各係が旧態依然とした縦割り仕事を行っていることが多く，国税局内に事務量マネジメント（「人日管理」）が機能していないことにあると考えられた。これは，国税局の局員には，事務日誌がないことから，各課，各係，各人が行った事務の事務量が把握できず，鋭敏な感覚を養えないのであった。事務日誌については，たしかに官房系の一部の部署においては，自分たちの時間を自律的に決められないといった難しい面もあるが，それ以外の部署においては工夫次第でその実施は可能なはずであった。

事務日誌により，各課，各係，各人が行った事務の事務量が把握できれば，局内においても人日管理が可能となり，事務量に基づいた事務運営のPDCAや署への指導・監督においてもマネジメントが強化できるのである。また，慢性的な超過勤務の解消などのワークライフバランスにも直結するのである。

そこで，2017（平成29）事務年度には，国税局において法人課税等を所管する課税第二部において，事務日誌による事務量把握を試行してみてはどうかと提案したのであった。ただし，試行に当たっては，初めから完成形を求めることより，徐々に改善していけば良いとし，事務区分は詳細に分けずに大まかものとした。要は，それぞれの事務にどれだけの事務量が投下されているのか把握する，業務の中でムダとりや改善すべきものはないか検証してみる，特に，税務署への指導，事務運営におけるPDCA，関係団体との協調等の業務においては，課や係単位で対応するのではなく横断的に対応していくこととしたのであった。

4　広島国税局全体における事務量マネジメントの現状と課題

以下では，事務量マネジメントの全体的な成果と課題を述べる。それぞれに奥行きのある議論が残っているのである。

（1）広島国税局の法人課税事務における外部事務割合

事務量マネジメント（「人日管理」）の取組みの結果，広島国税局における税務調査等の外部事務量の割合は，例えば法人課税事務でみれば，2013（平成25）事務年度から2017（平成29）事務年度の５年間で47.0％から56.1％と２割の増となった（**図表8-19**）。しかも，広島国税局の定員の減少や育児・介護等のための職員の休業や休暇の取得等によって，広島国税局の職員全体の総稼働事務量は減少しつつあったことから，その分を差し引く必要もある。繰り返せば，仮に広島国税局の定員減少がなければ，その分だけ，外部事務量の割合はさらに増加しているはずであった。

ともあれ，広島国税局の法人課税部門における外部事務量割合の推移は，まさに広島国税局における事務量マネジメントの取組みの表れであった。これは，限られた事務量（人的資源）を有効に活用するという事務量マネジメントが取り組まれている成果を雄弁に物語っているのであった。

図表 8－19　法人課税事務における外部事務割合の局間比較

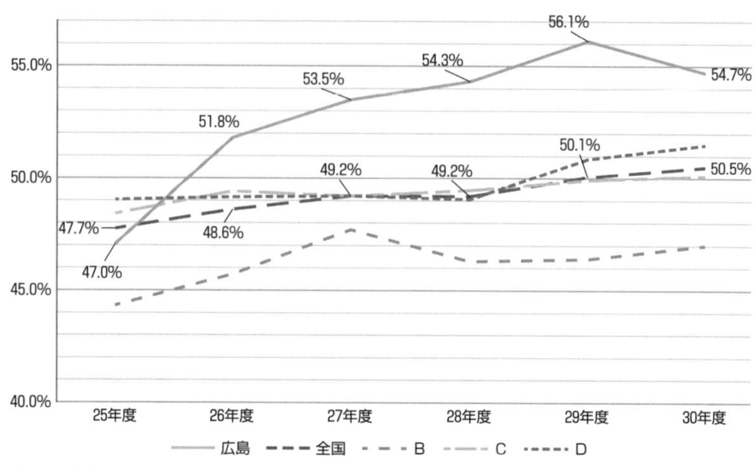

出所：著者作成。

なお，この外部事務量割合の外側に，外部事務の見直しによる調査件数の増加（量の向上）や，各税務署における「署運営全体プラン」と結び付けられた取組みによる質の向上という効果も存在する。したがって，これらも合わせ質・量ともにみると，腰だめではあるが，控え目にみても３割増を超える効果が得られていると思われる。

最後に，最も重要なことであるが，これらの成果は，超過勤務の削減，年次休暇の取得促進等の職員のワークライフバランスを確保した上での取組みであることは特に強調してしかるべきであろう。職員の負担が軽減されてきたからこそ，事務改善活動等への職員の積極的な参画を引き出すことができ，事務量マネジメントへの職員の支持につながってきたと評することができる。

なお，2018（平成30）事務年度は，事務年度開始当初の平成30年７月に発生した豪雨災害への対応等のため，外部事務量の割合は54.7%に減少している。しかしながら，前述の前項（5）の災害対応のとおりの対応を行っているのであれば，2019（令和元）事務年度における外部事務量割合はもとの水準に回復していることが予想される。今後とも年々の国税局長以下幹部の指導が問われることになるのである。

（2）事務改善活動からRPAへ

RPAは，人間が行ってきた業務をロボットに代替させる業務改革手法のことであり，昨今，業務の効率化を実現するための手段として注目を集めているところである。行政の分野においても，今後，RPA活用の必要性は増していくと思われる。RPAはホワイトカラーの現場作業を中心とした業務改革手法であることから，標準に相当する事務フローや事務処理手順等の存在が必要であり，現場の気づき等の現場主導の取組みもまた重要になると思われる。そこで，まずは，様々なノウハウが既に存在する事務改善活動を徹底することとし，現場部門からの事務改善提案を推奨することにより，標準の改正作業としての改善活動を通じて，現場主体の事務改善活動を実践し，これに加える形で現場を巻き込んだRPAを導入していくことが望ましいと考えられる[35)]。

先述のように，事務量マネジメントにおける事務改善活動に当たって，当時はRPAを明示的には組み入れていなかった。しかし，その後のRPAの趨勢に鑑みれば，事務量マネジメントには事務改善活動とともにRPAをも組み込んでおくべきであろう。その際には，現場からの提案という点では，事務改善活動やRPAとBPRとを区別する必要はない[36)]ことから，BPRも視野に入れるべきであると考える。

また，RPAをより効果的なものとする観点から，組織戦略との関係付けも必要と思われる。事務量マネジメントにおいて，事務改善活動により効率化できた事務量を付加価値のより高い事務へ転換する際には，何が付加価値の高い業務なのかは組織戦略との関係で決まっていた。この構図はRPAにおいても同じであろう。そして，RPAによる事務のシフトを効果的に行うためには，減らすべき事務と増やすべき事務をつなぎ，かつ，現場の職員の心に刺さるストーリーが構築され，部内に徹底されていくことが理想的であると考える。

（3）地方公共団体等との連携

様々な行政需要が増大する一方，資源配分がますます限られてくるであろ

35） RPAと事務改善活動との関係については大西・梅田（2019）を参照されたい。

36） 提案する職員の立場を考えれば，この３つを区別する必要はないと思われる。

う行政においては，国と地方公共団体等など，異なる主体間の連携強化は今後の課題である。このため，広島国税局においては，国（広島国税局）と地方公共団体（地方税当局）との双方の事務量の把握等を通じた事務量マネジメントの実践による連携強化を図ることができないか，できる限りの機会をつかまえて管内の地方公共団体に対して推奨してきたところである。なぜなら，このような連携強化により，**図表8-20**に示したように，重複事務の解消や共同事務の推進が可能となり，お互いWin・Winの関係が構築できることになるからである。

国のみならず，地方公共団体においても定員事情は厳しく，またワークライフバランスへの対応も求められている。加えて，マイナンバーへの対応等の業務の見直しも喫緊の課題である。このため，広島国税局から事務量マネジメントについての説明を受けた地方公共団体の首長や幹部においては，これらの取組みに興味を示したところが非常に多かった。しかしながら，これら地方公共団体の首長や幹部の思いと裏腹に，事務量の把握を伴う事務量マネジメントの採用や試行には至らなかったのであった。これを観察するに，地方公共団体としては事務量マネジメントが当該団体においてどのように使われるのか，全体像がみえていないことから，単なる人減らしの道具にされかねないという警戒感がどうしても先に立ち，消極的になっていると推測さ

図表8-20　事務量をベースとした地方公共団体との連携

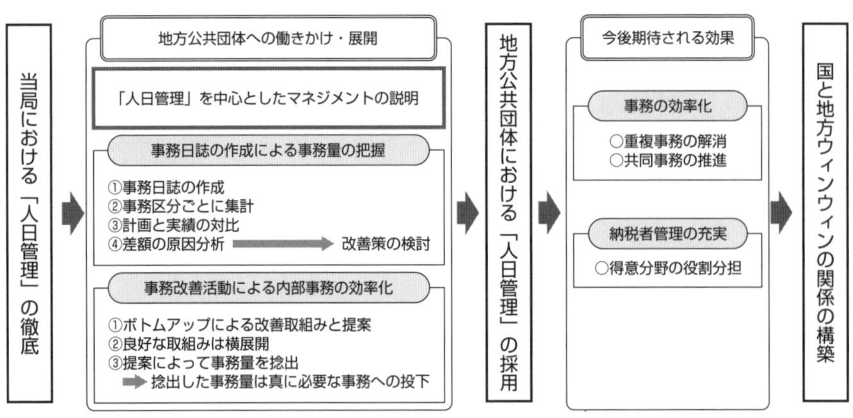

出所：著者作成。

れたのであった。

ともあれ，広島国税局としては，そうではありながらも，地方公共団体等の外部団体との連携については，適正申告・期限内納税という共通した目標の実現を掲げ，それぞれの組織や団体が目標の実現に向けてどのように対応していくかを明示し，共通認識を得ておくことが望ましいと考えた。このようにすることで，それぞれの組織や団体との連携の方向性が明確となり，業務を担う職員のモチベーションの向上にもつながるからである。これらの目標の実現のためには，それぞれの組織や団体での業務がどのように結び付いているのか，そして，それらの関係性を示すことのできる戦略マップの活用もひとつのアイデアとなる。

その一例を挙げれば，2014（平成26）事務年度において，広島国税局益田税務署（北井好則署長・当時）は，適正申告・期限内納税という目標の実現に向けて，地方公共団体等の外部団体との協力等を強く意識しながら，戦略マップを作成していた。具体的には，**図表8-21**のとおりである。

まずプラン１の階層として，職員の能力向上等を掲げた。そこでは，職業専門家としての能力の向上と知識の蓄積を図るため，一方では，基礎的知識の習得から能力の向上に結び付け，もう一方では，価値観の浸透と職員間の教え合いから能力の向上に結び付けていった。そして，プラン２の階層として，内部事務の効率化・外部事務の拡充を掲げ，これらと職員の能力向上等をプラン１から結び付け，企画型等の調査・徴収を掲げて，外部事務の効率化・高度化をつなげたのであった。そして，その結果をもって，プラン３の階層として，地方公共団体や関係団体等を通じた指導や，関係団体の協力等を掲げつつ，適正申告・期限内納税の実現という目標の実現を図るという戦略マップを描き，地方公共団体や関係団体等との役割分担の徹底に活用したのであった。

こうした戦略マップについては，翌2015（平成27）事務年度において，東京国税局大森税務署（北井好則署長・当時）においても活用された。大森税務署の戦略マップでは，まず成長と学習という視点に基づき，職業専門家としての能力の向上と実務経験等による知識の蓄積を掲げ，そのためには，組織の価値観の浸透と職員間の教え合いと自己研さんが必要であると結び付けた。それを通じて，業務プロセスの視点に基づき，内部事務の効率化と税務調査等の外部事務量の確保が必要であることを示した。そして，次の段階と

図表 8 - 21　広島国税局益田税務署の戦略マップ

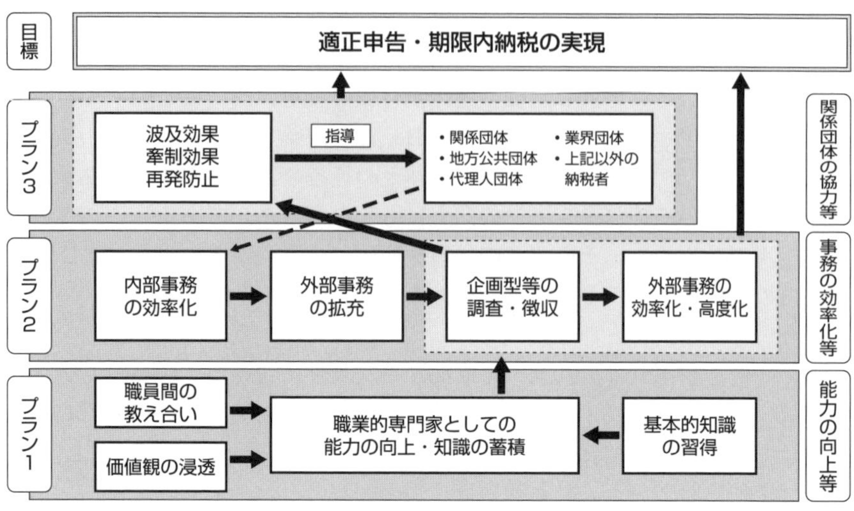

出所：北井好則氏作成。

図表 8 - 22　東京国税局大森税務署の戦略マップ

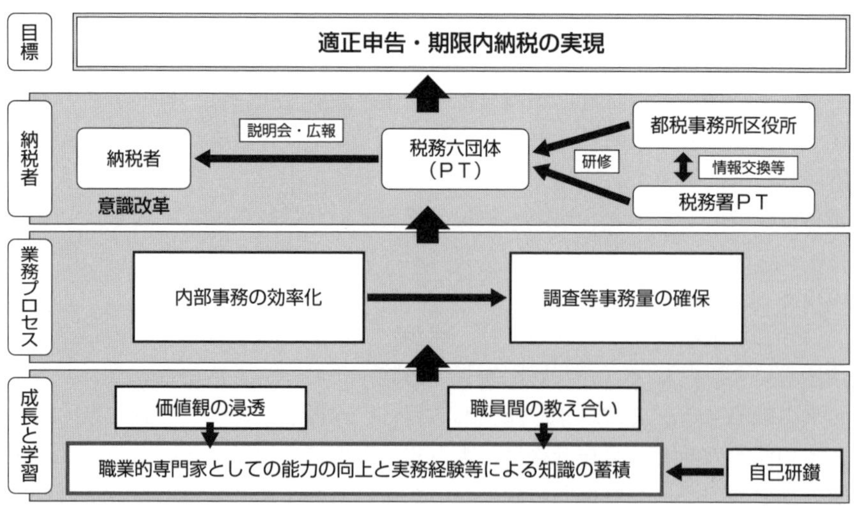

出所：北井好則氏作成。

して納税者の視点に基づき，税務署と地方公共団体等と外部団体が連携・協調して納税者に対応していくことが必要であると位置付けたのである。最後に，これら３つの視点から，組織の目標である適正申告・期限内納税が実現できると結び付けた戦略マップを描いた（**図表8-22**）。この戦略マップは外部団体との合意形成に活用され，関係団体等との新たな連携の方法として東京国税局においても非常に高く評価されたのであった。

（４）マイナンバー導入に向けて

マイナンバー制度は，行政の効率化，国民の利便性の向上，公平・公正な社会の実現のための社会基盤である。2016（平成28）年１月から，社会保障・税・災害対策の行政手続で，マイナンバーの利用が始まっているところである。

マイナンバーのメリットとしては，１つ目として，行政事務を効率化し，人や財源を行政サービスの向上のために振り向けられること，２つ目として，社会保障・税に関する行政の手続で添付書類が削減されることや，マイナポータルを通じて１人ひとりにあったお知らせを受け取ることができること，さらには，各種行政手続がオンラインでできるようになることなど，国民の利便性が向上すること，３つ目として，所得をこれまでより正確に把握するとともに，きめ細やかな社会保障制度を設計し，公平・公正な社会を実現できることが挙げられている。

現在のところ，国税局においてはマイナンバー制度の本格的な活用には至っていない。しかし，納税者から提出される確定申告書などの提出書類等にマイナンバーの記載が必要となったことから，納税者が書類を提出する際に本人であることを確認する事務や，マイナンバーが記載された書類等を厳重に管理するための事務などに，追加的に新たな事務量が必要となってきている。また，今後，マイナンバーが本格的に導入された暁には，マイナンバー制度に関する新たな事務が大幅に増加し，事務の流れも要所々々で大きく変わることが予想されている。

マイナンバー制度の導入に伴う，こうした事務の変更の際には，残念ではあるが，新たなムダがどうしても発生してしまうことになる。なぜなら，新たな事務については，最初は全て机上の検討から始まるため，現場の職員からみればどうしても見直すべきムダを含んだものとなりやすいからである。

そうした中で，広島国税局の事務量マネジメント，とりわけ，業務の標準を意識した事務改善活動の取組みを通じてムダとりに向けた組織能力を高めておくことは，将来，マイナンバーが本格的に導入された際の新たな事務運営の下でのムダのない流れを構築していくための準備活動そのものであると位置付けられていた。換言すれば，2014（平成26）事務年度から始められた広島国税局の事務量マネジメントは，マイナンバー制度の本格実施に向けた前哨戦として，新たな事務に対する，将来のあるべき行政の関わり方を見据えて取り組まれていたのであった。

（5）定員削減と事務量マネジメント

一般的に，組織においては，事務を効率化できたところから人員を削減していくという手段を取ることが多い。しかし，これでは努力した人間が損をするという構図になってしまう。それが故に，誰も協力しなくなるのである。

したがって，効率化が重要であればあるほど，効率化に本気で取り組むところ，努力しているところにインセンティブをつけるなど，常識的な人間心理を踏まえた対応や戦略的な取組みが講じられる必要がある。単なるヒト減らしと取られないよう，細心の注意を払う必要があるのである。

このような観点から広島国税局の取組みについていえば，例えば，内部事務の効率化に効果をあげた管理運営部門（内部事務部門）の人員については，ヒト減らしととられないよう敢えてそのままとし，当該部門が課税部門の内部事務を手助けすること（事務を「玉突き」させること）とした。このように，外部事務の拡充のための事務の「玉突き」をあえて残すことにより，税務署内で管理運営部門の（心理的等の）地位を高め，お互いが気持ちよく働けるように配意したのであった。

また，広島国税局の取組みにおいては，組織戦略である「署運営全体プラン」のインセンティブ措置として一時的・弾力的な定員措置を講じることとした。これは，定量的な目標の下に，具体性のある有効な組織戦略を考案している税務署に対しては，一次的・弾力的な定員増を通じたインセンティブ措置を講じることにより，「署運営全体プラン」の活性化だけでなく，事務量マネジメントの徹底をも期待できるのではないかと考えたためである。

このようなインセンティブ措置は，今後，本格的に実施されることが望ましいと考える。現在の署別の定員配置については，事務系統別に特定の指数を用いることによって，いわば平均的に配置している。しかし，今後は，税務署における組織戦略に基づいた事務量マネジメントの強化を図っていくために，弾力的定員措置の本格導入を検討すべきであろう。具体的には，署別定員の決定に先立ち，弾力的に投入できるバッファー（余裕人員）を先に確保しておき，署別定員の実際の査定においては厳しく査定しつつも，その一方で組織戦略に基づいて事務量マネジメントをしっかり行っている税務署に対しては，インセンティブとして当該バッファーを使って例外的に，一時的な定員の優遇をしてはどうか。これにより，組織戦略に基づいた取組みの重要性がより一層認識されるとともに，これを通じて税務署の機能強化[37)]にもつながるものと考えられるからである。

5 「事務量マネジメントの全体像」についての小括

広島国税局における事務量マネジメントの取組みの全体像は以上のとおりである。ここで端的な小括を行う。

事務日誌による事務量把握，事務改善提案制度，そして内部事務の合理化による外部事務の拡充という事務運営，これら3要素については全国のいずれの国税局においても現に実施されている。広島国税局においては，管理会計の考え方を活用することにより，これら3要素を実効化せしめ，既述のとおり，大いに成果を上げてきたところである[38)]。

国税組織は一般的に上意下達のイメージが強い。そして，およそヒトが激しく嫌う言葉が2つも重なった管理会計もまた統制・コントロールのイメージが強い。しかしながら，広島国税局の事務量マネジメントにおいては，基本的な考え方やプロセスを提示した上で，事務改善活動に代表されるような職員の自律的・自主的な参画・発案を大いに推奨した結果，本節で言及したような様々な取組みが行われ，内部事務から外部事務への事務シフト等，みるべき成果を出してきているのである。このように，職員の自律的・自主的な参画・発案は強調されてしかるべきと考える。

なお，これに関連して定員調整等のあり方について付言する。広島国税局での取組みの結果，2014（平成26）事務年度中には広島国税局でそれなりの

37) とりわけ，税務署長の活性化に結び付くであろう。

38) 重ねて強調するが，時間記録等の要素技術は各国税局ともにすべてそろっている。広島国税局のノウハウも活用できる。あとは実践に向けた庁局幹部の意思の有無だけの問題である。

効果が出つつあることが判明していたことから，本来，国税庁サイドが行うべきは，広島国税局並びのマネジメントを他の国税局にも推奨しつつ，各局がある程度実践したのちに横並びの数字をみながら，時間をかけて定員等の調整を行うべきであった。しかしながら，そのような取組みは行われなかった。わが国行政の効率化の重要性を真に踏まえるのであれば，このような動きがとられなかったことは大いに疑問である。

いずれにせよ，人員の調整について一般論をいえば，事務の効率化等に伴う職員の負担軽減の効果や，必要な事務を増やすことによる行政水準の向上などを踏まえつつ，得られた効果の範囲内で，単なるヒト減らしととられないよう細心の注意を払いつつ，少しずつ調整を行うしかないと考える[39)]。とりわけ，現場職員にどう受け取られるか，改善活動を実施したからヒトが減らされたと受け取られることのないよう，よく考えた対応が求められる。ここに査定側ないし国税庁サイドのコツがあるのである。

Ⅱ　確定申告事務における事務量マネジメントの取組み

適正かつ公平な課税・徴収の実現のために，内部事務を合理化して外部事務量に振り替えることは，国税組織全体の重要課題である。これは所得税等を担当する個人課税部門でも同様である。個人課税部門の場合，毎年春に実施される確定申告に係る事務（以下，確定申告事務という）[40)]について，これをいかに効率化し，税務調査等の外部事務に振り向けるかが課題となっている。そこで，第Ⅱ節では，個人課税部門の確定申告事務における取組みについて概観し，最後に小括を付する。

1　効率化に向けた従前の取組み

個人課税部門でも従来から確定申告事務をスリム化し，実地や机上等での税務調査を拡充する取組みが推進されてきた。例えば，確定申告期間中（以下，期中という）の相談事務等の効率化に加え，確定申告期前（以下，期前

39）広島国税局管内の大手製造業の改善活動においても，その改善効果の一部は現場に配分するとのことである。

40）申告納税制度をとるわが国においては，毎年２月16日～３月15日が確定申告期と位置付けられ，前年の１月１日から12月31日までの税額を自主的に計算し申告する。

という）の相談等の受付や確定申告期後（以下，期後という）に行う収受した申告書の検算等の事務の縮小により，期前にも外部事務にできる限り事務量を投下するとともに，期後もできる限り早く事務を平常化して外部事務を立ち上げるよう取り組んできたところである。

しかし，残念ながら，従前は大きな成果が上げられていなかった。その主な原因は，国税局側・税務署側ともに，確定申告における相談事務は申告件数や申告者の年齢構成，個人事業者・農業所得者・年金所得者などの構成割合が各税務署で異なり，各税務署の実情もそれぞれであることから，一律的な申告相談体制は構築できないと暗黙裡に認識していたこと，また，行政サービス（「納税者サービス」[41]）に力点を置き，相談事務量の効率化や税務コンプライアンスの向上といった組織目標が後回しになっていたこと，さらには，人日を活用した標準的な処理目標（例えば，相談効率や審査効率）を国税局が各税務署に示していないため，税務署側からすれば自税務署の立ち位置が不明で自署の対前年の数値さえクリアしておけば満足してきたことなどから，各税務署がそれぞれのペースで前年の取組みのマイナーチェンジに終始していたためであった。

2　2014（平成26）事務年度以降の取組みの３本柱

確定申告事務のスリム化については，2014（平成26）事務年度以降，定量的な分析，とりわけ事務量に関する分析を徹底的に活用することとした。上記のような国税局側・税務署側のいわば甘えを断ち切るべく局署の意識改革に努め，以下のポイントを中心に取り組んできたところである。

（1）組織目標の明確化

各種の部内会議等の場を通じ，国税局側から税務署側に，確定申告のスリム化，すなわち，確定申告におけるICT申告[42]の勧奨等による来署者の削減や，相談事務の効率化等の組織目標について繰り返し明示し，伝達した。加

41）「　」書きの趣旨については後注で述べる。

42）国税庁ホームページの確定申告等作成コーナーや民間の会計ソフトで申告書を作成し，e-Taxを利用して送信または郵送等により書面で提出することをいう。

えて，事務年度をまたぎ，何年間にもわたって発信し続けることにより[43]，確定申告における国税局側の立場にブレがないことが職員間で認識共有されていったのであった。

（2）事務量に関する新指標の活用

各税務署が，国税局管内（所管地域内）での自らの立ち位置を知ることは，意識付けを通じて，効率的な確定申告相談体制の構築に大きな効果を有する。この観点から，来署者100人当たりの相談事務量を「人日」で把握し，相談効率を示す新たな指標として活用した。相談効率については，2014（平成26）事務年度は期中相談から始め，翌事務年度以降には期前や期後にも活用するようになっていった。このほか，税務署別にきめ細やかな分析も併せて行うこととし，定量的な分析そのものについても拡充していった。

（3）ベストプラクティスのヨコ展開の徹底

2014（平成26）事務年度以前は，ベストプラクティスを共有していくという明確な意識付けがなかった[44]。国税局側も税務署に対して運営方針の強制はせず，自然体で目にとまった事例を局内広報で紹介する程度で，当該施策の採用の可否は各税務署の判断に委ねていた。しかし，2014（平成26）事務年度以降は各税務署での事務改善活動の成果を含め，ベストプラクティスを積極的に発掘し，そこでの方法論をきちんと整理したうえで[45]，他の税務署にヨコ展開を図っていった。

3　各事務年度における取組み

以下では，確定申告事務の見直しの基本的なコンセプトと，各事務年度における主な取組みについて述べる。

（1）確定申告会場運営の基本的なコンセプト

2014（平成26）事務年度以降の各事務年度における取組みの基本的なコン

43）現場感覚では３年程度継続して初めて職員の意識改革が進み，効果が出てくるとの感触を有する。

44）いつの頃からか，漫然と前年度の踏襲を繰り返すようになっていたようである。

45）ベストプラクティスを新たな標準と捉え，その標準をヨコ展開していったのである。

セプトは，概ね，①納税者自身が自発的に作業可能となる申告会場運営を構築する，②非常勤職員を最大限に有効活用する，③職員は職員にしかできない業務に専念させるというものであった。そして，このコンセプトに沿った形で様々な取組みが行われていった。

①納税者自身が自発的に作業可能となる申告会場運営を構築すること。

確定申告会場に来る納税者にとって確定申告は1年に1回のことであり，どのような手続きを行えばよいのかわからないことが多いため，どうしても近くにいる税務職員に確認しながら手続きを行うこととなる。このため，税務署側も随所に職員を配置する必要が生じてしまう。これを極力省力化するため，会場内に一目でわかるようなシンプルな案内板を掲示する，あるいは，床面に案内テープを貼り，納税者自身が直感的に手順に沿って申告手続きが可能となるような会場づくりをすることとした。

②非常勤職員を最大限に有効活用すること。

納税者の申告書作成の補助をする非常勤職員には，事前の研修を十分に行い，定型的な還付申告等の簡易な内容の申告であれば，1人の非常勤職員で複数の納税者の対応が可能となるよう育成するとともに，会場内での非常勤職員の配置についても一対複数で対応可能な工夫をすることとした。

③職員は職員にしかできない業務に専念させること。

上記①②の取組みにより，会場内の職員配置数を極力減らし，職員には非常勤職員では対応困難な専門的な質問にのみ対応させる，あるいは，会場には出向かず事務室内において提出された申告書の申告審理に専念させることとした。

以上のような取組みにあたっては，毎年11月頃に開催される各税務署の統括官を集めて行われる統括官会議において，翌年の確定申告に向けた取組みとして事前に検討されるとともに，確定申告終了後の5月頃に開催される統括官会議において，事後の振り返りが行われてきた。以下では，各事務年度における取組みの主だった項目とその主な成果を掲げることとする。

(2) 2014(平成26)事務年度

来署者の削減に関しては，ダイレクトメールによる国税庁HP確定申告書等作成コーナーの紹介，自宅等からのICT申告の勧奨，所得種類・金額等により申告の必要のない申告不要制度の周知等が行われた。相談事務の効率化に関しては，時期別時間帯別に弾力的に人員配置をするなどの会場運営マネジメントの強化といった意識醸成を図るとともに，非常勤職員の手助けなしで納税者自身がパソコンで申告書作成ができる者を対象とした「セルフコーナー」の拡充や申告書作成のための簡易な手順書等の配付などが行われた。その一方，会場運営のマネジメントの不徹底，手順書の活用が不十分といった課題も観察された。

以上の結果，人日管理が導入された初年度の2014(平成26)事務年度は劇的な効果が得られた。相談事務量は対前年度比で2割近く削減され，相談効率も1割以上の改善がみられたのであった。

(3) 2015(平成27)事務年度

来署者の削減に関してはダイレクトメールの対象を拡充する等の施策が行われた。相談事務の効率化に関しては，ベストプラクティスの還元を進め，自税務署の立ち位置を意識させることを通じた効率化を図る[46)]とともに，案内表示の簡素化・見える化による案内補助者の削減等が行われた。その一方，漫然と前年を踏襲している税務署も観察された。

以上の結果，2015(平成27)事務年度の相談事務量は対前年度比で約1割削減され，相談効率も1割近くの改善がみられた。

(4) 2016(平成28)事務年度

2016(平成28)事務年度はマイナンバーの記載が本格化し，そのための事務量増加が見込まれたことからさらなる効率化が求められた年度である。来署者の削減に関しては，期前相談会場の縮小などの施策が一部の税務署において行われた。相談事務の効率化に関しては，前事務年度の取組みが継続された。また，この年から地方税当局が収受した確定申告書のデータ引継ぎが可能となり，地方税当局に積極的にデータ引継ぎを働き掛けた結果，他の国

---

46) ベストプラクティスの還元と立ち位置の意識付けは翌事務年度以降も継続されている。

税局に比べて高い引継割合となった（従来は，地方税当局が収受した書面による申告書は税務署においてデータ入力する必要があった）。その一方，他の国税局と比べて自宅等からのICT利用の割合が低調といった課題も観察された。

以上の結果，2016（平成28）事務年度の相談事務量は約５％削減された。

（５）2017（平成29）事務年度

来署者の削減に関しては，期前来署者に対して自宅等からのICT申告を積極的に勧奨する等の施策が行われた。これは，大阪国税局が先行して実施した取組みで，以前から期前に税務署に来署して確定申告書の作成を希望する納税者が多く存在しており，これらの方に対応するための職員を配置する必要が生じていたことから，できるだけ期中に来署してもらうよう案内するとともに，パソコン・スマホによるe-Taxが可能と見込まれる給与所得者に対して自宅からのe-Taxを勧奨する施策である。

相談事務の効率化に関しては，会場レイアウトの工夫による省力化や翌年以降の来署者の削減策（自宅等からのICT申告促進策）としての「セルフコーナー」の廃止とスマホ等による申告書の作成方法を指導する「スマホ・タブレットコーナー」の拡充等の施策が行われた。また，地方税当局からのデータ引継件数を大幅に増加させることができた。その一方，期前来署者の削減については未だに税務署によってばらつきが観察された。

以上の結果，2017（平成29）事務年度の相談事務量は５％近く削減された。

（６）2018（平成30）事務年度

大口源泉徴収義務者に対し従業員の自宅等からのICT申告を勧奨するなど，積極的な周知・広報を展開した結果，自宅等からのICT申告（ID・パスワード方式によるe-Tax利用含む）は対前年約１割増加した。期前来署者の削減についても，事前の広報のほか，期前来署者に対して自宅等からのICT申告の勧奨や期中の来署案内（依頼）を行うことにより，対前年５割減と大幅に減少した。

2018（平成30）年７月の豪雨災害等により被害を受けた納税者に対して，各種説明会の開催や災害相談ブースの設置など，親切・丁寧な対応に努めた。結果として，被災地域を管轄する税務署においては相談事務量が大幅に増加したものの，その他の税務署では上記の取組みによる効率化効果が得られ，総体として対前年約３％程度の増加にとどめることができた。

4　振り返って留意すべき点

ここで，以上の取組みを踏まえ，振り返って留意すべき点として３点を挙げる。

（1）確定申告事務の将来像についてのイメージ共有の必要性（「ひきつけ」への回帰）

確定申告事務においては，1950年代末以降，納税相談方式[47)]がとられていたが，確定申告件数等の増加の一方で調査事務の拡充を図る必要があったことから，全国的には1995（平成７）年分の確定申告より自書申告方式[48)]が展開され，現在に至っているところである。

しかしながら，その後の実施状況を踏まえると，現在の自書申告方式では実態上，行政サービス（「納税者サービス」[49)]）が必要以上に強調されており，その結果，納税相談方式の一環として行われていた「ひきつけ」[50)]に係る事務量が確保できずにいた。このため，国税局や税務署の幹部の中には確定申告事務について税務コンプライアンスの面で問題がある者に対する「ひきつけ」に回帰すべきであると考える職員が多くいた[51)]。多くの職員が問題意識と将来像を共有できたことで，確定申告事務の効率化が必要不可欠であるといった意識が強まり，取組みへのモチベーションにつながった。あるべき将来像については今後とも検討が必要となろうが，そこに一定の方向性を共有できたことが現場のモチベーションにつながったことは付記しておきたい。

47）納税者に来署を求め，申告書の書き方等を相談する方式であり，その一部に後述の「ひきつけ」方式があった。従前のお知らせ方式よりは申告納税制度に適合するとされた。

48）申告納税制度の趣旨をより踏まえ，納税者が自ら申告書を作成する方式をいう。

49）確定申告会場における表面的なサービスという趣旨で「　」書きとしている。

50）無申告者や過年分の申告に疑義のある者等の課税上問題のある納税者に対して，税務署側から来署案内をして是正（修正申告を含む申告の勧奨）を図る方式をいう。

51）中堅や若手の職員にも，確定申告事務の将来像（あるべき姿）として「ひきつけ」に共感する者も多く存在した。

(2) 事務運営におけるリーダーシップ継続の必要性

国税組織では国税局長をはじめとする幹部は1年といった短期間で交代するのが常であり，しかも事務運営は国税局長（税務署においては税務署長）等の意向に左右されるところも多い。このため，事務運営は国税局長をはじめとする幹部の意向次第でコロコロ変わるというイメージを持つ職員も多い。その結果，表面だけ従った振りをする行動も国税組織内でまま見受けられることとなる。

事務運営は本来，事務年度が替わってもその基本的な方針は変わらないことが望ましい。したがって，国税局において事務運営の基本を担う個人課税課等の主務課は，それなりの覚悟をもって基本方針を練り上げる必要がある。そして，基本方針を決めた以上，そこでのリーダーシップは右顧左眄しないことが望ましい。国税局主務課のリーダーシップの継続性が極めて重要視されるのである。

(3) 一般職員への浸透のキモとしての「目に見える成果」等の必要性

確定申告事務を現場で担い，そのスリム化を実際に行うのは，一般職員である。したがって，一般職員にスリム化の意義付け等をいかに浸透させるかは非常に重要なポイントとなる。しかし，一般職員に，成果を数字のまま強調してもその心に響くものとはならず，浸透もしない。このような数字の成果は，施策を推進する幹部職員間で共有していればことは足りるのである。

現場の一般職員には，超過勤務の縮減や年次休暇取得率の向上等，働き方に関連する「目に見える成果」や「実感できる成果」の方が心に響くものとなり，浸透する。したがって，働き方に関連するこれらの成果を着実に出し，その成果を一般職員に示しつつ，取組みに弾みをつけることが非常に重要となる。

2014（平成26）事務年度からの取組みにより，確定申告期における個人課税部門職員は，実感として超過勤務の減少を感じている。例えば，以前であれば申告相談会場での納税者の申告相談終了後に，審理未済の申告書検算のため超過勤務をすることが多かった。しかし，現在ではそのようなことが非常に少なくなっている。広島国税局管内の全ての税務署のデータはないが，例えば，広島東税務署の場合でいうと，2013（平成25）事務年度と2018（平成30）事務年度の確定申告期における個人課税部門一人当たりの超過勤務時間を比較すると2割程度減少しており，効率化効果の一部が超過勤務時間の縮減として現れてきていることが観察された。

5 「確定申告事務における事務量マネジメントの取組み」についての小括

2014（平成26）事務年度以降の広島国税局での個人課税部門の確定申告事務における取組みについては以上のとおりである。ここで端的な小括を行う。

確定申告事務における事務量マネジメントの取組みは細かいものの積み重ねというイメージがあるが，その実践の基には，確定申告のスリム化という組織目標の明確化，各税務署が参照できるような事務量に関する新指標の活用，ベストプラクティクスのヨコ展開の徹底という基本的な考え方があった。この考え方を踏まえた年々の取組みにより，少しずつ改善されていったのである。

確定申告事務には各レベルの職員が関与する。したがって，これら職員が自律的・自主的に参画・発案できるような仕掛けが求められる。実践の結果，上記のような基本的な考え方に加え，将来像の共有，事務運営におけるリーダーシップの継続，超過勤務削減等の「目に見える成果」等が重要視されてきたのである。

Ⅲ 税務署における事務量マネジメントの取組み

広島国税局における事務量マネジメントの取組みは，税務署にもカスケード（落とし込み）されてきた。第Ⅲ節では，岡山東税務署，広島東税務署を例にしつつ[52)]，これについて述べ，最後に小括を付する。

1 岡山東税務署の取組み

以下では，岡山東税務署の取組みに関し，まず，署運営全体プランを具体的にどう活用したのかについて，次に，取組みの各項目について述べる。

（1）署運営全体プランの活用

岡山東税務署では，署運営全体プランについて，以下に述べるように，意

52）岡山東・広島東税務署はいずれも広島国税局における大規模署の象徴的な存在である。

思統一・合意形成，組織運営の継続性に資するものとして活用してきた。

① 1枚紙の組織戦略

岡山東税務署では，国税庁の組織目標の達成に向けて「人日管理の徹底とPDCAサイクルに基づく事務運営」を基本方針に掲げた。そこでは，「内部事務の効率化」，「他部門応援」，「外部事務への追加投入」，「重点施策」，「人材の育成」といった項目をプランの柱に据えて，「署運営全体プラン」と称する1枚紙に組織戦略を描いた（**図表8-23**）。

署運営全体プランの作成に当たっては，事務運営の柱となる各項目の流れ・結び付きを示して，職員が「事務運営サイクル」を意識できるよう工夫した。具体的には，①内部事務を主に担当する部門の職員は「内部事務の効率化」を通じて人日（事務量）を捻出する。②捻出した事務量を「他部門応援」(外部事務を主に担当する部門が抱える内部事務の支援）にロスなく転換する。③外部事務を主に担当する部門は支援によって削減された内部事務量をロスなく活用（「外部事務へ追加投入」）する。④署として取り組むべき「重点施策」の充実を図る。⑤この取組みを通じて「人材の育成」を図り，複数事務に対応できる職員や調査能力の優れた職員（特に若手職員）を育てる。これらを相互に関連させて，さらなる効率的・効果的な事務運営につなげるというサイクルである。

図表8-23　広島国税局岡山東税務署の署運営全体プラン（イメージ）

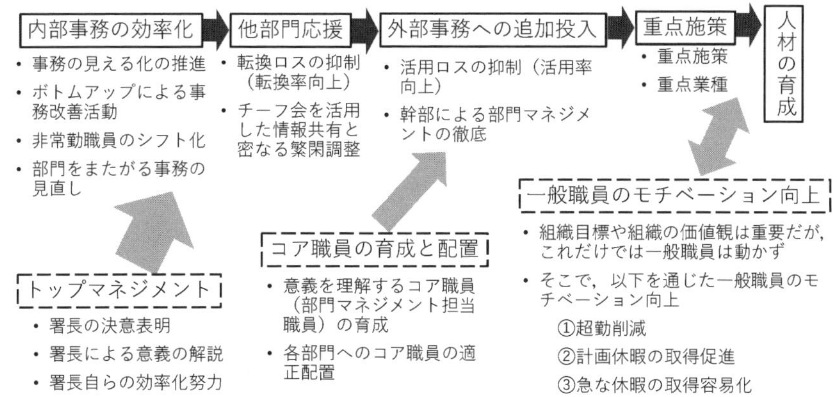

内部事務の効率化
・事務の見える化の推進
・ボトムアップによる事務改善活動
・非常勤職員のシフト化
・部門をまたがる事務の見直し

他部門応援
・転換ロスの抑制（転換率向上）
・チーフ会を活用した情報共有と密なる繁閑調整

外部事務への追加投入
・活用ロスの抑制（活用率向上）
・幹部による部門マネジメントの徹底

重点施策
・重点施策
・重点業種

人材の育成

トップマネジメント
・署長の決意表明
・署長による意義の解説
・署長自らの効率化努力

コア職員の育成と配置
・意義を理解するコア職員（部門マネジメント担当職員）の育成
・各部門へのコア職員の適正配置

一般職員のモチベーション向上
・組織目標や組織の価値観は重要だが，これだけでは一般職員は動かず
・そこで，以下を通じた一般職員のモチベーション向上
①超勤削減
②計画休暇の取得促進
③急な休暇の取得容易化

出所：著者作成。

なお，署運営全体プランには，どのような事務をどのようにして効率化するか，どの納税者群を対象にしてどんな施策を展開するかといった具体策が各項目に盛り込まれており，各部門の重点課題や目玉の施策が一目でわかるものになっている。また，初任者の若手職員が連年大量配置されるといった「署内事情」や，市内の歓楽街を所掌している（継続管理が必要な納税者群が多い）といった「管内事情」（税務署管内の事情）も記載されており，署の置かれている現状や抱えている課題などが理解できるものとなっている。

②組織としての意思統一・合意形成

岡山東税務署では，事務年度初めの署長訓示や署務運営審議会（幹部会），各部門の研修など機会あるごとに，署長自ら「人日管理」と「署運営全体プラン」の内容を解説し，全職員がそれらの意義（価値・重要性）を理解する必要があることを強調した。そして，毎月の幹部会や部門研修を通じて，取組みの現状や成果を全職員にフィードバックしていった。

職員は，次第に，事務運営サイクル（事務運営を好循環させること）を意識するようになり，また，PDCAを機能させるためには人日管理の徹底（事務量の正確な把握と的確な分析）が必要であることを理解するようになった。そして，事務運営サイクルの中で自分はどのような立場にあるか，自分がどのような役割を果たすべきかを自覚していった。

署運営全体プランは，事務運営のポイントを簡潔にまとめた「1枚紙」であるがゆえにコミュニケーションツールとしても機能し，組織としての意思統一・合意形成を図るうえで大いに効果を発揮した。また，部門運営（部門単位の方針・施策）を署全体の方向性と結び付けるものでもあることから，各職員が組織での「自分の立ち位置」「果たすべき役割（貢献度）」を自覚でき，それが各職員のモチベーションの向上につながった。さらには，事務運営の全体の方向性や他事務系統の課題を理解することで職員の視野が広がり，縦割り意識の払拭や相互理解につながっていった。

③組織運営の継続性の確保

税務署という組織は，署長や幹部の大多数が毎年入れ替わることに加え，単年度の成果を重視する傾向が強いことから，組織運営の継続性に弱点がある。前事務年度から準備してきた施策が，新たに着任した署長等の意向で変更になったり，大きな成果を上げるためには数年の準備が必要なことを認識していながら，当面の成果を求めるあまり準備に十分な事務量を投下しなかったりといったことが起こり得る。

このため，署運営全体プランを活用することで，組織運営の継続性が確保されることが期待された。前事務年度のメンバーから引き継がれたプランを尊重して事務運営を行いながら，1年をかけてプランを修正・改善し，次のメンバーに引き継ぐことで，複数年にまたがる有効な施策が展開できるからである。署運営全体プランは，税務署にとって組織運営の継続性を担保する「必須アイテム」となっていったのであった。

(2) 取組みの具体例

以下では，岡山東税務署における取組みの具体例を7つあげる。

①税務署長のトップマネジメント

岡山東税務署では，本項 (1) ②で述べたとおり，税務署長自ら，全職員が「人日管理」と「署運営全体プラン」の意義（価値・重要性）を理解する必要があることを強調するとともに，人日管理を徹底した事務運営を行っていくことを決意表明した。また，人日管理の取組みはワークライフバランスの推進に資するもので，超過勤務の縮減や計画休暇の取得促進につながるものであることを丁寧に説明した。さらに，統括官等の幹部の負担軽減が職場全体へ波及する（署長対応に要するための統括官やそれを補佐する職員の事務量は想定以上に多い）ことから，署長案件に関する効率化・省力化を提言して，署長自らも効率化リソースを生み出す姿勢を表明した（会議等の開催回数・開催時間の削減，資料不要の報告・相談等)。

②内部事務の効率化

管理運営部門等の内部事務を主に担当する部門の職員は，様々な取組みを通じて，効率化事務量を捻出した。「事務の見える化の推進」として，各部門ではホワイトボードを活用し，毎日の朝会で優先すべき事務などの情報を共有するとともに，繁閑調整や相互支援を細やかに行って無駄を省いた。「ボトムアップによる事務改善活動の推進」として，職員は日々の問題意識を「なんでもボックス」へ投稿し，事務改善を図りつつ国税局への課題提案につなげた。「非常勤職員へのシフト化」として，非常勤職員用マニュアル等を活用して複数の事務処理が可能となるよう育成し，担当事務を固定化せず事務量に応じて弾力的な配置を行い，非常勤職員で処理できる事務を拡大していった。「部門をまたがる事務の見直し」として，事務系統横断的に対応可能な事務を抽出した。また，部門間を往復する事務を見直し，部門間の引継事務量を削減した。

③他部門応援への転換

管理運営部門等の内部事務を主に担当する部門の職員は，捻出した効率化事務量を使って，外部事務を主に担当する部門が抱える内部事務を支援した。そして，効率化できた事務量がロスなく他部門応援に転換されるよう工夫を凝らし，それを「転換率（他部門応援事務量／効率化事務量）」という指標で検証した。「チーフ会の活用」として，各部門の事務処理チーフ（各事務を実質的に取り仕切る職員）が毎金曜日に副署長室に集合して他部門の情報やスケジュールを共有し，翌週以降の繁閑調整を実施することにより，応援が必要な部署へ非常勤職員を優先配置したり，計画どおりにならない場合に備えて代替事務を準備したりして転換ロスの最少化に努めた。これらにより部門間の相互理解に加え，実効性のある円滑な繁閑調整が図られ，転換ロスの抑制（転換率の向上）に大いに成果があった。

④外部事務への追加投入

課税部門等の外部事務を主に担当する部門の職員は，他部門応援によって削減された内部事務量を使い，外部事務の拡充を図った。そして，他部門応援事務量がロスなく外部事務量に追加投入されるよう工夫を凝らし，それを「活用率（外部事務追加投入事務量／他部門応援事務量）」という指標で検証した。「幹部による部門マネジメント」として，外部事務を指揮する統括官等が主体となって，各々の部門の事務計画，進捗管理，部下職員への指導・助言等を行って活用率の向上に努めた。ここでは，人日管理の意義を理解する統括官等の幹部（コア職員）の存在が重要であり，その部門マネジメントの良し悪しによって成果が大きく左右されることが判明した。

⑤重点施策の展開

外部事務への追加投入が可能となった事務量については，できる限り署運営全体プランに掲げる重点施策の充実を図るために費やした。例えば，税務調査を担当する部門では，課税上の問題があると見込まれる納税者群（特定の業種）に対して，資料情報の収集や事業実態・申告内容等の分析・検討を拡充（重点的に事務量を投下）し，悪質な納税者に対して厳正な調査を実施した。また，事案によっては，各事務系統の精鋭を集めてチームを編成して調査した。これらにより，署運営全体プランに掲げた重点業種に対して充実した調査展開が図られ，調査パフォーマンスの向上につながった。税務調査以外にも，資料情報や徴収などの特定の課題について外部事務の拡充を図ることができた。

⑥人材の育成

内部事務担当者については，相互支援や他部門応援に従事したことで，それまで未経験あるいは経験の乏しかった事務を処理する機会が増え，複数の税目・事務処理に対応できる能力が向上した。外部事務担当者については，重点施策に従事したことで，特に若手職員に対して充実したOJTを実施することができたほか，中堅・ベテラン職員も特別編成したチームに参加して他税目の調査手法等を学ぶことができ，それぞれ能力・経験値が向上した。加えて，内部事務担当者・外務事務担当者のいずれも，他の税目や事務系統への理解が深まり，縦割り意識の払拭につながった。このように，署運営全体プランによる一連の取組みは，人材の育成の面で大きな成果があった。

⑦署運営全体プランの修正と次期体制への引継ぎ

署運営全体プランには，転換率（本項（2）③）および活用率（本項（2）④）を記載した「事務マネジメントシート」が掲載されており，毎月の幹部会等で報告された。取組みの成果が数値化・見える化され，定期的に更新して協議することで，その後のプラン修正に活用できた。

署運営全体プランについては，次期体制に引き継ぐため，毎月の幹部会等において現行の施策の分析・評価を繰り返し，来事務年度以降どのような施策を展開していくかを協議した。そして，人事異動前の6月末にプランの修正案を決定し，7月上旬の人事異動の際に署運営全体プランを用いて事務引継ぎを行った。このように，署運営全体プランによって事務運営の継続性が保たれているのである。

2　広島東税務署の取組み

広島東税務署では，署運営全体プランや取組みの具体例について，以下に述べるような取組みが行われてきた。

(1)「署運営全体プラン」の組織への周知徹底と浸透

広島東税務署においても，岡山東税務署の場合と同様に，「内部事務の効率化」，「外部事務の拡充」，「重点施策」，「人材育成」等の要素を加味して「署運営全体プラン」を策定した（**図表8-24**）。

策定した署運営全体プランは，まず，署幹部で構成する署務運営審議会（毎月1回開催する会議）において，その趣旨・目的等を共有し，その後，これを実現するための向こう1年間の事務計画を各事務系統において立案した。事務計画の策定に当たっては，国税局の各事務を主管する部署が示す主要な事務の標準的な事務量モデルに基づき事務量の配分が決定された。各事務系統の担当部署は，事務区分別に決められた事務量をいかに効果的かつ効率的に使うかを検討し，具体的な方策を事務計画の中に織り込んでいった。

図表8-24　広島国税局広島東税務署の署運営全体プラン（イメージ）

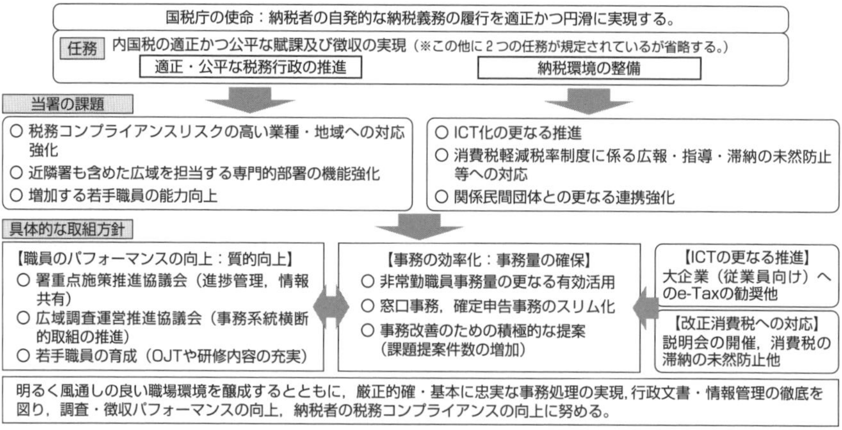

国税庁の使命：納税者の自発的な納税義務の履行を適正かつ円滑に実現する。

任務　内国税の適正かつ公平な賦課及び徴収の実現（※この他に2つの任務が規定されているが省略する。）

適正・公平な税務行政の推進　／　納税環境の整備

当署の課題

○ 税務コンプライアンスリスクの高い業種・地域への対応強化
○ 近隣署も含めた広域を担当する専門的部署の機能強化
○ 増加する若手職員の能力向上

○ ICT化の更なる推進
○ 消費税軽減税率制度に係る広報・指導・滞納の未然防止等への対応
○ 関係民間団体との更なる連携強化

具体的な取組方針

【職員のパフォーマンスの向上：質的向上】
○ 署重点施策推進協議会（進捗管理，情報共有）
○ 広域調査運営推進協議会（事務系統横断的取組の推進）
○ 若手職員の育成（OJTや研修内容の充実）

【事務の効率化：事務量の確保】
○ 非常勤職員事務量の更なる有効活用
○ 窓口事務，確定申告事務のスリム化
○ 事務改善のための積極的な提案（課題提案件数の増加）

【ICTの更なる推進】
大企業（従業員向け）へのe-Taxの勧奨他

【改正消費税への対応】
説明会の開催，消費税の滞納の未然防止他

明るく風通しの良い職場環境を醸成するとともに，厳正的確・基本に忠実な事務処理の実現，行政文書・情報管理の徹底を図り，調査・徴収パフォーマンスの向上，納税者の税務コンプライアンスの向上に努める。

出所：著者作成。

署運営全体プランを実現していくには，実際に現場を担当する職員全員が当該プランを十分理解し行動することが重要である。そのため，各事務系統で実施する事務年度首の職員研修において周知徹底を図るとともに，職員個々が当該プランの一翼を担っているという参画意識を持たせるため現行の人事評価制度を活用することとした。各人が設定する３つの業務目標のうち少なくとも１つは当該プランで示している項目を目標設定させ，年間を通じて取り組ませるとともに，定期的な管理者による人事評価面談においてチェックするようにした。

署運営全体プランは，署としての組織目標の明確化が図られるとともに，その実現のための各事務系統との相互関連性が明示されている。これにより，縦割り意識の払拭，部門間で連携協調（事務改善，合理化も含む）が必要であることを理解させる上で有効なツールの１つとなっていった。

(２) 取組みの具体例

以下では，広島東税務署における取組みの具体例を９つあげる。

①税務署長のトップマネジメント

まず，取組みの具体例の筆頭に挙げられるのは，税務署長のリーダーシップである。広島国税局では2014（平成26）事務年度から「人日管理」の徹底や事務改善活動について従来以上に意識的に取り組んできており，「人日管理」に対する意識は組織目標の１つとして根付き始めてきた。しかし，その一方で，税務署の人事異動は毎年職員の約1/3が異動することから，これを組織に定着させるためには，継続して組織のトップがその姿勢を示す必要がある。そのため，人事異動後，機会あるごとに組織のトップとして自らの言葉で「人日管理」の必要性についてその趣旨や目的等を訴えた。

その中で，事務の効率化や事務改善活動等については，特に①事務の効率化（事務改善活動）と厳正的確な事務処理は両立する，②日々の事務量の正確な記録は「人日管理」の徹底を図るための第一歩である，③柔軟な発想，柔軟な対応が重要であり，前年踏襲の姿勢や縦割り意識を払拭することが必要であると説いた。また，新たな取組みを行う場合，一時的には，新規の事務量が発生し負担感が増すが，後続する事務等を含めトータルで考えた場合，組織全体として事務量の削減につながるという観点に立って各事務を遂行してもらいたいと訴えた。

②副署長の取組み事例

広島東税務署には副署長が３名おり，それぞれが担当する事務系統を持ち，その事務系統の実質的な責任者の立場にある。したがって，署長と３名の副署長が一枚岩であることが組織の一体感醸成の第一歩であることから，各副署長に対して所掌外の事務系統の案件についても情報の共有化に努めた。

各副署長は，担当する事務系統のマネジメント強化策として，週間復命会と称する週１回の会合を開催し，各部門の統括官が抱える調査事案等について個別に内容検討を行った。さらなる進展が見込めない事案については早期に調査を終結するとともに，今後さらに深度ある調査が必要な事案については調査日数を追加付与し，場合によっては調査スキルの高い他部門の上席調査官等を投入する等の部門の枠を越えた弾力的な事務量配分による調査体制の構築を図った。これにより効果的・効率的な事務運営が実現した。

この場合，調査継続の適否や他部門への支援依頼の適否の判断に当たっては，関係者の理解を得ることが重要である。そのためには，署長・副署長等のリーダーシップの有無がキーポイントとなる。

③月次の事務量分析

税務署においては，従来から，四半期あるいは半年ごとにPDCAサイクルの一環として計画と実績の差異を分析している。広島東税務署においてはこれを月次で行うようにした。具体的には，署幹部に「人日管理」の徹底を常に意識させるため，毎月の署務運営審議会において，各事務系統の月次の事務区分別の事務実績と前年同月比や対計画比（進捗率）を記載した表を作成させ，特異な項目についてはその原因と今後の改善策等を記載させた。

前事務年度はこのような資料を作成していなかったが，データとしては各セクションで保有していたものを加工するだけで，それほど手間のかかる作業ではないことから，あえて新たに作成するよう指示した。また，項目によっては，対前年比だけではなく３年間の平均値との比較を行い分析の精度向上を図った。これは，対前年比だけでは前年に特殊事情があった場合，誤った評価を行う可能性があるためである。

④非常勤職員の繁閑調整

従来は，各事務系統に専属（固定）の非常勤職員を配置していたため，事務処理時間の間延びや事務系統間の非常勤職員の繁忙度にばらつきが見受けられた。そこで，これを改善するため，以下の取組みを行った。

①翌月の非常勤職員の事務計画を策定する際，今までの効率化効果を見込み所要事務量を前年より若干厳しく査定（高めの目標設定）。

②非常勤職員の事務実績を従前の１日単位から細分化（進捗管理の精緻化）。

③これらにより捻出した事務量を「フリーアルバイト」として一旦留保し，月１回開催する部門間協議により真に必要とする部門へ投入。

これらにより，非常勤職員の部門横断的な運用が可能となり，内部事務の非常勤職員へのシフトが部門を越えて拡大していった。

⑤部門単位により実施する朝会

いわゆる朝礼のような毎朝の事務打合せ（税務署では「朝会」と称している）について，内部事務を専担的に行っている管理運営部門では，進捗管理の徹底という観点から，必ず実施するよう国税局から指示されているが，その他の外部事務を担当する部門においては必ずしも行われていない。しかし，日々の事務管理や調査事案の進捗状況の確認を行ううえで朝会は有効なツールの１つであることから，広島東税務署においては，管理運営部門以外の部署でも必ず実施するよう指示した。この朝会においては，部下職員の健康状態を把握することはもとより，各人が担当する事務の進捗状況等を確認することにより，期日管理や人的支援の要否の判断に役立てた。

⑥総務課ミーティングによる相互支援

総務課が所掌する事務は，総務事務と会計事務に区分され，それぞれ独立した事務を行っていたが，両事務の中には専門的知識を必要としない事務も存在することから，向こう３週間に発生する事務を担当副署長，総務課長，係長等で協議し，総務係，会計係の事務区分を越えた相互乗り入れが可能な事務を集約し，１人の職員が担当することで効率化を図った。これにより，慢性的な超過勤務が生じやすい総務課においても超過勤務の縮減が図られたほか，若手職員の担当事務以外の経験付与につながった。

⑦管理運営部門における他部門支援の成功例

内部事務を担当する管理運営部門と課税事務を担当する法人課税部門との間における事務の効率化のうち，特に効果が上がった事務として「要更正連絡せん」の管理運営部門から法人課税部門への法定申告期限前の早期回付がある。この「要更正連絡せん」とは，法人税や法人消費税の申告データに簡易な誤りがあった場合に機械的に出力される資料で，一般的には，法定申告期限である毎月末までに提出された法人税等の申告書を月初に管理運営部門でまとめて入力（電子申告の場合には，受信確認処理）した後に出力される。これが法人課税部門に回付され，受け取った法人課税部門は，誤りの内容に応じて納税者に対して行政指導を行うものである。納税者への行政指導は，電話による修正申告の勧奨，あるいは，職権による減額更正といった処理を行う必要が出てくるが，これらの事務は1日平均3件程度の事務量を要する。

しかし，法定納期限までに誤りが判明すれば，早期に納税者に連絡し，正しく訂正した申告書を期限内に再提出するよう指導するだけで，その後の処理（行政指導）が不要となり，結果として事務量削減につなげることができる。この取組みにより，当署においては，前年に比して，「要更正連絡せん」の処理件数が約2割減少した。

この取組みは，広島東署独自の取組みではなく，全国各署で行われているものであり，一見簡単なことのように見受けられる。しかし，関係部門間の意思の疎通や担当者の効率化に向けた問題意識がなければ有効に機能しない事例の1つである。

⑧「署報」の発行による情報の共有化

通常は，毎週1回開催する署幹部の会合で情報共有を図り，当該情報を各事務系統の統括官が部下職員に周知するのが一般的である。しかし，それだけでは職員の記憶に残らないおそれがある。そこで，署運営全体プランの中で各事務系統が取り組んでいる顕著な事例について署内報（広島東署では署報と呼んでいた）を随時発行し，全職員に周知し取組み意欲の向上を図った。ちなみに，当署の署内報のキャッチフレーズは，「One for all, All for one」「前へ」で，縦割り意識の払拭と前年踏襲を排除し常に前を向いて仕事を行おうというメッセージを込めた。

⑨余剰事務量の活用事例

捻出した事務量の活用策の1つとして，広島東税務署の管理運営部門において取組みが低調であった納税証明のオンライン請求件数の増加策がある。来署した納税者に対してオンライン請求の利便性等を説明・勧奨することにより，取組み前の月と比較して約5倍に増加，通年でも前年の約3倍増加した。オンライン請求件数を増加させることにより次回以降の納税証明事務の効率化が図られるという担当職員の認識が勧奨へのモチベーションになったと評価している。

捻出した事務量の外部事務への活用策として，「署重点施策推進協議会」と称した会合の立ち上げがある。この協議会において，課税上問題のある業種や地域の納税者管理の充実を図るとともに，それらの納税者を対象とした個人・資産・法人課税の事務系統を越えた調査手法の開発，情報交換を実施し，効果的な税務調査を実施するとともに若手職員の調査能力の向上に資することができた。

以上のどちらの活用策についても，事務量が新規に発生することから，この事務量は事務改善活動等により捻出した余剰の事務量を確保したうえで実施する必要がある。その際には，決して労働強化にならないようにするという強い姿勢を税務署長が示さないと職員のコンセンサスは得られなかったと考える。

3　税務署における事務量マネジメント実施のポイント

岡山東税務署，広島東税務署の事例を踏まえ，税務署で事務量マネジメントを実施していくに当たってのポイントを3つ掲げる。

(1) トップマネジメント

税務署において事務量マネジメントを実施する際のポイントは，第一に「トップマネジメント」である。

本節第1項 (2) ①および第2項 (2) ①で述べたとおり，岡山東税務署でも広島東税務署でも，人事異動後，機会あるごとに組織のトップとして税務署長自らの言葉で事務量マネジメントや「人日管理」の必要性についてその趣旨や目的等を訴えた。また，署長自らも効率化リソースを生み出す姿勢を打ち出した。

このように，税務署において事務量マネジメントを有効に機能させるためには，まず，指揮官である署長が率先して，事務量マネジメント，なかでも「人日管理」の徹底・事務の効率化が組織全体として取り組むべき重要課題の１つであるという認識を職員に植え付けることが重要となる。さらにいうならば，認識させるだけでなく，目指すべき最終目標や目標達成のための具体的手段・方法もあらかじめ示すことにより，職員全員が取組みの意義や効果を認識するとともに，結果として超過勤務の縮減や休暇の計画的取得促進等といった自らの利益にもつながるとの理解を得ることが求められるのである。

なお，署長がどんなにリーダーシップを発揮しようと，税務署単位での取組みには限界がある。岡山税務署や広島東税務署で成果が上がったのは，広島国税局全体でコンセンサスが得られ，「人日管理」を中心とする事務量マネジメントについて既に数年間，継続して取り組んできたからにほかならない。組織全体のコンセンサスと上位組織の理解・協力が極めて重要となるのである。

（2）コア職員（現場リーダー）の育成と協力

税務署において事務量マネジメントを実施する際のポイントは，第二に「コア職員の育成と協力」である。

岡山東税務署では，本節第１項（2）④で述べたとおり，「人日管理」の意義を理解する統括官等の幹部の存在が重要であり，その部門マネジメントの良し悪しによって成果が大きく左右されることが判明した。広島東税務署も同様で，トップの強いリーダーシップとともに，それを支える統括官等の理解を得ることで一定の成果を上げることができた。

このように，税務署において事務量マネジメントを有効に機能させるためには，「人日管理」を実践できる統括官等のコア職員（現場リーダー）の存在が必要不可欠である。そのためには，事務量マネジメントの重要性を組織の理念として理解し，自発的に行動できるコア職員（現場リーダー）を育成して，各部門へ適正に配置することが求められる。

また，コア職員（現場リーダー）間の相互協力も欠かせない。そのためには，常に情報の共有化を意識的に行い，また，忌憚のない意見交換が可能な職場環境の整備を図ることにより，組織としての一体感を醸成することが求められるのである。

（3）一般職員のモチベーションアップ

税務署において事務量マネジメントを実施する際のポイントは，第三に「一般職員のモチベーションアップ」である。

組織目標や組織の価値観は重要だが，それだけでは人は動かない。特に，一般職員は，超過勤務の削減や計画休暇の取得促進，急な用事でも気兼ねなく休める職場環境等への関心が高い。職員全員が取組みの意義や効果を認識することはもちろんであるが，結果として超過勤務の縮減や休暇の計画的取得促進等といった自らの利益にもつながるとの理解を得ることが必要である。そのため，一般職員のモチベーションアップにつながるよう，超過勤務の縮減日数や休暇取得割合の向上率などの成果を，目に見えるように（見える化）して示していくことが求められるのである。

4 「税務署における事務量マネジメントの取組み」についての小括

岡山東税務署，広島東税務署における事務量マネジメントの取組みについては以上のとおりである。ここで端的な小括を行う。

岡山東税務署，広島東税務署の取組みにおいては，「署全体運営プラン」をベースに税務署ごとの組織戦略を描き，これに基づいて事務運営が行われていた。そこでは，税務署長のトップマネジメント，現場リーダーとなるコア職員の育成と協力，一般職員のモチベーションアップが重要視されていた。

広島国税局全体からみれば，税務署長や現場リーダーとなるコア職員の活性化は，自律的な事務運営の観点から非常に重要なポイントとなる。また，一般職員のモチベーション向上も一般職員の自律的・自主的な参画・発案の観点から非常に重要なポイントとなる。

広島国税局における事務量マネジメントの取組みは，税務署にもカスケード（落とし込み）されてきた。そこでは，税務署長，コア職員，一般職員といった各レベルの自律的・自主的な参画・発案が促進され，広島国税局全体が自律的な組織運営に一歩近づいたと評することができよう。

おわりに―「敵は戦艦大和」：自律的組織に向けた考察―

以上，3節にわたりみてきたように，事務量マネジメントの実践プロセスでは，各税務署長，各統括官（部門）レベル，各職員（担当者）レベルでそれぞれに自律的・自主的な判断が重要視されることとなる。各人がその職責に応じて自律的・自主的に判断してはじめて，事務量マネジメントが有機的に動くようになるのである。各人の自律的・自主的な判断に際しては，判断が依拠すべき基準が必要となる。これらの判断の基準は「署運営全体プラン」という組織戦略によることとなり，組織戦略を通じて「正直者には尊敬の的，悪徳者に畏怖の的」という組織の価値観に収斂していったと評することができよう。このようにして，いわば自律的組織観に基づいた事務運営が実現していったのである。そして，これらの過程で陰に陽に問題となっていたのが，我々が「戦艦大和」とよぶ機械的組織観であった。

国税組織の中では一般的に「我が組織は大組織であり，方向転換も非常に難しく，時間もかかる」といわれており，その際のアナロジーとして「戦艦大和」がよく用いられていた。しかし，その仔細をよくみると，様々なレベルにおいて各人が自律的な判断を行うためにはそれなりのエネルギーが必要となる上，そもそも参照すべき基準もはっきりしていないという問題があった。そこで，不用意に判断をして責任をとらされるのはまっぴらだという感覚から，まるで機械の部品となったがごとく，思考を停止し，何となく全体に従っていたほうがラクだという風潮のあることがみてとれた。

その結果，組織は，戦艦大和にように，1つの機械となったがごとく，機械的組織観に基づく集権的な意思決定と目標設定が強調され，一律の統制に従うことが一般化していった。下部の組織においても，上部組織の意思決定にさえ従っていればよく，また，中間の幹部もその方がラクでもあった。その結果，税務署等の事務運営においても，事務量そのものをそれほど分析することなく人員を投入し，実地調査事績，滞納整理事績などの結果さえ出ていれば評価されていたのであった。こうした機械的組織観による管理の下で，組織は徐々に硬直化していったのであった。

しかし，変化の激しい環境下で，かつ，定員事情も厳しくなってきている現在においては，環境に応じた柔軟性がより求められており，自律的判断に基づき微調整できるマネジメントの在り方が課題となってきている。いわば，限られた事務量について，事務量マネジメント（「人日管理」）という手法を使って，組織が使える事務量がどれだけあるか，事務改善等によってどれだけの事務量を効率化して，それをどうやって有効活用していくか，適正な申告水準の実現といった組織の目標に向けて各種の施策をどう連携させつつ，どう講じていくのかといったことを各自が考えることが重要になってきているのである。

広島国税局においては，事務量マネジメントという方法を通じて，プロセスを可視化することにより，各自が自律的・自主的に検討していけるように配意してきた。事務量マネジメントはプロセスを重視したマネジメントであり，プロセスを可視化しているからこそ，その内容について各職員の自律的・自主的判断が貢献する余地が大きくなることから，職員も積極的に参画することとなり，大きな成果が得られたのである。換言すれば，広島国税局においては，管理会計手法[53]が組織内で職員の意識や主観に働きかけ，その変革を醸成し，変革された意識等を推進力に管理会計のさらなる徹底がなされていったのである。そして，その根幹には，「正直者には尊敬の的，悪徳者に畏怖の的」という浸透力の非常に強い組織の価値観があったのである。

2014（平成26）事務年度以降，国税庁広島国税局において取り組まれている管理会計実践の概要は以上のとおりである。広島国税局では，このような取組みを通して，税務行政の効率性・効果性の向上（公務の生産性向上）を図るとともに，職員の働き方改革にも応えてきているのである。3,000余名の広島国税局のように，工夫を講じつつ行政管理会計を使いこなし，納税者，当局，職員にとってのWin-Win-Winを実現すること，これこそが，今後，すべての行政組織に求められると考えている。

53）繰り返しになるが，「人日管理」は活動基準管理（ABM）を，事務改善は標準とその改善活動を，組織戦略や目標の連鎖は戦略マップやロジックモデルをそれぞれ意識している。管理会計手法を意識することにより，ポイントを外さずに実施できるというメリットがある。これは第９章でいう管理会計の指導性である。

参考文献

大西淳也（2010）『公的組織の管理会計―効果性重視の公共経営をめざして―』同文舘出版。

大西淳也・梅田宙（2019）「RPAと事務改善活動についての論点の整理」『PRI Discussion Paper』（財務総合政策研究所）3。

樫谷隆夫編著，財務省財務総合政策研究所編（2016）『公共部門のマネジメント―合意形成をめざして―』同文舘出版。

竹本隆亮・大西淳也（2018）『実践・行政マネジメント―行政管理会計による公務の生産性向上と働き方改革―』同文舘出版。

第9章 国税庁広島国税局における管理会計実践・解題

はじめに

行政関係で，国税庁広島国税局における実践事例ほど，大規模に，かつ，システマティックに管理会計を活用した事例はほかに報告されていない。わが国行政における効率性・効果性向上の必要を踏まえれば，本事例の先駆性は否定することはできないと思われる。

そこで，広島国税局における管理会計実践について，2014（平成26）事務年度導入時の局長としてどのように考えたのか，５年後の2020年の段階で振り返り，記録のために本章で述べる。あわせて，行政の効率性・効果性の向上の観点から，管理会計を踏まえた工夫としてどのようなものがあるのか，提言的な内容も含め，若干の考察を加えたい。

付言すれば，ヒトの頭ほど固いものはない。実践に当たっては必ずしも賛成ばかりではなかった。そのような中で何より大事なことは，心が折れないことである。そのために管理会計論は役に立つ。著者としては，本章が，今後，国税組織を始めとする国の行政機関や地方公共団体等において，様々なマネジメント実践を試みようとされる方々の参考となることを切に願っている。

Ⅰ　国税組織の課題と広島国税局のマネジメント等

国税組織の現在の課題と広島国税局におけるマネジメントについて，それぞれキモを述べる。そのうえで，後押しとなった働き方改革について言及する。

1　国税組織の課題

税務の国際化・複雑化等を背景に，国税組織に対する行政ニーズは増大しつつある中で，国税組織の定員は減少傾向にある。このため，税務署等の内部で行う内部事務は増加しつつある一方で，税務調査等の外部事務は減少傾向にある。その結果，実地調査件数/申告件数で計算される実地調査率（実調率）は低下しつつある。しかも，実調率の低下に伴う国税職員の実地調査経験の減少に加え，実地調査の日数が確保できない中での件数確保の要請もあり，国税職員の税務調査の質が低下しているのではないかとの危惧を聞くことも多い。

したがって，国税組織の課題は，税務の申告水準の維持向上を図る観点から，内部事務を合理化しつつ，外部事務日数を確保することを通じ，いかに効果的に行政を展開するかにある。数多くの課題も結局のところ，ここに帰着する。

2　広島国税局の事務量マネジメント

2014（平成26）事務年度以降に広島国税局で導入したマネジメントは，国税組織において従来より行われていた，①職員による事務改善提案，②事務日誌を通じた事務量把握（人日管理），③内部事務の合理化とそれによる外部事務の拡充という組織戦略といった３つの要素について，管理会計論を踏まえつつ再構成しつなげただけである[1)]。それぞれの要素は昔から行われてきたことにすぎない。ある若い職員はこれを「コロンブスの卵」と評していたが，ミソを強いて挙げるとすれば，管理会計の考え方（管理会計手法）を使って論点が拡散しないようにしていたことにある[2)]。

3　後押しとなった働き方改革

ワークライフバランスといった働き方改革がいわれるようになって久しい。そこでは，時間内にいかに効率的・効果的に働くかが問われてきている。育児や介護を抱えた職員の切実なニーズは，女性職員に限らず存在する。行政全体としては，事務量が少なくなることを前提に，行政運営を考える必要がある。大局的にみれば事務量といった行政のリソースはますます貴重な存在となり，その有効活用が求められることになる。

---

1)　これらの基盤のない行政組織の場合，第３章Ⅱ１(5)の導入プロセスで考えていく必要がある。

2)　重要なことは，管理会計論以外には直接的な答えがないことである。

広島国税局の事務量マネジメントの実践においては，この働き方改革が後押し要因として機能した。残業の削減，年次休暇の取得容易化などへの職員ニーズにマッチするものとして認識されたのであった。

Ⅱ　行政における管理会計論

行政において管理会計論の存在感は薄いことから，その理由についてまず言及する。そして，管理会計論を使うメリットについて述べ，最後に，管理会計論の適用に当たっての留意点について言及する。

1　経済学・会計学等と管理会計論

行政において管理会計論が軽んじられる理由として大きく３つ挙げられる。行政官は政策の企画立案を担うという意識，経済学や法律学の偏重，財務会計の偏重の３つである。

まず，行政官は政策の企画立案を担うという意識である。これは，政策の企画立案こそが行政官のだいご味だという意識でもある。このため，政策は上手に執行管理されなければ効果が得られないにもかかわらず，そこには意識がいかない。その一方で，政策の執行管理の分野に多数の職員が配置されている。この政策の執行管理の分野には管理会計論がなじむのだが，「企画立案」幻想からなかなか管理会計論に関心が向かないのである。

次に，事務の行政官には経済学や法律学を学んできた者が多い。インセンティブの科学たる経済学や制度の構築が得意な法律学は，政策の企画立案になじむ。したがって，これらの分野の専門知に関心が向きやすい。しかも，経済学系で典型的な，欧米の査読誌を中心とする学問の指向や，実証分析をありがたがる傾向などが実務家にも影響し，話が混乱することになる。このようなバイアスがある中で，組織におけるマネジメント実践のための実学である管理会計論に関心が向けられることは少ない。

さらに，会計と冠する分野は会計士の存在感が非常に強い。会計士は一般的に財務会計中心にそのキャリアを積んできている。このため，会計士による説明では，管理会計は財務会計の従属物のような理解が一般化しやすい。本書第Ⅰ部で述べているように，行政においては非財務指標に拡張した管理会計論は非常に有用であるが，財務会計を中心とした説明ではそもそもこれが視野に入ってこないのである。

以上から，行政に管理会計論が必要とされているにもかかわらず，行政官には管理会計論といった実学をバカにする傾向が，残念だが，あるのである。

2　管理会計論の指導性

管理会計論を活用するメリットはその指導性にある。なぜなら，管理会計論を活用することにより，複雑な内容をある程度端的な用語で表現できるようになる。バックボーンとしての管理会計論がなければ，思考の整理やアイデアの伝達は意外と難しいからである。

様々な経営管理の方法論は，管理会計の概念・手法の周辺に集約されている[3)]。したがって，管理会計手法等を用いることがマネジメントにおいてはやはり手っ取り早いのである。しかも，すべての手法や概念には弱点があるが，それらの弱点については管理会計論においてある程度明らかとなっている。したがって，これを参考にすれば，今後生じるであろう問題をあらかじめ想定することが可能となる[4)]。

ここで例えば，足元にある事務の様々なムダをあぶり出すことについて，少し昔に流行した言葉である「都市鉱山」と表現した場合を考えてみる。この言葉ではイメージはなんとなく伝わるのだが，具体的にどういう方法であぶり出すのかと考えると途方に暮れる。そこに方法論の示唆がないからである。世上流行のワンフレーズのような用語は実務ではコミュニケーションエラーを起こしやすい。また，企業では独特の用語を用いる経営者もいるが，企業経営者の任期は長いことから，趣旨を解説し徹底していく時間的余裕がある。これに対して，行政組織の場合はその任期は短い。独特の用語に伴うコミュニケーションにはエラーが生じやすい。したがって，管理会計論を活用することにより，用語の意味をある程度明確にすることができ，コミュニケーションエラーを起こりにくくすることができるのである。

---

3)　管理会計手法を財務指標に影響を与える方法論と広く解釈すればこういえよう。財務会計の従属物のような管理会計論で考えればこうはいえない。

4)　例えば，標準はモダンタイムズのような科学的管理法に対する反発を助長する，ABC/ABMはミクロの目，原価計算の目を助長する，BSCはアラインメントを強め過ぎるなどである。

3　管理会計論の適用に当たっての留意点

第１章で述べたように，管理会計論には万能の手法（方法論）は存在しない。それぞれの行政組織にあった複数の管理会計手法をつなげて使っていくことになる。その際には，組織の中でのハイレベルのマネジメントとロワーレベルのマネジメント[5)]，要素還元的アプローチと全体論的アプローチ，合理性を強調する方法論と規範性を強調する方法論[6)]，さらには，収益側と費用側，財務指標と非財務指標との間で幅広く考え，それぞれの軸を行ったり来たりしながら，徐々に細部に焦点をあてていく。そのうえで，それぞれの行政組織に合った組織戦略ないしストーリー[7)]を構築していくことが望ましいと考える。

2020年１月28日に開催されたEBPMに関する講演会において，講師の大橋弘・東京大学教授は，EBPMにおけるロジックモデルの作成においては，実務家による匠（たくみ）の技（わざ）が重要であると指摘された。ここで述べた複数の視点を行ったり来たりしながら，それぞれの行政組織に合った手法群を選択し，それらを結合できる戦略やストーリーを構築していくこともその言葉につながるであろう。行政実務家の思考が重要となる所以である[8)]。

そして，管理会計手法の実務適用に当たっては，ボトルネックとなる弱い部分が必ずでてくる[9)]。広島国税局の例でいえば，平均とは異なる標準の考え方が組織に根付いていない点などが観察された[10)]。これらをどのようにして料理していくのか。自分たちで料理するようにどう仕向けていくのか。これもまた，行政実務家の腕の見せどころである。

---

5)　第１章で言及したアンソニーによる体系論，すなわち，①戦略的計画，②マネジメント・コントロール，③オペレーショナル・コントロールをイメージしていただきたい。体系論に決まった考え方はないが，体系論自体は思考の漏れを防ぐ観点から有益である。

6)　規範性とは，アメーバ経営における京セラフィロソフィー等のように，価値観や主観といった人間関係論的な側面を強調することを意味する。第１章や大西（2018）参照。

7)　ストーリーは戦略よりも広い意味で用いている。

8)　でき合いのテンプレートを張り付けて，「○○戦略，一丁上がり！」ではないと思う。

9)　TOC（制約条件の理論）の応用である。

10)　１年間という任期からは時間切れであったが，組織戦略のカスケードにおいて目標がぼやけやすいという問題も次なる課題として予想された。

Ⅲ 管理会計の導入プロセス

本節では，広島国税局を例に，管理会計の導入プロセスにおける様々な問題について言及する。まず，タテ割りを考えた場合の変革の起点，次に，広島で採用した時間軸・コアメンバー方式，さらに，これまでの取組みの経緯からの教訓，そして，新たな人材の発掘，最後に，組織の価値観と職業的良心について述べる。

1 タテ割りと組織変革の起点

組織におけるタテ割りはどの組織でも非常に強く，その弊害は深刻である。これは行政組織でも同じである。そのような中で，組織全体の変革を目指そうとした場合，ある程度，全体を見渡せるポジションの人間が旗を振ることが望ましい。

これは国税組織でも同じである。国税組織には非常に強いタテ割りが存在する。このタテ割りを乗り越えてすべてを統括できるのは，税務署長，国税局長，国税庁長官・次長の3つのポイントしかない。したがって，組織変革についてタテ割りを超えた組織的な運動とすべく旗を振るとすれば，これらのポイントからが望ましい。管理会計実践を念頭に置いて考えれば，規模や現場との近さという点から，国税局長が組織変革の起点，キーの役割となると思われる[11)]。国税局長が起点となり，国税庁長官等のサポートが得られれば，1年間という短い任期ではあっても相当のことができると考える[12)]。

広島国税局での管理会計実践において，そこのトップである局長が旗を掲げることは非常に効果があった[13)]。局長であれば，縦割りを超えて，ある程度face to faceのコミュニケーションが可能である。このため，事務量マネジメントや事務改善提案の重要性についても繰り返ししつこく言及し，部内への徹底を図るとともに，本節後半で述べるように，職員の主観にも訴え

---

11) 経営改革のアイデアを持つ者が国税局長を動かす場合もあろう。確定申告における自書申告方式の導入（大西 2010, pp.172-174）などがその例である。

12) エンジンは基本的に国税局長であろう。現場から遠い国税庁長官・次長はサポート役のほうが収まりがいいと考える。

13) ただし，管理会計論を踏まえた準備は重要である。

かけることもある程度は可能であった。また，例えば，2014（平成26）事務年度当時，「２万人日」の削減をかかげた。これは現場の反応を踏まえ，その感覚と乖離しないように注意しつつ情報発信したものであるが，結果的に達成することができた[14)]。後述のように，著者の過去の経験と比べても，国税局長が一番手ごたえを感じることができた。

2　時間軸・コアメンバー方式

行政の弱点は，幹部の任期が短いことに伴う継続性のなさである。このため，後任者にどうつなげるかが，隠れた大論点となる。しかしながら，行政では独自性を発揮したい後任者が前任者のやり方を修正してしまう「前任者殺し」がままみられる。しかも，前任者・後任者ともに経営管理やマネジメントの素人であることが多いので，意外と思い付きに弱い傾向を有する。その結果，前任者の思い付きを後任者が新しい思い付きで上書きしていくという現象が生じてしまうことになる[15)]。したがって，後任者に理解を求めつつ，何らかの仕掛けを講じておくことが望まれる。

また，自身が自ら先頭に立って短い任期中に職員を個々に説得しようとしても，人数が多いだけに，時間切れとなることは明らかである[16)]。行政には様々な専門職を含む職種が存在し，それぞれに考え方が違う可能性もある。このため，ここでも何らかの仕掛けを講じておくことが望まれる。

そこで，広島での実践においては，時間軸・コアメンバー方式を採った[17)]。この方式では，長い時間軸での働きかけができるように，広島国税局のプロパー職員からコアメンバーを自然体も含め選定し，後年度においても活躍してもらうことを期待した。いわば後年度への使者としてのコアメンバーという位置づけであった[18)]。

この時間軸・コアメンバー方式においては，コアメンバーに自ら考え納得

14）旗を掲げた当初，国税庁サイドや他の国税局には「できもしないことを」というシニカルな反応があった。

15）これが，第８章Ⅱ４(2)の「事務運営は国税局長をはじめとする幹部の意向次第でコロコロ変わるというイメージを持つ職員も多い」ことにつながるのである。

16）竹本・大西（2018, pp.113-114）では空間軸とよぶ。

17）赴任に先立ち玉川大学の管理会計研究会で相談したところ，時間軸・コアメンバー方式の発想のタネが得られた。

18）このほか，事務運営指針等に記載する方法もあるが，形骸化しやすいという難点がある。

してもらうことが望ましい。なぜなら，例え同じ論点だとしても，ヒトは，ヒトからいわれるよりも，自ら考え出したと思えるもののほうが，ヒトは動くからである。旗を振る人間がすべてを説明し，差配しようとすることには大いに疑問がある。この点は次小節で後述する。

3　3度目の正直

広島国税局における取組みは，第8章でみたように非常に大きな成果を得ることができた[19]。しかし，そこに至るまでにはいくつか失敗した取組みもあった。著者の過去の失敗も後続の方々の参考になればと考え，赤面しつつであるが，ここに記録しておく。

まず，第1回目の取組みである。これは1999年から2001年にかけて国税庁会計課総括補佐時代に行った。事務改善活動，事務日誌（人日），内部事務を合理化して外部事務を拡充という3要素が管理会計の考え方でつながることを当時の何人かのメンバーと思い付き，取り組み始めた。しかしながら，当時は会計課ということもあり，業務改革の視点が弱く，同時にABC（活動基準原価計算）を教科書的に考えてしまい，会計・原価計算に寄り過ぎたという問題があった。後任者への引継ぎもうまくいかず，著者の離任後しばらくして，ABC特有の時間浪費的かつ手間がかかるという問題から各国税局の反発を招いてしまい，そうこうするうちに，コアメンバーが孤立して雲散霧消してしまった[20]。

その後，2001年から2003年にかけて内閣府企画官（経済財政運営総括付）として勤務した際には，国税庁時代の経験を踏まえ[21]，ABC等の導入を提言し，関係者のご理解の下，2002年，2003年の骨太の方針に挿入することができた。当時の世情もあり，多くの自治体等におけるABC/ABMの取組みを促進できたと考えている。しかし，ABCと表現したことも関係してか，コンサルタントの多くはとりあえず計算から始めるというやり方をとってし

19）とりわけ，2015（平成27）事務年度の志村仁局長，2016（平成28）事務年度の鑓水洋局長の在任期間中の成果は大であった。国税組織では一般に継続が困難であることから「3年続けば本物だね」（竹本・大西 2018, p.118）といった評論もあったが，そこからすると広島の取組みは本物ということになる。

20）ただし，当時のコアメンバーはそれぞれにその後，功成り名を遂げた。

21）当時は国税庁の取組みは継続されていた。

まい，これが行政実務では嫌われ，大きな流れにはならなかったように記憶する。

2003年から2006年に著者はJETRO職員としてコペンハーゲンに駐在する機会を得た。縁があり，スカンジナビア国際経営大学院（SIMI，現コペンハーゲンビジネススクール：CBS）の社会人向けMBA（EMBA）に自費で通った[22)]。そこで学んだ結果，やはり行政の効率性・効果性の向上は管理会計に答えがありそうだという感触を得た。

その後，帰国して2006年から2007年にかけて東京国税局調査第一部長として勤務した。ここで第2回目の取組みを行った。国税庁時代の失敗を踏まえ，会計・原価計算からは距離を置き，業務の視点を中心に取り組んだ。しかしながら，ものごとのエッセンスはそんなに多くないのに，1人ですべてを説明しようとしたこと，多言し過ぎたことから，2回目の失敗を喫してしまった。当時はEMBA修了直後であり，インプットしたものがそのまま出てしまった（しかもカタカナが多かった）。1人が説明するとは，反対派にとって文句をいう対象が任期の短い1人に絞られるということであり，これは任期後にいくらでも巻き返しができることを意味する。また，多言は思考が整理されていないことを意味する。しかも，大企業の税務調査を担当する調査部であったため，税務調査そのものに足を踏み入れ過ぎた傾向もあった[23)]。

2007年から2009年にかけて，ありがたいことに，信州大学経済学部への出向（研究休職）の機会を得た。そこで，2010年に出版する博士論文（大西 2010）をまとめることができた[24)]。

その後，いくつかの職務を経て[25)]，2014年から2015年にかけて，広島国税局長として3回目の取組みを行った。それまでの失敗を踏まえ，会計・原価計算からは距離をとり業務の視点を中心にして，できる限り管理会計の概念を噛み砕きつつも必要最小限の説明にとどめた。そこでは博士論文が思い

22）櫻井通晴・専修大学名誉教授の強い勧めがあった。

23）税務調査にも多くの論点がある。当時は国税庁サイドの強い問題意識を受けてのものであったが，現場の職員感情を踏まえればそれなりの工夫があってしかるべきであった。

24）著者にとってはこの2年間ほど集中した時期はなかった。伊藤和憲・専修大学教授，櫻井通晴・専修大学名誉教授ほか関係の先生方からの丁寧なご指導をいただいた。

25）内閣府において業務フロー・コスト分析の策定（第3章参照）に関与した時期もあった。また，内閣官房において管理会計の考え方を実践し成果を得た時期もあった。

のほか役に立った[26)]。著者としてもそこから言葉を選び端的な説明を心がけた。詳細の説明はできる限りコアメンバー間で行うように仕向けたが，その結果，コアメンバーも必要に応じて著者の論稿（の一部）をしっかりと読み込んでくれた。このため，その後の動きにブレや誤解が少ないという効果が得られた。当時の経験から，著者としては管理会計論の指導性をつくづく実感した。

そして，2015年から2016年にかけての財務総研副所長時代に樫谷隆夫先生を代表に研究会を組織し，その成果を樫谷編著（2016）としてまとめた。その後，総務省自治財政局公営企業担当審議官，独立行政法人理事と，それぞれに管理会計に関係の深いポジションを経験することができ，議論の完成度を高めることができたと考えている[27)]。

4　新たな人材の発掘

ここでは，組織のマネジメントが変われば，新しいタイプが目立ってくることについて述べる。管理会計論を軸にして，組織に適合する方法論を選択すれば，リーダーシップがブレることは少なくなる。組織のマネジメントがそのように変われば，新たな人材が次々と現れるように感じられる。

先述の時間軸・コアメンバー方式において，旗を掲げ，ユサユサと揺さぶれば，反応して動き出す人間がいる。彼ら彼女らをうまくつかまえれば，コアメンバーとして担い手になるような人材が発掘できる。職員の中にはパラダイムの転換に強い職員とそうではない職員がいるが，管理会計の実践においては前者の職員から担い手を発掘することが望ましい[28)]。この発掘にこそ，エネルギーのかなりの部分を割く必要がある[29)]。一方，当然ではあるが，そうではない職員もいる。残念ではあるが，これら職員の説得等にエネルギ

26）一部職員には，大西（2010）の第４章・第５章のみをコピーして配布した。

27）大西（2010），樫谷編著（2016），竹本・大西（2018）と本書を比べれば，徐々に体系的な整理がなされてきている。これは，ヒトは体系的なものでないと理解しにくいことから，理解してもらおうとしてやむを得ずそうなっただけともいえる。

28）管理会計になれていない行政組織の職員にとっては，広島局の取組みはパラダイムの転換のように感じられたようであった。

29）この過程では，組織のトップである国税局長が一歩前に出ることが望まれるとともに，時間軸で考えるのであれば，当該国税局に今後とも残る職員の中から担い手を発掘していくことが望まれる。

ーと時間を浪費すべきではない。わかろうとしない人間はやはりわからないからである。

また，事務改善提案活動が推進されるにしたがって，内部事務担当で時間制約の強い女性職員が目立ってきた。内部事務担当はこれまではどちらかといえば目立たない縁の下の力持ち的な存在であった。しかも，時間制約の強い女性職員が比較的多く働いていた。そこで，「事務改善提案のアイデア1つが新しい調査手法の発案に相当する」などと，アイデア出しを強く推奨したところ，非常に多くの反応があった。取組みがうまくいくかどうかわからなかった当初段階において，内部事務担当の女性職員の大活躍には本当に頭が下がる思いであった。

さらに，第8章後半で述べたように，税務署における署運営全体プランの実践等において，現場のリーダーが重要視されるようになってきた。管理会計の実践においては，現場々々での判断においてよるべき基準が明確になることから，現場での自律的な動きが推奨され，その結果，現場リーダーの存在感が強くなってきたのであった。これは取組み当初には想定できなかったほど，組織の活性化に役立ったとのことであった。

いずれにせよ，管理会計実践においては，新たな人材にどのようにして光をあて，その気になって活躍してもらうかが重要な論点として浮上してくる。ヒトそれぞれのやり方はあるとは思うが，現在の行政組織にはそもそも問題が数多くあるように思わざるを得ない。

5　組織の価値観と職業的良心等

公務である以上，そこには何らかの価値観（組織の価値観）が存在する。職業的良心とも，倫理感ともいえるかもしれない。このような組織の価値観は，どの行政組織でも，お題目のように繰り返し言及されているはずである。重要なことは，お題目に終わらせず，幹部が現場職員にいかに徹底できるかにある。

しかしながら，お題目のような組織の価値観には一過性の傾向がある。忘れられやすいのである。このため，一覧性の高いロジックモデルや戦略マップを作成し，これを職員に示すことを通じて，職員の共通理解を得ておくことが重要であると考える。論理的にかつ図解で理解すれば，一過性のものとはなりにくくなるからである。

そのうえで，補助的手段として，お題目のように繰り返し言及される，現場の志気高揚を図るための標語のような言葉が活用されることが適当であろう。逆にいうと，志気高揚のための標語だけが主役となると，そこには具体論がないことから，単なるお題目で終わりやすくなるのではないかと考える[30)]。

Ⅳ 行政の効率性・効果性向上の起点としての国税組織

本節では，まず，事務量マネジメントにおいて国税組織に注目する理由について述べる。次に，本書において広島国税局を明示する理由について言及する。

1 事務量マネジメントにおいて国税組織に着目する理由

著者は昔から国税組織に着目していた。前述のように，事務改善提案と事務日誌（人日管理）等が管理会計の実践に適していたからである。2回にわたる失敗ののち，3回目の取組みでようやく一応の成功をみることができた。

著者はいまもって国税に着目している。その理由として3点が挙げられる。

第1に，国税組織（5万6千人）は国家公務員の2割を占める大きな組織であり，そこでの管理会計実践は必ずや国の他の組織に影響を与え，伝播していくと期待されるからである。

第2に，国税組織は全国的に地方税当局と親密な関係を構築しており，国税と地方税との連携を通じ，その管理会計実践が地方税当局を経て地方公共団体全体に伝播していくと期待されるからである。

第3に，国税OBから税理士になる職員は，少なくなったとはいえ，かなりの数で存在する。このOB税理士を通じ，会計士や税理士からなる会計プロフェッションのあり方に影響を及ぼすことができると期待されるからである[31)]。

30）具体論のないお題目，方法論のない標語の連呼は自己満足にすぎないともいえよう。

31）加えて，OB税理士は地方に点在しており，地方自治体からすれば身近な存在である。

2 「広島国税局」を明示する理由

本書では広島国税局を明示してそこでの管理会計実践について述べている。その理由を示すことにする。この問題については，当初は事を荒立てず，匿名とした前著（竹本・大西 2018）で終わらせるつもりであった。そのうえで自然と他の国税局に伝播していくことを期待した。

当時，匿名にしたのは，実践開始から日が浅い段階では，稚拙なやり方により残業が増える可能性もあったからである。仮にそうなると，問題が複雑になってしまうことから，匿名として様子をみたのであった。しかし，結果は順調な成果が得られ，心配していた残業も順調に削減され，問題が起こり得ないことが確認された。

また，コアメンバーの１人である竹本隆亮税理士がOBとなった後に，広島国税局内でどのように扱われるのか，様子をみたこともある。仮に何らかの動きがあり，一番目立っていた竹本税理士が本意ではない扱いを受けるような場合には，これ以上の状況の悪化を防ぐ観点から匿名を維持すべきと思っていたが，杞憂に終わったのであった。

その一方で，前著の竹本・大西（2018, p.119）では「…数字によるマネジメントを意識しているヒトであれば必ず気づくはず…したがって，地方局Aでの取組みが続いているかぎり，消極派から積極派へ転向するヒトが増えていく，時間とともに積極派が増え，それが多数派となっていく，とナイーブではあるかもしれないが，信じたい…」と記したところであるが，やはり著者がナイーブ過ぎたようであった。国税局におけるモーメンタムは失速しかけているかもしれない。これは，第８章で指摘した様々な数字からも想像できるところである[32)]。国税局長の今後の活躍と国税庁サイドの適切なる指導に期待したい[33)]。

いずれにせよ，このような状況を踏まえて，本来であれば匿名のままにしておこうと考えていた広島国税局の名前を外に出すことにした。これにより，後戻りしにくい歯止めの効果を狙うこととしたのである。

---

32) 例えば，図表８-14の事務改善提案の提出件数を先行指標と，図表８-19の外部事務割合を遅行指標とみると，このように考えることもできないではない。

33) 記述はここで止める。

広島国税局の名前を公表することには部内からの批判があるかもしれない。ただ，前述のように，管理会計実践にかかる著者の取組みは20余年にわたる。過去，様々なことをいうヒトもいたが，広島局での実践を筆頭に，これまでのところ，財務省内からの論理的な批判は聞いたことはない。広島国税局の取組みは，納税者，当局，職員のいずれにもWin-Win-Winの関係をもたらすものである。したがって，実践そのものについての本質的な問題はないと考えている。

しかし，そうではありながらも，残念ながら動かないであろうことは容易に想像できる。悲観的過ぎるかもしれないが，現状を前提とする限りでは，行政組織における自己改革のみを頼りにするだけでは，結果を期待することは残念ながら困難であるのかもしれない。そこで，この点に関し，著者なりのアイデアを次節で述べることとしたい。

V　行政管理会計の活用に向けて

企業の場合，利益増大の要請から，管理会計に自然と関心が集まる。これに対して，利益がない行政の場合には，そういう力学が働かない。しかも，これまでみてきたように，行政の場合には管理会計実践の継続性にも課題がある。このため，何らかの人為的な仕組みないしメカニズムが必要となる。

そこで，本節では，管理会計実践においては，組織トップの理解とサポートがまずは重要であり，組織トップによる外部への説明がこれを補強するであろうことについて言及する。次に，インセンティブの効果的な活用が期待される旨を述べる。

1　重要となる組織トップの理解とサポートおよび外部への説明

行政組織における管理会計実践に際しては，行政組織のトップの理解とサポートは重要である（コラム⑦参照）。ここでいう行政組織のトップとは，国税組織であれば国税庁長官，税関であれば関税局長，財務局であれば官房長をイメージしている。また，地方公営企業であれば管理者，独立行政法人であれば理事長をイメージしている。管理会計実践は実務的・技術的な話でもあるので，政治サイドに委ねる必要はない[34]。

その一方で，行政組織のトップが，管理会計実践についてその詳細まで自ら理解し，旗を振ることまでは必要ない。それぞれの組織内で，管理会計実践の旗を振る人間や広島国税局のような取組みをする地方局へのサポートをお願いしたいと考える。

なぜこういうことを申し上げるかというと，皆，行政組織トップの一挙手一投足をみているからである。例えば，「いいことだから，やればいい」という場合もある。この場合には「球場いっぱいのソウルレッド」[35]のようになる（竹本・大西 2018, p.118）。

一方，著者の想像ではあるが，そうではないケースにあっては，部内の雰囲気が一気に凍り付く[36]。そして，部下たる幹部職員がトップの意向を慮って管理会計実践をつぶしに来ることになる。

この原因として著者は2点を指摘したい。トップの有する組織のイメージと職務のイメージである[37]。まず，組織についてであるが，往々にして上意下達のイメージが強いように思われる。これは第8章の「おわりに」でいう機械的組織観とも関連する。次に，職務についてである。それまでの経歴の多くが政治との調整であったためか，自らの職務について調整役（問題解決役）のイメージが強く，このため，話が複雑になることを本能的に嫌がる傾向があるように思われる。

ともあれ，アゲインストの風がしばしば吹き荒れる中で，いかに行政組織のトップに関与していただくか，著者としてはここにひと工夫が求められると考える。具体的には，長官等に対し，担当する執行部局に関する自らのマネジメントについて，対外的に説明してもらうこととしてはどうかと考えるに至っている。

行政組織のトップから外部にきちんと説明してもらうことにより，下記の効果が期待できると考える。

①何より，組織のトップに当事者意識を持ってもらうことができ，その結果，自らの配下のマネジメント改革に向けた動きに関心を寄せてもらう

34）ただし，地方公共団体の首長の場合は，そのリーダーシップの貢献する余地は大きい。

35）広島マツダスタジアムをご想像いただきたい。

36）まるで「冬の日本海，岩場にひとり」の状態である（竹本・大西 2018, p.118）。

37）あくまで一般的な傾向である。経営的なセンスをお持ちの方も存在する。

ことができる,

②外部説明の必要からも，一般的な管理会計手法や概念への関心等が高まる,

③１年任期で変わる行政組織のトップに，継続的なマネジメントを意識してもらうことができる

しかし，行政組織のトップからみた場合，管理会計実践のイメージはなかなか湧かない，いいものかそうでないのかすらわからないのが通常であろう。管理会計を知らない場合には指示のしようがないからである。

ここに本書の意図がある。少し出しゃばり過ぎているが，やろうと思えばできることを，事例として示しているのである[38)]。そして，このトップによる外部への説明と次小節で述べる査定等とを関連付けることができれば，行政管理会計の実践は確固としたものとなると考えている。

2　インセンティブの効果的な活用

管理会計実践は，行政の効率性・効果性の向上に間違いなく役立つ。行政組織に広く実践してもらうためには，何らかのインセンティブ措置を講じることが効果的である。

第１章やコラム④で述べたように，行政組織には実は手不足・手余りという現象がある。行政組織それぞれに自身に適合した管理会計を考案させ，定員や予算の査定当局がそれをチェックしつつ，合理的に取り組んでいるところには少し色を付け，そうでないところには厳しくするという査定ができれば，行政組織の行動パターンを考えれば事態は一気に動くように思われる。

手不足の行政組織であれば，ボトルネックになる事務へのシフトが進むことになる。手余りの行政組織であっても，必要に応じて専門性の向上などの取組みにシフトすることになる。その一方で，こういった事務シフトがなかなかできない行政組織も出てくるかもしれない。加えて，そこでの管理会計実践の程度は様々となろう。このような中で，事務シフトの度合い，管理会計実践の度合い等に応じて査定に色を付けることは，そんなに大変なことではないはずである[39)]。

38) 本テーマに関する行政組織トップの反応は，なじみのない切り口であったためか，ヒトにより大きく分かれた。それゆえ，詳細な事例として示すことが重要と考えた次第である。

39) 第８章でみたように，事務シフトの度合いを数字で押さえつつ，管理会計手法としての完成度と現場での実践度合いを確認すればいいだけだからである。

そうであれば，次の課題は，定員や予算の査定当局にそのような見極めの能力をいかに構築させるかになる。ここに至り，査定当局の近くないしは足元にある国税庁における取組みが重要視されることになるのである。

おわりに

行政には様々な態様がある。事務量系だけを取り上げても，国や地方の行政組織にとどまらず，一部は民間ではあるが，学校教員，医師・看護師，保育士なども該当する。いずれにおいても現場職員の疲弊が問題となっている。また，内閣官房や内閣府においても，ここでいう執行部局に相当する事務量系の部局はある。このように，事務量系の行政は非常に重要かつ奥行きのある大きな分野である。

国税組織においても，足元の事務運営は新型コロナウイルス（COVID-19）により大きな影響を受けている。しかし，いずれは正常化していくことが求められる。その際には本書の内容が大いに役に立つはずである。

著者としては，国税組織には実践基盤がある，人材もいる，ポジショニングもいいことから，国税組織こそが行政管理会計の実践の起点となり得るとやはり思われてならないのである。

参考文献

大西淳也（2010）『公的組織の管理会計―効果性重視の公共経営をめざして―』同文舘出版。

大西淳也（2018）「目標達成活動についての論点の整理―戦略の策定から戦略の実行プロセスへ―」『PRI Discussion Paper』（財務総合政策研究所）8。

樫谷隆夫編著，財務省財務総合政策研究所編（2016）『公共部門のマネジメント―合意形成をめざして―』同文舘出版。

竹本隆亮・大西淳也（2018）『実践・行政マネジメント―行政管理会計による公務の生産性向上と働き方改革―』同文舘出版。

コラム③ 「管理会計は闘いである」

組織の経営管理には様々なやり方がありそうである。そもそも，これまでのやり方も１つのやり方であるし，変えるとしても，合理性を強調するやり方もあれば，「みんなで頑張ろう！」といった規範的なやり方もある。

したがって，組織の経営管理については，今後の方向をめぐって，考え方に対立があるのが自然なことといわねばならない。重要なことは，考え方の対立が路線闘争になり，先鋭化しかねないということである。なぜならば，幹部職員にとっては，これは生き残りをかけた闘いと受け取られかねないからである。

経営管理・管理会計の導入において，皆がすぐに理解し，やり方を変えてくれるなどということはあり得ない。すべからく，このような生き残りをかけた闘いの色彩を帯びることとなる。

加えて，仮に特定の管理会計手法を首尾よく導入できたとしても，その後任者にとってはそれを壊すことも手柄になる場合もある。管理会計論を知らないヒトにとっては戯言（ざれごと）と整理する方が（勉強しなくていいので）ラクだからである。自意識からくる前任者否定（「前任者殺し」）も関係しよう。したがって，ひっくり返されることもある。行政に食い込みたい専門家が卓袱台返しを応援してくれることもままある[1)]。しかも，行政においては市場の圧力，ライバル組織の圧力がないことから，皆がなじんでいるこれまでのやり方を踏襲するほうが，組織内では説得的に聞こえるので有利である。

だからこそ，組織内の闘いに際しては，原理原則が重要となる。軋轢の中でも，原理原則たる管理会計論を意識し続ける必要があるのである。

個別の管理会計手法にはそれぞれに欠点があるので，そこに注意を払う必要はある。しかし，その一方で，原理原則に則った方法論・考え方を展開しているという自信は心の支えになるはずである。管理会

1)　このメカニズム等は大西（2018, pp.119-133）で整理している。

計論という専門知を背景にしているので，そこに大きな失敗はないと確信できるからである。

　このように，管理会計は闘いを伴うものである。同時に，管理会計論は闘いの中で心の支えにもなり得るものでもある。

参考文献

大西淳也（2018）「管理会計を行政に拡張する場合の課題」『管理会計学』26（1），pp.119-133。

コラム④「反発，実は手余り？」

事務量マネジメントに対する職員の反応は，トップの反応次第で大きく変わるのであるが（竹本・大西 2018，p.118），その部分を除けば，事務量マネジメントには以下の3つのパターンの反応がある。

第1に，「ダメなものはダメ」という感情的な反発である。標準を強調する科学的管理法に対する盲目的な批判に似ている。1割程度は存在するであろうか。この層はどうしようもないかもしれない。

第2には，「そんなこと，本当にできるのか」という疑問からくる反発に近い反応である。これは半分強はいるであろう。ただ，そのうちの20%（全体の1割）程度は，少しは興味を持ってくれている層であろうか。この半分強の第2の層にこそ，行政管理会計を説明していく必要がある。

第3には，「そんなことすると，ヒトが減らされるじゃないか」というものである。残りのうちの一部にいるイメージであろうか。この層は一知半解ではあるが実は理解している。効果を誤解して予想しているからこそ，「人員削減の道具として使われる」として反対しているのである。この層に対して行政管理会計を説明した場合の効果はヒトによりけりである。丁寧に説明すればスタンスを変えるヒトがいるかもしれないが，次に述べる理由から，わからない，わかろうとしない場合も非常に多い。

観察するに，この第3の層が持っている自組織のイメージは，第3章でいう手余りなのである。手余りだからこそ，「浮いた事務量⇒削減される」という考えにつながるのである。彼ら彼女らに共通するのは，現場から遠い，現場のイメージがうまく浮かばない者が多いことである。現場の動きを抽象的にしか理解していないともいえよう。

これに対して，現場のイメージがすぐ浮かぶ者であれば，現状でも不足している事務がすぐ思い浮かぶし，専門性の不足などで歯ぎしりした経験も豊富なので，事務の合理化が何を意味するのか，すぐ理解できるのである。現場の動きを具体的に理解しているからともいえよう。

これをあえて一般化して考えてみると，合理的な説明ができないにもかかわらず，事務量マネジメントへの反発が強い行政組織であればあるほど，現場の動きが見えていない者が重用される組織である可能性が高い。そして，そういう組織であればあるほど，追加的に投入すべき事務や伸ばすべき専門性すら思い浮かばない，実は手余りを疑うべき組織ではないかとの強い推認が働くのである。

参考文献

竹本隆亮・大西淳也（2018）『実践・行政マネジメント—行政管理会計による公務の生産性向上と働き方改革—』同文舘出版。

コラム⑤「ウィズコロナ時代のジョブ型雇用成功の秘訣？」

ウィズコロナ時代においては，テレワーク勤務，在宅勤務が一般化すると予想されている。そこではオフィスにおける労働時間管理と同じ方法はとれないことから，職務内容を明確にしたうえで最適な人材を充てる欧米型の「ジョブ型」雇用が必要である旨喧伝されている（日本経済新聞 2020）。この「ジョブ型」雇用は，「特定の職務を効果的に行うために必要とされる，観察・測定が可能な個人のスキル，行動，知識，能力，才能」を意味するコンピテンシーに基づいて行われるようである。ホワイトカラーの場合，高業績者の行動特性等の聴き取りによって，コンピテンシーを抽出する職務分析が行われ，そこから職務記述書（job description）として成文化される。この職務分析の歴史は古く，源流を遡れば，テイラーの科学的管理法に行きつくとのことである（渡辺 2015, pp.44-45）。

第2章で述べたように，科学的管理法には標準設定の思想がある。ここで，職務分析により抽出されたコンピテンシーを広い意味での「標準的なもの」と考えれば，ここに3つの選択肢が生じる。即ち，(A)「標準的なもの」を非常に高く設定するか，(B) 多少ストレッチな（頑張れば手が届く）程度に設定するか，それとも (C) 平均的なところに設定するかである。

ここで (A) の選択肢をとった場合には達成不可能な目標となってしまい，職員のやる気が失われることになる。これに対して，(C) だと「標準的なもの」が緩く設定されているので，「人間の性善なれども弱し」から組織全体の成果は限られたものとなってしまう。このように，「標準的なもの」をどのように設定するかで「ジョブ型」雇用が成功するか否かがわかれる。多少ストレッチではありつつも，職員が納得できるものでなければならない。

ここで一例として，申請書類の束をチェックし，その傾向を分析するという業務を想定する。チェック能力や分析能力といったコンピテンシーが備わっている職員がこれを担当する場合，残る問題は当該業務の分量，すなわち，当該業務をこなすための時間の目安となる。これが事務量であり，その時間を捻出することができるのかが事務量マネジメントである。このように「標準的なもの」の背後には多くの場合，一定レベルの能力を前提とした事務量の世界があり，その背後にはやはり事務量をどうマネジメントするかという世界がある。

以上から，「ジョブ型」雇用が成功するかどうかの秘訣のひとつに，まさに第３章で述べた事務量マネジメントがあるのである。テレワークにより，昔ながらのオフィスでの労働時間管理がなくなったからといって，事務量マネジメントがなくなるわけではないのである。

参考文献

日本経済新聞（2020）「雇用制度 在宅前提」（６月８日，１面）。

渡辺直登（2015）「コンピテンシーと職務遂行能力」『日本労働雑誌』657，pp.44-45。

第 III 部

事業系の行政における管理会計実践

第Ⅲ部では，事業系の行政における管理会計実践について述べる。事業系の行政の代表的な手法の１つが公共事業における費用対効果分析（B/C分析，経済学上は費用便益分析）である[1)]が，その実践についての紹介は類書に譲る[2)]。ここでは，事業が中心となる独立行政法人と地方公営企業における管理会計実践を取り上げる。これらにおける管理会計実践は，企業における実践に非常に近いものとなっている。

第10章では，独立行政法人Ａにおける管理会計実践を取り上げる。法人名は匿名とするが，独立行政法人の中では最大級の法人のひとつであり，その経営は比較的堅調である。独立行政法人の経営管理・管理会計についてはこれまで論じられておらず[3)]，その結果，その経営管理・管理会計は外部からみえにくいものとなっていた。第10章では独立行政法人Ａの経営課題とそれへの対応（案）について述べる。これにより，独立行政法人の予算管理等が企業のそれとほぼ同じであることが示されよう。

地方公営企業について述べれば，編著者（大西）は2016年から2018年にかけて総務省大臣官房審議官（自治財政局公営企業担当）として勤務した。地方公営企業の課題が経営戦略の策定から実行プロセスに移りつつある中で，公営企業管理者の役割を明らかにする観点から，総務省自治財政局公営企業課と地方公営企業連絡協議会とで研究会（座長：小西砂千夫・関西学院大教授）を開催し，地方公営企業へのアンケート調査・ヒアリング調査に基づき，2018年４月に報告書（総務省ほか 2018）をまとめた。水道事業でいえば，現場での水質等の業務管理と企業全体の経営管理とが分断しており，管理者を中心とする経営管理が希薄であることが示されている（総務省ほか 2018, p.20）。

そこで，第11章においては，地方公営企業のうち水道事業に関して，盛岡市上下水道局の事例を取り上げている。同局を選定した理由は，編著者（大西）が機会を得て各地の公営企業の経営管理者を往訪し面談した中で，同局・平野耕一郎氏の経営管理が非常に印象深かったからである。一言でいうと，装置産業である

1) 第１章で述べたように，管理会計論は雑食性が強い。経済学由来のB/C分析ではあるが，意思決定に活用されることから，本書では行政管理会計の手法に含めている。同様のものとして，医療分野における費用対効果評価もある。
2) 大西（2010, pp.67-68），竹本・大西（2018, pp.73-74），樫谷編著（2016, pp.146-152），鶴岡ほか（2016）で言及している。
3) 本書では事務量系の行政に含めている統計センターについて第７章で言及している。

水道事業の特徴を踏まえ，複数の視点に基づいて，体系的に組み立てられた経営管理を行っていたのであった。そこで，第11章では，梅田宙・高崎経済大専任講師と平野耕一郎・元盛岡市上下水道局管理者の共著により，管理会計体系論を意識しつつまとめている。そこでは，盛岡市水道が過去の危機を乗り越えて，どうやって完成度の高い管理会計システムを構築してきたかについて述べている。

また，地方公営企業のうち，公立病院については，経営改革が進んでいる民間病院の影響を受けてか，意外と経営管理が意識されている（総務省ほか 2018, pp.28-29）。その一方で，公立中小病院，とりわけへき地に所在する中小病院では医師確保に非常な困難があり[4)]，経営が悪いところが多いにもかかわらず，経営管理にはなかなか目が向きにくい状況にある。行政上もそこに優先課題がある。解決策の１つとして，経営改革のキーパーソンとしての事務長の育成に関心が集まっている。

そこで，第12章においては，公立中小病院から島根県に所在する公立邑智病院を取り上げている。そこでは，アメーバ経営を導入・実践してきた事務長に焦点をあてつつ，関谷浩行・北海学園大准教授と日高武英・公立邑智病院事務部長の共著により概観している。病院経営では人的な要素の影響が大きいことから，装置産業である水道事業とは異なった形で管理会計手法が活用されているのである。

参考文献

大西淳也（2010）『公的組織の管理会計―効果性重視の公共経営をめざして―』同文舘出版。

樫谷隆夫編著，財務省財務総合政策研究所編（2016）『公共部門のマネジメント―合意形成をめざして―』同文舘出版。

総務省自治財政局公営企業課・地方公営企業連絡協議会（2018）「『公営企業における管理者を中心とした経営システム』に関する報告書」

竹本隆亮・大西淳也（2018）『実践・行政マネジメント―行政管理会計による公務の生産性向上と働き方改革―』同文舘出版。

鶴岡将司・福元渉・大西淳也（2016）「公共事業における費用便益分析等の役割」『PRI Discussion Paper』（財務総合政策研究所）3。

---

4) 地域によっては医師探しが町村長の職務のかなりの部分を占めるに至っている。

第10章
独立行政法人Aにおける管理会計実践

はじめに

本章は，独立行政法人Aにおける課題と対応について，管理会計の観点から整理したものである。管理会計を活用するメリットは，課題とそれへの対応，すなわち，現状において何が課題であり，その課題に対してどのように対応すべきかについて，管理会計論を使えば比較的明確に認識することができることにある。なぜなら，個々の独立行政法人をめぐる状況は様々ではあるものの，管理会計論は，様々な状況下にある個々の企業に対して，活用可能な様々な方法論を提供するという役割を担っており，そのための一般論としてまとめられているからである[1)]。しかも，独立行政法人の場合，収益と費用が財務指標で把握できることから，通常の管理会計論の活用は非常にイメージしやすい。

以下では，独立行政法人Aの概要をまず整理する。次に，現状における課題について述べる。そして，課題への対応（案）[2)]について述べる。最後に，これら対応の徹底と継続が残された最大の問題であることを述べる。

なお，対象法人については匿名とし，独立行政法人A（法人A）と表記する。

I　独立行政法人Aの概要

本節ではまず，法人Aの概要について端的に述べる。次に，法人Aのこれまでの行政改革等の経緯について端的に述べる。

法人Aは，社会的な基盤を提供する業務を担っており，独立行政法人の中

1)　そうでなければ，管理会計論を学ぶ意味は半減するであろう。
2)　将来の様々な可能性を考え，課題への対応は案として表記することとしたい。

でも最大級の法人のひとつである。主務大臣より5年を単位に中期目標が与えられ，その下で中期計画を策定し，執行していく中期目標管理法人である。

当該法人はいくつかの業務分野からなる。比較的堅調な事績を上げている主力業務，性質上事業年度により振れが大きくならざるを得ない別の主力業務などである。

損益の状況は比較的堅調である。独立行政法人化に際して巨額の繰越欠損を計上したが，その後中期計画3期にわたる経営努力により，繰越欠損金を解消した。巨額の有利子負債を抱えているが，その計画的な削減に努めてきているところである。

過去においては，他の独立行政法人と同様に，行政改革の大きな影響を受けてきている。少し昔には主力業務のひとつから撤退することとされ，実施してきた。また，残された主力業務のひとつについてもその事業の規模を計画的に漸減させてきているところである。このように，行政改革が法人Aの経営に与える影響は非常に大きい。しかし，そのような中であっても，当該法人においては政策の執行機関として自律的な経営を行うべく努力しているところである。

Ⅱ 現状における課題

本節では，法人Aの現状における課題を並べる。これらの課題への対応については管理会計論にヒントがあるものも多く，それを次節で述べる。

本節ではまず，業務改革への対応が課題となっていることを述べる。次に，総務省のイニシアティブにより事業報告書の導入が課題となっていることに言及する。そして，法人Aにおいては独立行政法人化時に計上した巨額の繰越欠損が解消できたことから，今後は予算管理の質の向上が課題となってきていることを述べる。さらに，法人Aにおいてはプロジェクト等の採択に当たり経済性計算を行っているが，その活用に課題を有することについて言及する。また，法人Aにおいては巨額の有利子負債を有していることから，金利変動リスクへの対応が課題となっていることを述べる。最後に，関連会社との関係性についても課題を有することに言及する。

1 業務改革への対応

長時間労働やそれに起因する過労死などの問題から，2010年代後半には働き方改革に向けた機運が盛り上がり，内閣官房に「働き方改革推進会議」が設けられるなどの取組みが行われるようになった。また，2014年頃から総務省の旗振りのもと，国の行政組織においてもその業務改革の観点からBPR（Business Process Re-engineering）が喧伝されるようになった。さらに，わが国では2016年から2017年にかけて，ホワイトカラーの業務改革に貢献するRPA（Robotic Process Automation）についての指摘が多くなってきた。そして，2020年に入ってからのコロナウイルスの流行により，在宅勤務などのテレワークが半ば強制的に実施されるようになった。

以上を背景に，法人Aにおいても，時々の時代の流れに遅れないように，業務改革に向けた取組みが行われた。時々に喧伝される内容や視点は少しずつ異なることから，それに合わせるようにして，業務棚卸，業務改革，業務改善等が実施された。

このような次から次へとくる業務改革の動きに対して，どのように対応すべきか。現状は，いくつかのプロジェクトを先行的に試行し，その後，職員からの提案ベースの実施に移行するという対応を繰り返してきている。職員による改善提案が，事務改善活動にとどまらずBPRにも有効であるとの指摘（竹本・大西 2018, pp.87-88）や，さらにはRPAにも有効であるとの指摘（大西・梅田 2019a, p.17）があることから，職員による改善提案活動のような取組みが今後とも徹底されることが望まれる[3)]。

しかしながら，業務改革への対応はこれらにとどまっていていいのか。対応の基本的な方針をどのように考えればよいのか。コンサルタントが時々の状況に応じて推奨する様々な方法論を試していくことでいいのか。法人Aにおいても，現在，このような点が課題となっている。

---

3) コロナウイルスの流行によるテレワークの強制的な導入に伴い，従来のオフィスワークには相当程度の非付加価値活動が含まれていたという認識が一般化しつつある。テレワークの実践に伴う職員の気づきをどのように改善活動に取り込むかは重要な課題である。

2　事業報告書の導入

総務省は，独立行政法人に対し，令和元事業年度より事業報告書の公表を義務付けている。事業報告書は，法人の長のリーダーシップに基づく当該法人の業務運営の状況の全体像を簡潔に説明する報告書であり，例えば情報の結合性としてミッションや法人の長の戦略に即したストーリー性をもった情報のつながりを示すことが求められている。

財投機関債を発行する法人Ａにおいては，投資家からは事業報告書の内容に関して強い関心が示されている。とりわけ，外部からはみえにくい非財務情報も含めた業務運営の全体像について，戦略に即したストーリー性をもって簡潔に提示することについての投資家の期待は極めて高い。換言すれば，管理会計的な情報に対する強いニーズが感じられるところである。

独立行政法人にかかる事業報告書は，統合的な思考に基づくという点では，2013年12月にIIRC（International Integrated Reporting Council）が提示した国際統合フレームワークで示す統合報告書と似通っている。統合報告書では財務資本や自然資本などの６つの資本に対してどのような価値創造を行うのか，ロジックモデルに相当するビジネスモデルを中心に価値創造プロセスを明示することが推奨されている。IIRC・国際統合フレームワークの価値創造プロセスは以下の**図表10-1**のとおりである[4)]。

以上から，事業報告書については，総務省の指摘する事業報告書のスキームの範囲内での対応にとどめるか，それとも，統合報告書を参考にしつつ，管理会計的なロジックモデルの概要なりの開示までを視野に入れるのかという課題がある。仮にロジックモデルの部分的な開示までを考えるのであれば，これは戦略に即したストーリー性の提示と密接な関係を有することから，戦略に即したストーリー性をもった情報のつながりの提示についてもより容易に示すことができることとなろう。

3　予算管理の位置づけ

法人Ａでは，独立行政法人化に際して巨額の繰越欠損金を計上した。爾来，３期15年間にわたり利益を計上して，欠損金額を解消してきた。低金利によ

---

4)　統合報告については大西・梅田（2018b）を参照されたい。

図表10-1　IIRCの価値創造プロセス

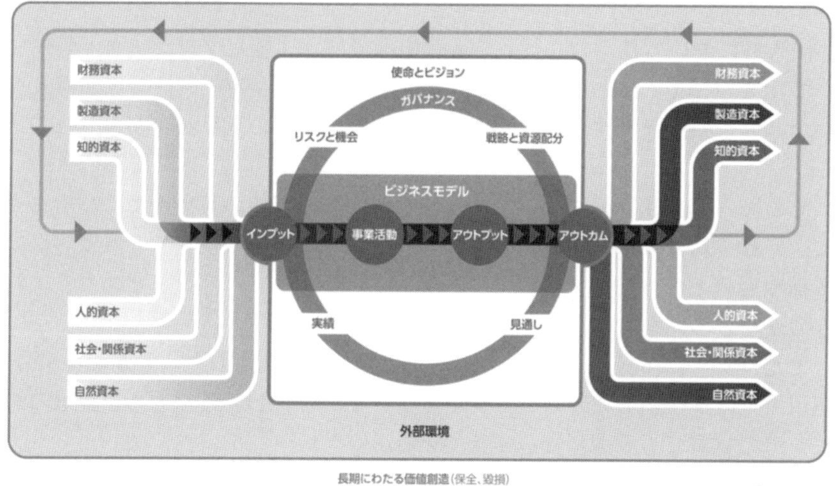

出所：IIRC（2013; 訳書p.15, 図2）より。

る支払利子額の減少にも助けられ，繰越欠損金の解消は比較的順調な経緯をたどってきた。

これまでの予算管理においては，収益をできる限り増大させるとともに，費用はできる限り削減して利益を計上してきた。その過程では，利益を期首にノルマ的に割り当て，期中には各部局にその実現に努力させてきた。数値目標を必達目標として厳しく運用してきたともいえよう。

以上のようなこれまでの予算管理は，繰越欠損金の解消という目標の下で規律付けとして機能してきた。しかし，当該目標が達成されてしまうと，このような予算管理では予算管理そのものが緩みかねないという問題が生じてきた。しかも，低金利を背景に足元では利益が出ているだけに，その分だけ予算管理もまた緩みやすいという問題もある。

以上から，今後の予算管理はいかにあるべきか。利益をどのように位置付け，それぞれの予算目標をどのように達成せしめていくべきか，各現場へのカスケード（落とし込み）はどうすればよいのかなどが課題となってきている。

4　悩ましい経済性計算

法人Aにおいては，独立行政法人化の前後に，主要なプロジェクト等についてNPV（Net Present Value；正味現在価値法）等の経済性計算が導入された。そして，経済性計算に基づき経営管理上多くの意思決定がなされてきた。

その後，経済性計算については，各部署において使い勝手がよくなるように，それぞれに計算方法が見直されてきた。その結果，現在では計算方法は多様なものとなってきている[5)]。このため，横串しでの管理をどのように行うのかなどの問題も生じてきている。

また，当初よりディシジョンツリーもあわせて導入された。しかしながら，現状では時期が迫ってからディシジョンツリーが使われるなどの現象もみられ，その見直しも課題になってきている。

さらに，伝統的なNPVには，一般的に，投資開始前にすべての意思決定を行うとしたうえで評価するため，プロジェクト等の採否に当たって過小評価をしてしまうおそれがある（大西・梅田 2019b, pp.10-11）。このため，超長期にわたるプロジェクト等については，現実的には使いづらいと考えられている面があることも否めない。

経済性計算には以上のような問題があることに加えて，法人Aにおいては，事業リスクを負ってでもしなければいけないと考えられる事業もある。これらの採否を経済性計算で機械的に行っていいのかという点についても問題となっている。

以上から，プロジェクト等の経済性計算は今後いかにあるべきか。経済性計算の高度化等が課題となっている。

5　金利変動リスクの存在

法人Aにおいては，非常に巨額の有利子負債によって資金を調達し，資産として不動産を保有している。一般に不動産のデュレーションは非常に長期にわたることから，負債側と資産側のデュレーションのミスマッチがこれまでも問題として認識されてきている。なぜなら，負債側のデュレーションが

---

5)　計算方法が異なること自体を否定するものではない。

短いことから，将来，金利上昇があった場合には支払利子額が急増し，損益面や資金面で甚大な影響を被ることになりかねないからである。

このため，足元では負債の長期化を試みており，将来的にはそれなりに効果を見込むことができると思われる。しかし，そうではありながらも，経営の根幹にかかわりかねない金利変動リスクの脆弱性への対応として，負債の長期化だけでよいのかが課題となっている。

6　関連会社との関係性

法人Ａには，いくつかの関連会社が存在する。関連会社が現場の業務を担っていることも多く，法人Ａの業務遂行上も関連会社は必要不可欠な存在である。

行政改革・特殊法人改革の流れの中では，関連会社の整理合理化や，関連会社との一般競争入札等の契約関係の規律付け等が問題となってきた。このような流れは今後とも強弱がありつつも継続すると思われる。

このように，関連会社は必要な存在であるにもかかわらず，現状ではその関係性の見直しには身動きがとりにくい。そのような中で，法人Ａにおける関連会社との関係性はどのように考えたらよいのか。行政改革等の動きを踏まえてタイミングを計りつつではあるが，その対応策が課題となっている。

Ⅲ　課題への対応（案）

本節では，前節で述べた課題に対して，管理会計を踏まえればどのような対応が考えられるのかについて述べる。まず，業務改革により事務量が捻出されてきているが，それをいかに取り扱うのかについて言及する。次に，事業報告書への対応において，将来の組織戦略につなげることも視野に入れ，目標同士を因果関係仮説等により結び付けることが望まれることについて述べる。そして，予算管理の質の向上の観点から，予算実績差異分析とその後の活動の修正，さらにはそれらのカスケード（落とし込み）が望まれることについて言及する。また，プロジェクト等の経済性計算に当たっては，様々なリスクを内包していることから内部補助を考える必要があることを述べる。さらに，リスク管理のためには自己資本を活用していく必要があることに言及する。そして，これまでの利益調整という段階から，経営管理上に利益をきちんと位置付け，利益計画[6]を考える必要があることを述べる。最後に，グループ経営への模索の必要性について言及する。

1　業務改革により捻出できた事務量の取り扱い

RPA等の業務改革のための議論は，非付加価値活動をいかに省くかという観点からの議論を基本とする。第Ⅰ部第3章でみたように，管理会計における費用管理の様々な手法もこれと同様に非付加価値活動の排除という視点を持っている。これらの手法論は似通っており，本来であれば類似の手法を含めてその適用を考えていくことが望ましい。

その一方で，これらの手法論を通じて，捻出できた事務量について，その使い道はあらかじめ決めておく必要がある。その際には，事務量における手不足，手余りという概念[7]もあわせて考えておくべきである。

手不足は一般的に生産力にボトルネックがあることをいい，この場合であれば特定の事務にかかる事務量がボトルネックになり収益が限られてしまうことを意味する。この場合には，新たに捻出できた事務量を当該ボトルネックとなる事務に投入すれば収益を増大させることができる。これに対して，手余りは市場の需要等にボトルネックがあることをいい，事務量を捻出してそれを追加的に事務に投下したとしても，収益増大には結び付かない（ボトルネックが市場の需要等にあるからである）。

法人Aでは事務量は収益増大のボトルネックではない。このため，上記の区分でいえば事務量そのものは手余りに相当する。したがって，RPA等の業務改革において捻出できた事務量はこれを何に使うのか，あらかじめ考えておく必要がある。残業削減のためには有効ではあるとしても，それを超えて，収益増大につながるような業務にどのようにしたら配分できるのか，よく考えておく必要がある。例えば，将来の収益の向上に寄与する職員の専門性の構築や新規業務の探索など，あるいは，将来の費用の削減に寄与するまたは緊急事態への対応能力の向上に資する職員の多能化の促進など，財務指標では測りにくい将来の効果発現を含めた収益の増大や費用の削減に資する

---

6)　管理会計用語としての利益計画のことである。
7)　手不足・手余りについては第3章及び大西・梅田（2019b）を参照。これはTOC（Theory of Constraints：制約条件の理論）の応用である。

使い方となるような工夫が講じられることが望まれる。この点は業務改革に際して真剣に考える必要がある。

2 因果関係仮説・目的-手段関係の徹底と企業戦略の構築

総務省がイニシアティブをとっている事業報告書について，それのみで考えるのか，IIRCの統合報告書の視点も含めて考えるのかは課題である。前者のみでまとめることも可能であるが，後者の視点を入れて経営管理上の効果を狙うことも考えられる。

事業報告書ではミッションや戦略に即したストーリー性をもった情報のつながりの提示が求められている。一方で，IIRCの統合報告書には価値創造プロセスとしてロジックモデル（ビジネスモデル）が示されている。そこで，事業報告書に示すストーリー性をもった情報のつながりに関連して，統合報告書にならいロジックモデルとして表現することも可能である。

ロジックモデル[8)]においては指標間の因果関係仮説と目的－手段関係が重視されている。そして，このロジックモデルは，企業戦略を表現できる戦略マップとも親和性がある。戦略マップにおいても，因果関係仮説と目的－手段関係を基礎に指標間の関係性が描かれることになる。

したがって，その意味・内容からすると，事業報告書のストーリー性をもった情報のつながりの提示，統合報告書のロジックモデル，企業戦略の戦略マップ，この3者を関連付けて考えることも可能であると考えられる。将来の経営管理上の効果を考えるのであれば[9)]，この方向をよく考えるべきであると思われる。そして，これは，組織戦略（企業戦略，事業戦略）の構築とその開示を意味することになる。

しかしながら，法人Aの現在の経営管理からすれば，ロジックモデルや戦略マップはいうに及ばず，その前段階の指標同士を因果関係仮説や目的－手段関係でつないでいくことに対してもハードルが高いように考えられないでもない[10)]。したがって，上記の方向性を視野に入れつつも，まずは指標間

---

8) ロジックモデルについては大西・日置（2016）を参照。

9) ロジックモデルや戦略マップは戦略を明示するためのツールである。これにより職員のアラインメント（方向付け；同じ方向を向いて努力すること）を確保しやすくなる。

10) そうとはいうものの，法人Aのある分野は，因果関係仮説や目的－手段関係になじむ業務であり，意識さえすれば相当程度のマネジメントはすぐにでも可能であると思われる。

を因果関係仮説や目的－手段関係でつないでいくことについて部内への徹底を図ってはどうかと考える。

なお，昨今では，ESG（Environment, Social, Governance）債やSDGs（Sustainable Development Goals）債の発行，ソーシャルファイナンスの活用も流行の兆しを見せており，そこでは，投資家から経営管理（管理会計）情報の開示が期待されている。法人経営を考えるに際して投資家との対話は最重要項目の１つである。したがって，この文脈でも，指標同士を因果関係仮説や目的－手段関係でつないでいき，最終的にはロジックモデルのような取組みを行うことが重要となってきていると考える。

3　予算実績差異分析・活動の修正とカスケードの徹底

管理会計の通説的見解に従えば，予算管理は４つの段階で発展してきた。すなわち，①資金配分（支出制限），②活動方針の調整，③統制・業績管理，④利益計画との協調[11)]である。このうち①は政府予算でも同じである。法人Aにおいては，この４段階のうち③と④が弱い（大西・梅田，近刊）。

繰越欠損解消を契機として，ノルマ的な管理の色彩が強い予算管理の質の向上を図る観点からは，まず，③の内容に相当する予算実績差異分析・活動の修正が重要である[12)]。予算目標と実績とを比較してその差異を分析し，原因を追究したうえで，将来の活動方針を修正していくということが求められている。

予算実績差異分析は，予算の前提となる要因がどうであったかについての検証を伴う。これにより，予算目標が未達であった場合，前提となる要因までさかのぼって考え，予算目標そのものを引き下げるのかどうかを考えることになる。また，予算目標が達成された場合には，さらに高いストレッチな予算目標に変更することが検討されることとなる。

そして，その際には，カスケード（落とし込み）の徹底も必要である。通常，カスケードは，目標の分解，因果関係仮説による先行指標の管理，目的－手段関係による手段（方策）の管理を伴い，より前方，より下方の指標に

11）ここでは予算管理と利益計画とを分けて考えている。
12）利益計画についても論点はあるが，これは第Ⅲ節第６項で述べる。

よる管理を志向する（大西・福元 2016a）[13)]。なお，カスケードに際しては，非財務指標も多く活用されるので，予算実績差異分析は適宜，目標実績差異分析に組み直される必要がある[14)]。

予算管理の質の向上の観点からは，予算実績差異分析と活動の修正，および，カスケードの徹底が必要視される。そして，カスケードの徹底という観点からは，前項にあるように，因果関係仮説や目的－手段関係がしっかりと取り組まれていることが必要視されるのである[15)]。

4　経済性計算の高度化と内部補填の必要性

前述したように[16)]，経済性計算においては時間経過に伴うリスクの低減が織り込めず，とりわけ，超長期での計算には過小評価の傾向が強く出ることになる。しかも，現下はマイナス金利であり，DCFにおいてリスク織り込み済みの割引率とした場合には当てはめに難がある状況も想定し得ないわけではない。

このため，例えば，投資の意思決定を延期するという柔軟性を考慮に入れることにより，そのデメリットを軽減することが考えられる。意思決定の柔軟性を考慮に入れる観点からは，リアルオプションの考え方を活用していくことが推奨される（大西・梅田 2019b）。

しかしながら，超長期であればあるほど，リアルオプションの設定は技術的にも難しいうえ，リアルオプションを活用してもなおリスクを伴うことが予想される。このようなリスクをどのようにカバーするのか。そのための1つの解決策として，次項にあるような自己資本を活用したリスク管理が考えられる。

13）カスケードに際しては責任会計，方針管理，目標管理等の方法論も重要となる。因果関係仮説等を用いつつ，これら方法論を活用するイメージとなろう。大西・梅田（2018a），大西・梅田（2018b），竹本・大西（2018, pp.21-23）などを参照。

14）繰り返しとなるが，法人Aのある分野は，予算実績差異分析・活動の修正とカスケードについて実質的に相当程度なじんでおり，意識さえすれば相当程度のマネジメントが可能であると思われる。

15）これらはPDCAの実効化という観点からも重要である。PDCAについては大西・福元（2016b）を参照されたい。

16）経済性計算には，各事業における横串しでの管理やディシジョンツリーの活用などの問題点もあり，これらについては必要に応じて見直される必要がある。

5 自己資本を活用したリスク管理

法人Aをとりまくリスクには様々なものがある。それぞれの事業に伴う事業リスク，人口減等の社会構造変化リスク，将来の金利上昇といった金利変動リスク，さらには独立行政法人という形態から伴わざるを得ない政治リスクなどである。

これらのリスクには，できる限りそれぞれの方策で対応すべきである。しかし，それでも残らざるを得ないリスクへの対応は，積立金等による自己資本で対応せざるを得ないと考える[17)]。すなわち，積立金等の自己資本によるリスク管理という考え方をとる必要がある。そのためには，事業リスクや金利変動リスク等の様々なリスクを定量化し，積立金等の自己資本でカバーできる範囲内のリスクにとどめているかとの観点からリスク管理を行っていくことが望まれる。また，リスクの定量化に際しては，企業が行っているリスク管理も参考としつつ，自らに適したものを編み出していくことが望まれる。

いずれにせよ，このような観点から，利益を積み上げ，リスク管理に必要な金額を目安として積立金等として自己資本を手厚くすることが必要視される。そして，そのためには，今後，利益をどう処分していくかについて真剣なる検討が望まれることになる。

6 利益調整から利益計画へ

前項のように，自己資本を活用したリスク管理を行うためには，利益は必要不可欠な存在である。将来のリスク要因をカバーする観点から，自己資本を積み上げる必要があり，そのためには毎年度の利益確保こそが重要になる。繰り返せば，事業のリスク管理を行い，法人のミッションを果たしていくためには，利益は非常に大事なものとなる。ここに，大事な利益を毎年度計画的に計上していくという，利益を目標とした経営管理が必要視されることになる。

このような利益の位置づけは，これまでのような繰越欠損金の解消のため，ノルマ的な色合いの強かった利益調整とは異なるものである。本節第３項で

17) 政治リスクは別に考える必要があろう。

いう予算実績差異分析・活動の修正やカスケードの徹底による予算管理を前提とした利益計画（将来の利益も含む）との協調を中心とする予算管理ということもできると考える。

このように，法人Aの経営管理の中心に利益計画があり，その下での予算管理を通じて組織内に徹底されていくことになる。利益は法人Aの経営管理を行っていくうえで必要不可欠な存在であり，利益確保の要請は法人経営の根幹にかかる動機づけとして正面から位置付ける必要があるものと考える。

以上の第2項から第6項までをフローチャートにして表現すれば**図表10-2**のとおりである。左上の「事業報告書への積極的な取り組み」から図の下にかけて，「先行指標・手段による管理」に展開され，要すれば「組織戦略の構築」というタテの流れがある。そして，「先行指標・手段による管理」からヨコ軸を右にかけて，「予算管理の質向上」，「利益計画」，「自己資本の充実」，「リスク対応力の向上」と続く。

なお，**図表10-2**の流れは，法人Aがミッションを果たすために必要となる組織的な能力（経営管理能力）を構築するためのフローである。ミッションそれ自体をどう実現していくのかという意味での組織戦略（経営戦略）は，図の左下に点線の矢印で示しているように別に考えるべきであろう。

ちなみに，テレワークが実践されてきている中では，このようなフローチ

図表10－2　利益計画・予算管理を中心とした経営管理の基本的な流れ

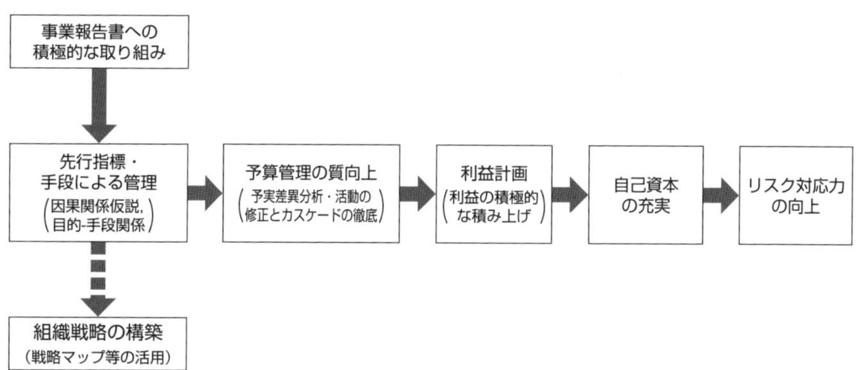

出所：著者作成。

ャートによる図解は重要性を増すと思われる。なぜなら，組織がどのような方向に動こうとしているのか，その中で自身の職務がどのように関係しているのかなどについて端的に理解できるようになるからである。遠隔地で勤務する職員同士は同一地での勤務に比べて意識がバラバラとなりやすい。だからこそ，職員間のアラインメントを促進するこのようなツールの重要性が増すのである。

7 グループ経営の模索

法人Ａとその関連会社におけるグループ経営を考えた場合，以下のような対応をしておくことが考えられる[18)]。まず，想定されるのは，各社において質の高い戦略マップ[19)]を作成し，各社がこれを持ち寄り，グループ全体の統合的な戦略マップにまとめることが考えられる。

そして，関連会社に対するコントロール手段についての検討も開始すべきである。関連会社の内部管理や原価管理の状況を把握し，それを評価しつつ，実効的なコントロール手段として法人Ａが関連会社が行う内部管理や原価管理を使いこなすような組織能力の構築も必要視されることとなる[20)]。

以上の点はいずれも一朝一夕にはできるものではないので，早い段階から検討を始めておくことが望ましい。その一方で，グループ経営は行政改革との関連せざるを得ないことから，行政改革におけるグループ経営についての議論を注視していく必要はあろう。したがって，用意だけはしておいて，グループ経営を打ち出すタイミングは別途計っていくこととならざるを得ないのではないかと思われる。

おわりに

独立行政法人Ａにおいては，主務官庁から与えられる中期目標が言葉を中心とするものでもあり，このため，これまでは言葉によるマネジメントが強

18）ここでの議論は組織間管理会計の応用である。組織間管理会計については大西・梅田（2019c）を参照されたい。

19）表面をなでるだけのようなものではない，職員が腹落ちするようなという意味である。

20）関連会社のマネジメントを活用したマネジメントとでもいえようか。その際にはグループ全体でのマネジメントのレベルアップが求められよう。

い傾向にあった。これに対して，本章では，管理会計を活用した経営，換言すれば，数字によるマネジメントの強化が必要であることをいくつかの論点から主張している。

数字によるマネジメントの実践に当たっては，より高次の課題として，これらの徹底と継続がポイントとなる。この徹底と継続のためには，理事長以下のトップマネジメントにおいて，以下のことがなされることが望まれる。第1には，トップマネジメントの関心と理解[21)]である。トップマネジメントは政治との関係等に重責を担っているが，それとともに，組織内部の経営管理に対する関心と理解をいただきたい。第2に，トップマネジメントによる部内への旗振りである。節目々々においては利益の重要性等，自ら旗を振っていただければと考える。トップマネジメントとフォロワーとがともに，経営管理・管理会計の用語にある程度の理解があればなお効果的であろう。第3に，トップマネジメントによる外部への発信である。なぜなら，内部的な取組みにとどまれば，どうしても後退しやすくなるからである。そこで，外部に公表し，内部に対してある程度の緊張感を持たせつつ，今後の継続がより容易となるような仕掛けとしておくことが望まれるのである。そして，これらは代替のできないトップマネジメントの役割であると考える。

参考文献

大西淳也・梅田宙（2018a）「責任会計についての論点の整理」『PRI Discussion Paper』（財務総合政策研究所）1。

大西淳也・梅田宙（2018b）「統合報告についての論点の整理」『PRI Discussion Paper』（財務総合政策研究所）11。

大西淳也・梅田宙（2019a）「RPAと事務改善活動についての論点の整理」『PRI Discussion Paper』（財務総合政策研究所）3。

大西淳也・梅田宙（2019b）「プロジェクト等の経済性計算についての論点の整理」『PRI Discussion Paper』（財務総合政策研究所）4。

大西淳也・梅田宙（2019c）「耐用年数についての論点の整理」『PRI Discussion

---

21) トップマネジメントに経営管理や管理会計の詳細な技術的知識は必要ない。そういう専門分野があり，自らの法人に活用可能であることと大枠での内容をご理解いただければ十分である。

Paper』（財務総合政策研究所）5。
大西淳也・梅田宙（近刊）「予算管理論についての論点の整理」『PRI Discussion Paper』（財務総合政策研究所）。
大西淳也・日置瞬（2016）「ロジック・モデルについての論点の整理」『PRI Discussion Paper』（財務総合政策研究所）8。
大西淳也・福元渉（2016a）「KPIについての論点の整理」『PRI Discussion Paper』（財務総合政策研究所）4。
大西淳也・福元渉（2016b）「PDCAについての論点の整理」『PRI Discussion Paper』（財務総合政策研究所）9。
竹本隆亮・大西淳也（2018）『実践・行政マネジメント―行政管理会計による公務の生産性向上と働き方改革―』同文舘出版。
International Integrated Reporting Council（IIRC）（2013）The International Integrated Reporting Framework.（訳『国際統合報告フレームワーク』）

第11章 水道事業の管理者に求められる経営管理能力—盛岡市上下水道局の事例—

はじめに

本章の目的は水道事業の特徴を踏まえたうえで，管理者に求められる経営管理能力について概観し，盛岡市上下水道局の経営管理について管理会計の体系に従って整理することである。管理会計の体系を用いることにより，経営管理に必要な情報を漏れなく網羅することができる。

第Ⅰ節では，公営企業が担い手である水道事業の特徴を検討する。第Ⅱ節では，公営企業の管理者にとって必要となる経営管理能力について概観する。第Ⅲ節では，管理会計の体系について述べる。第Ⅳ節では，盛岡市上下水道局の管理者を経験した平野耕一郎氏の事例を通じて，管理会計の体系を軸として管理者に求められる経営管理能力を論じる。第Ⅴ節では，経営管理能力を獲得してきたプロセスに着目し整理する。最後に，経営管理の取組みを継続させるために重要となる外部の目を取り上げる。

Ⅰ 公営企業が担う水道事業の特徴

本節では第1に，水道事業の置かれている経営環境について検討する。第2に，水道事業が有する事業上の特徴を明らかにする。

1 水道事業をめぐる経営環境

本項では，水道事業が置かれる内外の環境について検討する。水道事業の総事業数は2018年度時点で1,882事業（法適用1,372事業，法非適用510事業）である。年間を通じて総事業数は減少傾向である。なお，法非適用の水道事業数も減少傾向にあるが，これは法適用事業へと転換していることも一因である。

水道事業全体の料金収入と利益について2018年度から過去5年の推移を図

図表11-1　水道事業全体の料金収入と利益の推移

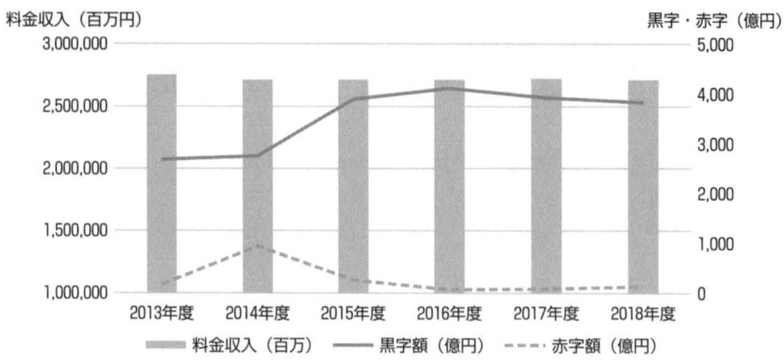

出所：地方公営企業決算の概況より著者作成。

表11-1に示す。2018年度時点で，黒字事業は1707事業（90.8％），赤字事業は172事業（9.2％）である（総務省 2018a）。料金収入は５年を通じてほぼ一定の推移である。ただし，後述する今後の人口の減少を踏まえれば，料金収入は減少していくと予想される。黒字の額は約3,000億円から4,000億円である。

日本の人口の推移を**図表11-2**に示す。1965年の98,275千人から46年にわたって人口の増加は続いた。2011年には人口127,834千人でピークを迎えた。2016年からは推計値のデータとなるが，人口が減少期を迎えることが推計されており，2065年には88,077千人にまで減少する可能性がある。

水道法が成立した1957年時点の給水人口は約3,700万人であり，普及率は約41％であった（厚生労働省 2013, p.3）。拡張期に求められることは，水道の普及率を増加させることであった。人口の推移でみてきたとおりわが国の人口は2011年まで増加し続けてきた。水道設備の拡張工事を進めた結果，2010年には給水人口は１億2,482万人を超え，普及率は97.5％にまで向上した（厚生労働省 2013, p.3）。

従来水道事業に求められてきたことは水道需要の増大に対応して給水能力を高めることであった。需要は人口の増加や水道を用いる下水道・家電機器の普及などによって増加してきた。多くの水道事業体は創立期から数次にもわたる拡張工事を行うことで水道需要の増大に対応してきた。

使用水量は1960年より一貫して増加したが2000年の日量3,900万㎥をピー

図表11-2　日本の人口の推移

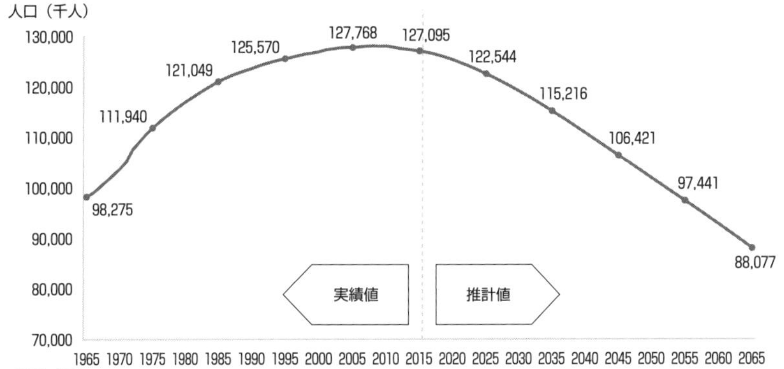

出所：総務省「国勢調査」，国立社会保障・社会人口問題研究所「日本の将来推計人口（平成29年推計）：出生中位・死亡中位推計」より著者作成。

クに減少している（厚生労働省 2017）。人口増加期にあった2000年の時点で給水需要が減少している原因の１つには節水機器の普及が考えられる。厚生労働省（2017）の推計では2060年の使用水量は日量2,200万㎥まで減少すると予想されている。**図表11-2**のとおり人口は減少を迎え，給水需要は低下することがほぼ確実である。このような環境の中では，減少を見据えた給水収益を踏まえて費用を抑える工夫が必要となる。例えば既存施設の長寿命化の促進（固定資産台帳を活用した修繕履歴の記録，法定耐用年数を超えた経済的耐用年数で設備を利用するなど），施設の統廃合やLCCに優れた管路・施設への更新などが考えられる。

2　水道事業の特徴

水道事業の特徴として①原価のうち固定費が大きな割合を占める点，②経営計画の計画期間が長期にわたる点，③管理者や職員の異動が比較的短期に行われる点の３つが挙げられる。

①について，給水原価の多くは管路と浄水設備の減価償却費が占め，過去の設備投資によって原価の水準が決定される。一度投資を行ってしまえば，減価償却費は経営効率にかかわらず毎期発生するため，原価低減の余地が限られる。したがって，原価低減のためには，投資意思決定段階で投資判断を

厳格に行う必要がある。

②について，管路や浄水設備の耐用年数は40年以上と長期にわたる。投資の決定に当たっては50年や100年単位といった長期の水需要などの推計を踏まえる必要がある。長期的な見通しのもと管路の配置や施設の規模を決定することが求められる。

収益を決定する要素は水の利用量と価格である。水道事業者にとって水の利用量を変化させることは困難であるため，価格が収益を決定する鍵となる。価格は将来の予想を踏まえて投資が回収できる水準に設定する必要がある。水道料金を改定する際は，民間企業と異なり議会や首長からの承認が必要となるため，外部を説得するための合理的な根拠が求められる。

③について，水道経営が長期を見据える必要がある一方，そこで働く職員の任期が比較的短く，数年で異動となってしまう。管理者の任期も同様である。自身の任期よりもはるかに長期的な視点で経営を行う必要がある。しかし，職員や管理者の入れ替わりが頻繁に行われるため，経営管理の仕組みを入れたとしても，継続的に行われない可能性がある。

Ⅱ 公営企業の管理者に求められる経営管理能力

公営企業は地方自治体に属しているが，公営企業の管理者は自治体の首長から大幅な権限が委譲されており，独立した経営者としての役割が求められている。管理者の権限として地方公営企業法には，職員の任免，予算編成と当該予算の説明，決算の調製と説明，資産の取得管理，資金の借入など様々規定されている（地方公営企業法第９条）。営利企業における経営者の立場であるがゆえ，組織全体に大きな影響を及ぼす存在が管理者である。

地方公営企業法では一定規模以上の上水道事業には管理者を設置すると規定されている。同法律で管理者に大きな権限が定められていることを踏まえると，一定規模以上の組織は経営ノウハウを有する管理者の確保が必要との前提に基づいて設置規定を置いていると考えられる。

水道事業の経営は管理者の能力に大きく依拠しているが，経営能力を有する管理者が経営を行っているという前提は必ずしも十分ではない。管理者の実態についてアンケートを実施した総務省（2018b）の調査によると，管理者と実質的に指揮管理している者が一致していない割合が高く，管理者の存在が希薄な回答が多い（総務省 2018b, p.19）。業務を中心とした管理は実施されていても中長期的な経営に必要な情報が管理者と十分共有されていないところが多い。現場からの経営改善提案が多いものの，実際に経営改善に取り組まれる割合が少ないなど，現場が中心となって事業を主導していることが示唆されている（総務省 2018b, p.20）。

水道事業が置かれている状況は管理者の経営に対する意識によって大きな幅があると考えられる。アンケートの結果のように現場が中心となれば，長期的な経営計画，設備投資計画や料金改定などトップの決定が求められる重要な職務がおろそかになる危険性がある。

そこで，管理者の経営管理能力が重要となる。経営管理能力に着目した調査として総務省（2018b）がある。総務省（2018b）では「良き管理者」像の構築と共有を目的として，管理者に求められる行動を基本レベルから理想レベルに整理し，経営管理能力の発展段階を提示している（**図表11-3**）。

経営管理能力が重要となる一方で，経営管理能力は管理者個人に属するものであるため，管理者が変わってしまうとその能力を引き継ぐことができない。水道事業の経営は長期を見据える必要がある一方で，事業のトップである管理者の任期は短い。

図表11-3　管理者に求められる行動

現場主導から、管理者主導の攻めの経営		基本的取組	基礎レベル 管理者による経営の確立	中級レベル 経営指標に基づく持続的な経営	理想レベル 環境変化に対応した戦略経営
リーダーシップ・コミュニケーション 日々の実践	組織外部のマネジメント		(3) 料金改定に向けた活動指揮		(3) 管理者による住民・議会等とのコミュニケーション
	組織内部のマネジメント			(1) 先を見たマネジメントの実践 (2) 経営資源全般の把握と最適配分	(2) 経営を高度化するためのデータ活用 (1) 将来を見据えた環境変化に対応する経営実践
ガバナンス・マネジメント 仕組作り	全体最適 組織を巡る環境	(1) 管理者による経営戦略の点検	(1) 目標と計画の明確化 (4) 事業遂行に必要な資金・資源の確保	(3) 事業と経営に係る内部管理の強化と対外的働きかけ	
	経営情報 現場情報	(2) 基本的な経営数値と課題の把握 (3) マネジメントの実施プロセスの確認	(2) 収支改善に係る取組状況の確認 (5) 数値把握による経営状況の確認とガバナンス体制の確立	(4) 経営指標に基づく確認 (5) PDCA管理の仕組みの構築	
管理者の行動特性		遂行意欲	課題の把握と検討	対応策の構造化	目標の分解・手段等による管理

出所：総務省（2018b, p.5）別紙２より。

そこで必要になることは管理者の属人的な経営管理能力をシステムに落とし込むことである。**図表11-3**ではガバナンス・マネジメントの仕組作りで示されている。例えば，長期計画の作成，計画の実行への落とし込み，計画立案に必要な情報共有の仕組みなどが必要になる。システムを通じて，能力を仕組化することによって，管理者の能力を維持・改善することにつなげることができる。

以上がアンケート調査からまとめた管理者に求められる経営管理能力である。これを個別の管理者に当てはめるに際しては，体系的に考えるべきである。そこで，次節では管理会計の体系について述べる。

Ⅲ 管理会計の体系

本節では管理会計の体系を述べる。体系を用いるのは，経営管理に必要な視点を漏れなく網羅するためである。管理会計の体系については様々な観点から論じられてきたが，経営管理者の職務とは何かという観点から分類を試みた体系が存在する。そこで，第1に計画と統制の割合の程度から分類を試みたAnthony（1965）について検討する。第2に，Anthony（1965）の体系の再検討を試みた櫻井（2014）を取り上げる。

1 計画・統制の区分とAnthonyの体系

初期に提案された管理会計の体系としてGoetz（1949）は，経営管理職能の役割である企業活動の計画と企業活動の統制に着目した[1)]。そして，管理会計の目的を経営計画と統制の2つに役立てることにあるとしている（Goetz 1949, p.4；訳書p.5）。

その後，計画会計には個別計画に属するものと期間計画に属するものに分けられる点を踏まえて，Beyer（1963）は意思決定会計と業績管理会計に区分する体系を提案した（**図表11-4**）。経営計画のうち個別計画に対応するものが意思決定会計である。業績管理会計は期間計画と統制を対応付けている。

Beyer（1963）の主張と近い時期に，Anthony（1965）は計画と統制のシステムについてのフレームワークを提案した。新たなフレームワークを必要

1） 社会関係への適応も挙げているが，のちの論点と関連が薄いため割愛する。

図表11-4　管理会計の体系の推移

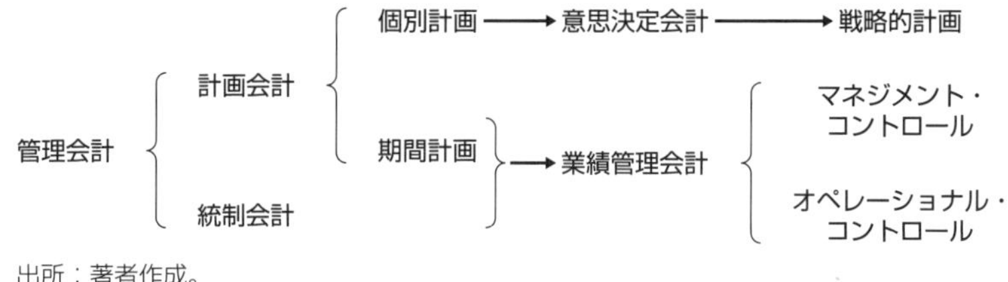

出所：著者作成。

としたのは，計画と統制には相互関係があり両者を明確に区別することは困難であるためである。そこで，計画と統制のシステムを戦略的計画，マネジメント・コントロール，オペレーショナル・コントロールの3つに区別した（Anthony 1965；訳書pp.21-23）。計画と統制の3つの区分は両者の割合の違いに起因する。戦略的計画の活動はほとんど計画活動であり，マネジメント・コントロールは計画と統制との混合されたものであり，オペレーショナル・コントロールはほとんど統制活動が占める。

2　Anthonyの体系論の再検討

Anthony（1965）の体系は広く利用されることになるが，1990年代以降の管理会計の体系には，戦略の策定を含めようとする著書や論文が数多くみられるようになった（櫻井 2014, p.17）。Anthony（1965）の戦略的計画にも戦略という用語が用いられているが，あくまでも投資意思決定にかかわる問題であった。これに対して戦略の策定は意思決定を行うためのガイドラインあるいはパターンである（櫻井 2015, p.576）。したがって戦略的計画の上位概念として戦略の策定が存在する。

櫻井（2014）は，管理会計の体系を考察するうえでの1つの案を提示しており，戦略の策定と戦略の実行に区分している。さらに，戦略の実行は，経営意思決定のための会計，マネジメント・コントロールのための会計，業務コントロールで構成されている（櫻井 2014, p.32）。Anthony（1965）の体系を戦略の実行としてまとめ，上位の概念として戦略の策定を含めたものとして整理できる。

以上，様々な体系を取り上げたが本章では水道事業が装置産業であり，長期的な視点が必要であるという観点から，戦略の策定と戦略の実行という点

図表11-5　本章で用いる体系

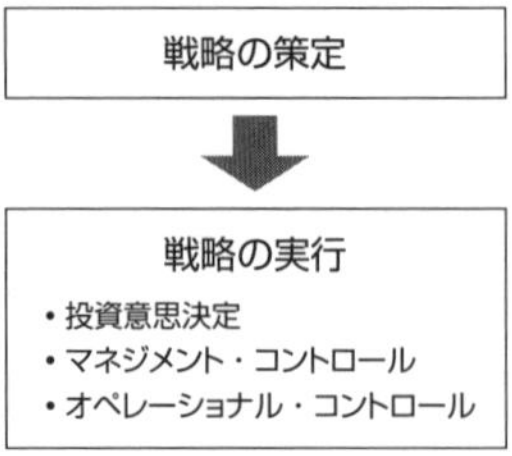

戦略の策定

戦略の実行
- 投資意思決定
- マネジメント・コントロール
- オペレーショナル・コントロール

出所：著者作成。

で管理者の職務を整理する。また水道は装置産業という同様の理由から経営意思決定を投資意思決定と置き換える。以上より，本章では戦略の実行を，投資意思決定，マネジメント・コントロール，オペレーショナル・コントロールとして扱う（**図表11-5**）。

Ⅳ　水道事業管理者における経営管理（管理会計）のレベル

本節では，管理会計の体系という軸を用いて，盛岡市上下水道局の元管理者である平野耕一郎氏の取組みを論じる。戦略の策定には百年構想の策定という取組みが該当する。戦略の実行には，浄水設備の更新投資に用いた投資意思決定の取組みを例示する。マネジメント・コントロールとして料金改定の仕組みをみる。オペレーショナル・コントロールでは，固定資産のデータベース化，固定資産の修繕計画を取り上げる。

1　戦略の策定

戦略について，総務省（2014）は各団体に策定を求めており，その際の計画期間は10年以上を基本とすることとされている（総務省 2014, p.4）。また，施設・設備の新規・更新需要額等の将来試算は，可能な限り長期間（30年～50年超）であることが望ましいと指摘している（総務省 2014, p.5）。なお，策定に当たっては様式第1号[2]の経営戦略を参考にすることが示されている。

2）記述内容として，経営の基本方針，計画期間，投資・財政計画，効率化・経営健全化の取組の項目がある。

盛岡市上下水道局の戦略では，今後100年間の水道施設の更新需要を独自の耐用年数で試算している。このような超長期の試算期間を設定することは非常に珍しい。検討結果は水道施設整備百年構想，水道施設整備構想（改定）にまとめられている。百年構想は，水需要等を織り込んだ上で，浄水場や管路の能力の適正化，更新，廃止をどの時点で実施するのかを計画したものである。地域ごとに異なる人口減少率や市街地の縮小・スポンジ化など，外部環境は変化していくため，百年構想は将来進むべきガイドラインないしパターンとして重要となる。

数十年単位ではなく100年を想定することで，水道事業で用いる施設の更新や新たに設備投資をする際に，水源や浄水場，配水池などの理想的な配置を織り込むことができる。設備がすべてリプレイスできることを念頭に置けるのが100年という期間になるため長期的な構想は重要である。例えば百年構想では，2068年代までに４浄水場あったものを２浄水場にする計画が盛り込まれている。

百年構想の効果を盛岡市上下水道局の水道建設課課長補佐山路聡氏に伺うと，「2026年までに浄水場を１箇所廃止する方向で進んでいます。仮に浄水場を廃止して３浄水場にするという前提で事業を行えば，それを目的として管の配置を決めていくことになります。その一歩先の２浄水場化までをイメージしたときに，２浄水場化になっても無駄にならない管を整備しなければいけないと考えられます。何度も体験しましたが，この管がもうちょっと太ければよかった，この水管橋がもっと大きければよかったと思うことがありました。担当した職員によって水を流す方向の考えに差があることもあります。末端は細く，手前は太く配置するため，流す方向を変えるには管路を全部入れ替える必要があって難しいのです。水道管を敷設する場合，将来どう使うのかを見込んでいると利用方法を考えられます」。このように長期を見据えた構想を行うことで，設備投資の無駄を省くことができる。管理者にとって長期的な構想を行う能力が重要となる。

以上のような百年構想はアセットマネジメントから始まる施設計画から導かれている。同市では百年構想に続く計画も含めて経営戦略とよんでいるが，Ⅲ節で論じた管理会計の体系を当てはめて整理すると**図表11-6**のようになる。すなわち，百年構想を軸として投資意思決定の方針が決定され，また長期的な構想から料金改定の根拠が導かれる。これはマネジメント・コントロール

図表11-6 盛岡市上下水道局の経営戦略と管理会計の体系

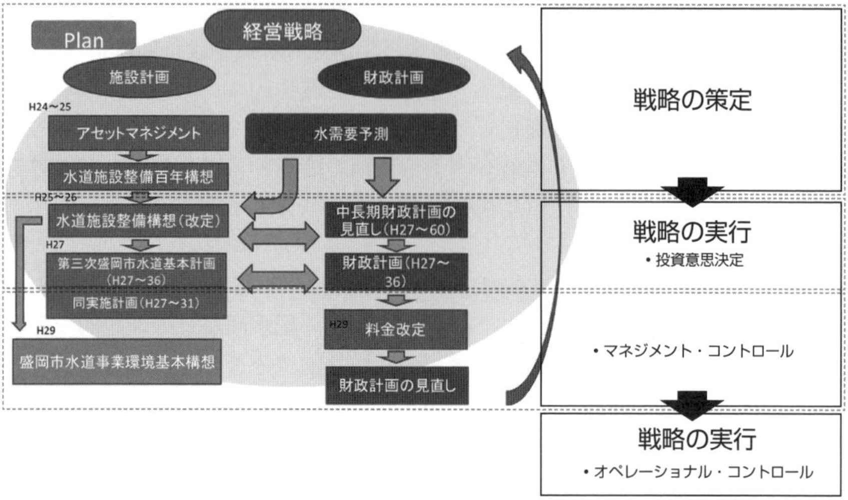

出所：平野（2018，スライド11）をもとに右図を追加。

の取組みに該当する。さらに日常的な業務を行うに当たってはオペレーショナル・コントロールが必要になる。

図表11-6の体系は**図表11-3**の管理者に求められる行動に関連付けられる。一例を示せば，戦略の策定は理想レベルの「将来を見据えた環境変化に対応する経営実践」や中級レベルの「先をみたマネジメントの実践」に該当する。戦略の実行のうち，マネジメント・コントロールは理想レベルの「管理者による住民・議会等とのコミュニケーション」や基礎レベルの「料金改定に向けた活動指揮」にあたる。さらに体系全体は中級レベルの「PDCA管理の仕組みの構築」に関連する。

2 戦略の実行

（1）投資意思決定

投資意思決定に関連する水道施設整備構想は100年使える施設整備を目標にとりまとめられたものである（**図表11-6**では百年構想の方針をもとにして設定）。投資に当たっては施設の耐震化・長寿命化・統廃合を前提として効率的な施設整備を目指している。ここでいう効率的とは「従来施設の機能以上の能力を有するとともに，長く使えるものづくりを目標に，『イニシャルコスト・ランニングコスト・更新コスト』の長期間総額（例えば100年間）を抑制し，支出額の削減に資するもの」と定義している（平野 2020, p.34）。

投資計画は施設自体に精通する技術系の職員と投資に必要な財政を管理する事務方との調整が求められる。技術と財政の調整について，施設整備は長期的水需要を踏まえ施設の現状から将来を見通した施設の統廃合を実耐用年数ベース[3)]で合理的な更新計画を作成することが必要となり，それに基づいた維持管理計画が作成される。さらに水需要をベースとした収入見通しと施設・維持管理計画に基づいた支出見通しによる財政計画（料金改定を織り込む）を作成する。そして，それぞれの計画について技術および事務系職員がディスカッションをしっかりと行い理解を深めることが重要となる。こうした事務手続きの繰り返しが「調整」ということなり，両者に齟齬のない長期的な事業運営を行うに当たって不可欠なものとなる。

施設の統廃合は現状の４浄水場を2026年までに３浄水場に，2028年に新米内浄水場の稼働，2068年に２浄水場体制を見込んでいる。ここで，2028年の米内浄水場の更新投資を例に設備投資計画を説明する。米内浄水場は盛岡市水道事業が創立した1934年から今日まで操業を続けている緩速ろ過システムが設置されている。創業から86年経過している中でも稼働しており，経済的耐用年数が急速ろ過と比較して長い。

投資意思決定の際には急速ろ過システムを導入するかの比較を行っている（**図表11-7**）。投資意思決定に当たってはキャッシュ・フローを用いている。また，法定耐用年数ではなく，経済的耐用年数による見積となっている。120年間の使用を仮定した場合を試算した結果，緩速ろ過が急速ろ過と比較して164億円ほどキャッシュアウトフローが少ない算定結果となった。

（２）マネジメント・コントロール

マネジメント・コントロールは各マネジャーに望ましい行動をとってもらうための仕組みである。望ましい行動とは策定された戦略を実現するための行動である。ここでは継続的に料金体系を見直す仕組みと，職能間の調整について取り上げる。

---

3)　会計処理上の法定耐用年数とは異なり，実際に固定資産が何年間使用可能であるかを示す。

図表11-7　米内浄水場緩速・急速ろ過システムでの比較

種別	緩速ろ過	急速ろ過	備考
整備・更新費用	17,300,000千円	32,300,000千円	元利償還額
委託・修繕費用	—	—	
電気料金	19,000千円	384,000千円	
薬品費	89,000千円	1,172,000千円	
合計	17,408,000千円	33,856,000千円	

出所：平野（2018, スライド54）を2019年10月29日時点の見積もりに修正。

料金体系を見直す仕組みについて，水道事業は収益面において長期的な視点が必要になる。この点が，単年度の予算によって各マネジャーに対してコントロールをする一般的な手法と異なる。なぜなら料金改定は住民，議会や首長からの理解が必要であり，水道局の一存では決定できない。値上げは市民にとって痛みが伴うため改定に及び腰となる可能性がある。そのため，給水原価が価格を上回っていても現状の価格を据え置く水道局も存在する。現役世代にとっては価格が上がらないに越したことはない。しかし，原価割れで水道サービスを提供していると，将来の更新のための資金が不足する可能性があり将来世代の負担が重くなる懸念がある。

同局では料金算定期間が経過した際に水道料金の妥当性にかかわる検討を定期的に行うことになっている。収益に多大な影響を及ぼす料金改定には，市民や議会への説明，審議会の設置などのノウハウが必要となる。料金改定の検討をルーティン化する意図は，料金改定が経営にとって欠かせない業務であるため，職員にスキルを引き継がせる仕組みとするためである。持続的な経営のためには収益に目を向ける必要があり，管理者にとって必要な視点である。

職能間の調整について，人材の計画的な育成を取り上げる。そこで，施設計画を立案する技術系の部署と財政計画を立案する企画系の部署間での人材育成面での調整を紹介する。両部署は要求の違いから，リンケージ（連携）がうまく取れていないという課題がある。例えば施設計画を行う技術系では「技術屋はいい施設を作る」ということが先行してしまい，財政的な裏付けを脇に置いてしまうことがある。一方が主導で，もう一方が従になっていく関係は望ましくないため，バランスよく，両者の力関係をしっかりみられるマネジメントが必要となる。

このような経営者層を育成するために，技術をベースとしながら財政を理解する職員，逆に財政をベースとしながら技術を理解する職員を養成する必要がありその実現のためには適切なジョブローテーションを通じた人材育成が重要となる。この背景には，技術出身の著者が係長時代に８年間企画部門に籍を置き経営に携わり経営の重要性を学ぶ機会があったことがある。その後の人事においても技術系職員を経営部門に配置してきている。

（３）オペレーショナル・コントロール

オペレーショナル・コントロールの一例として，固定資産台帳作成のための管路確認作業，修繕計画を紹介する。管路確認作業で作成される固定資産台帳によって，組織が所有する固定資産を網羅的に把握することが可能となる。また，減価償却費の算定根拠として活用することができる。

減価償却費を計算するには，固定資産を何年で償却するかを決める必要がある。耐用年数は設備の物理的・経済的な条件を加味して合理的な範囲内であれば組織が任意に決めることができる。耐用年数は地方公営企業法施行規則別表第二号「有形固定資産の耐用年数」において配水管の耐用年数は40年と規定されている。

法定耐用年数は料金算定の基礎となる費用の期間配分として重要である。その一方で，更新時期は法定耐用年数よりも長い期間が目安とされている事例が多い。このため目安とされている期間が投下資本の回収期間であるとした場合には，法定の耐用年数それ自体には投下資本の回収期間としての意味合いはないことになる。そこではむしろ，物理的耐用年数を目一杯使い切ることが重要となる。

水道局の固定資産台帳では，管路ごとにいつ作ったものでどういう構造かを示したカルテを作る。何年経過しているのかが一目で分かり，老朽度は実地調査をして必要なところについて補修するようにしてる。カルテができるとそこに履歴が残り，データベースが構築される。データベースのうち，例えば配水本管の付属設備は「配水本管維持管理計画」にまとめられている。管理計画では点検項目や調査スケジュールが示される。

次に，修繕計画である。修繕計画のうち，「水道橋及び橋梁添架管維持管理修理計画」では，水管橋全ての維持管理計画を作って，盛岡市内の水管橋を全部リストアップして，その中で点検等行いながら修繕するべきもの更新するべきものを振り分けている。修繕するべきものについては優先順位をつけ計画的に実施するというルールを作成した。

修繕計画のためには固定資産の現状を調査する必要があるため，データベースの作成が必須となる。固定資産の老朽化の程度に応じて，修繕が不要なもの，修繕により長寿命化を図れるもの，更新が必要なものなどに分けることができる。固定資産の現状を1つひとつ調査することは非常に手間を伴うが，これは結果として投資すべき箇所に絞って資金を投下することにつながり，経営の効率化が図れる。

V 経営管理能力を獲得してきたプロセス

本節では，どのような過程を経て盛岡市上下水道局の元管理者が経営管理能力を獲得してきたのかを検討する。第1に，経営管理能力を高めるきっかけとなった経営危機について明らかにする。第2に，経営管理能力の獲得について明らかにする。

1 盛岡市上下水道局が経験した経営危機

百年構想の策定を平野氏が行った背景に，かつて盛岡市上下水道局が陥った経営危機がある。当水道事業の経営難の発端は，1992年に盛岡市と都南村が合併する際に生じた。都南村は盛岡市のベッドタウンとして人口5万人を誇り，日本一人口の多い村とよばれていた。同村は水源が非常に不安定であり，小規模の水源を多数開発することによって配水能力を保っていた。規模の小さい水源から水を調達しているため，規模の経済が働きづらく，盛岡市と比較して水道料金は高かった。

都南村の状況に対して，盛岡市の当時の管理者は合併緊急整備事業費41億円と150億円をかけて新たな浄水場を整備した。浄水場から供給される水の3分の2は都南村向けのものである。さらに，他の盛岡市分の整備費も加わり，1992年の投資額が約200億円となった。

1992年から一気に投資を進めたため，合併前の起債残高124億円が，1997年度には332億円と約3倍に達した。これに対して当時の給水収益は40億円程度であったため，大幅な料金改定がなければ破綻状況に陥ることが明らかとなった。これを受け，1993年度に料金改定（約25%）を実施したが焼け石に水で，1996年度に赤字決算に陥った。翌1997年度に約22%の改定を実施した。結果としてあわせて約50%以上の料金引き上げとなった（平野 2017, p.25）。

このような短期間での高率の値上げを実施したにもかかわらず，その後の経営も不安定な状況が続いた。さらなる料金値上げが難しい中で，経営の安定化策として，①投資の抑制，②委託化による人件費の抑制，③繰り上げ償還による企業債の返済という３つの取組みを実施し経営危機を凌いだ。

まず①投資の抑制については，2003年度以降，施設整備・更新の投資を10億円台まで圧縮し必要事業を先送りした。これは，短期的には経営改善に効果があったが，10年に及ぶ事業量の減少から民間の水道工事業者の倒産や廃業という事態を招いた。

次に②委託化については，浄水場の運転管理および収納関係業務を委託した。こちらも当初は，定数削減による人件費より委託費が安価であったことから差額分の経営改善効果があった。しかし，契約を更新する度に競争性が失われ，現時点では経済的なメリットはほとんどなくなってきている。

最後に③繰り上げ返済については，年利５%以上の起債残額を３年で，内部留保分の資金を用いて全額一括返済し，支払利息が11億円から７億5000万円まで減少した。

合併当時の管理者は旧都南地区の安定給水の早期実現に突き進んでおり，新たな浄水場の整備と幹線管路やポンプ場の整備に集中投資を行った。資金に余裕があれば市民の公平の観点から望ましい選択であったと考えられるが，財政の裏付けのない投資は大きな経営リスクを伴うものである。当時の水道事業会計は，それほど余裕のある状況ではなく，本来であれば当時の旧都南村の施設の配置や運転状況，合併後の将来の街づくり計画に基づく配水量の予測・その配分などをしっかりと分析検証する必要があった。そのうえで，投資額を見積もった複数の整備案を立案し，慎重に比較検討して決定する必要があった。上水道事業の財源のほとんどを占める水道料金がどうなるかの検討がなされていたとはいい難かった。

これは管理者の判断が経営に大きくマイナスの影響を与えた典型である。大きな権限を有するが管理者は水道法の目的と地方公営企業法の目的をバランスよく折り合いをつけてマネジメントすることが求められ，目的達成のため短絡的な施設整備に結び付けるだけでは安定した経営を担保できない側面がある。適切な管理者の統治を実現する仕組みを作ることが非常に重要である。

2　経営危機からの学びと経営管理能力の獲得

前項の危機を踏まえて得られた教訓を整理すると，①超長期にわたる時間軸の幅を持つ思考，②収益（料金）と費用の両面の考慮，③ステークホルダーと対話する姿勢，④議会等に対する経営戦略の積極的説明と理解の促進が挙げられる。

①の超長期にわたる時間軸の幅を持つ思考と②の収益と費用の両面の考慮については，合併による経営危機と再建の取組みを進める中で，事業運営に大きな影響を与える大規模な投資は，しっかりとした経営分析を行い，費用対効果を見極める必要があるという学びに由来する。このような経験を踏まえて百年構想の策定につながった。

③のステークホルダーと対話する姿勢について，旧都南村合併後は約50%の料金の値上げが行われたが，料金改定など市民生活に直結するリスクも十分に市民に対し説明を行い，合意を得て進めることが重要であった。マネジメント・コントロールの取組みである料金検討を５年ごとに行うのは，このような教訓から考案されたものである。

④の議会等に対する経営戦略の積極的説明と理解の促進については，管理者（あるいは首長）に対するガバナンスとして機能する。過剰投資の背景の１つには，管理者の権限に対するガバナンスが十分でなかった点にある。管理者は多大な権限を有するため，管理者が変わるたびに経営に対する意向が変化する可能性がある。設備投資に関連する技術面と財政の摺合せをせずにどちらか一方に偏る志向を管理者が有していた場合，歯止めをかけるのが難しいという問題がある。

この問題点に対する改善策として，経営状況・経営方針等をオープンにしたうえで，議会や審議会と定期的に意見交換の場を作ることの重要性が挙げられる。定期的な情報共有によって，百年構想をもとにした経営計画を外部の関係者に理解してもらう。そうすることで，後任の管理者はこれまでの管理者が外部に説明してきたことと自らが立案する計画を整合させる必要が生じる。仮にこれまでの計画と違う点が生じた場合は，外部の関係者が納得するような合理的な説明をすることが求められる。

水道経営に最も影響を受けるのは水道を利用する市民である。市民は居住地が変わらない限り，同じ水道局からの給水を受けることになるためである。したがって市民への直接の説明に加えて市民の代表である議会への説明が重要となる。

管理者の判断だけで大規模事業を進められる危うさを防ぐためには外部の目線による管理者に対するガバナンスが非常に重要となる。第三者的視点で水道局の経営を監視してもらうような取組みが必要という教訓から定期的な対外説明が行われている。この点については次節でも検討する。

以上のとおり，経営危機から得られた教訓をもとになされた取組みを整理した。これらの取組みの発端は経営危機であるが，経営管理能力を高めるきっかけになり得ることが示唆される。

盛岡市上下水道局では経営危機からの学びが経営管理能力構築のきっかけとなった。経営管理能力の構築は多くの水道事業者にとっても課題であると考えられる。本章で取り上げた経営危機の経験を共有することができれば同水道局のような経営管理が可能になることが期待される。なお，経営管理能力構築に当たっては管理会計の体系で整理した本章のように，経営管理活動の階層関係を意識して体系的に考えることが望ましい。

Ⅵ 外部の目を通じた戦略の策定と実行の持続性

盛岡市上下水道局の戦略と戦略を実行するための例をみてきたが，このような取組みを継続的に続けていく必要がある。水道事業は長期を見通した戦略に基づいた一貫した方針の下で業務活動を行っていくことが重要になる。もしも，短期的な取組みに終始してしまうと，第Ⅴ節第１項でみてきたような問題，例えば突然水道料金を値上げする対策が生じる可能性がある。この点について，「有収水量が減少傾向にある中で固定費の回収が困難となり，突然料金を改定するのではなく，将来に向けて計画性を持った適切な料金体系を使用者に示していくことが，最終的な水道事業の信頼を得ることにもつながる」という平野氏の指摘に表れている（平野 2020）。

一貫した方針として百年構想があり，百年構想をもとにした経営計画を作成し，年度の事業計画に落とし込んで業務活動が行われる。この一連の過程により超長期から足元にいたる時間軸の幅をもった取組みが可能となる。長期の構想をもとにして行動を決定することになる。

百年構想が存在したとしても管理者や職員が数年で変わる組織では，いつしか構想が忘れ去られる可能性がある。戦略（構想）は策定するだけでは絵に描いた餅であり，実行に移すことで初めて効果を発揮する。また，超長期にわたる構想という性質上，環境の変化に応じて見直すことも必要であると考えられる。

このような懸念に対する対策として，平野氏はことあるごとに，市民，議会や首長等の外部に百年構想を発信してきた。外部の目を得ることによって，仮に新たな管理者が百年構想とは異なる構想を掲げた場合，差異について外部に説明することが求められる。

ただし，百年構想は環境の変化に応じて修正していくことが肝要である。この点も後任の管理者が取り組むべき重要な業務となる。百年構想の見直しが合理的妥当性を持つものであれば，外部を納得させることができる。この場合は見直しを行うべきだが，そうでなければ当初の百年構想が維持される。第三者的視点で水道局の経営を監視することで持続性の維持を狙っている。

経営状況は市長の了承を得たうえで積極的に市民，その代表である議会と経営審議会に開示し理解を得ていくことが必要である。開示情報としては，年度ごとの経営状況だけでなく，長期的な経営方針を明確に示したうえで，施設整備計画を明らかにし，折に触れて外部に説明することが必要となる。議会や経営審議会において，しっかりとしたチェック機能が働くようなシステムづくりが必要となる。

おわりに

本章の目的は水道事業の特徴を踏まえたうえで，管理者に求められる経営管理能力を概観し，盛岡市水道事業の事例を管理会計の体系に従って整理することであった。管理者に求められる経営管理能力（**図表11-3**）と，盛岡市水道事業の経営戦略と管理会計の体系（**図表11-6**）とを比べると，**図表11-3**の各要素が**図表11-6**に溶け込んでいることが理解されよう。

そして，経営管理能力の獲得に至った要因として経営危機の経験が挙げられる。経営危機の経験から複数の視点を踏まえた経営を行うことが不可欠であるという着想を得た。最後に，盛岡市上下水道局の戦略を継続的に実行するための仕組みとして，外部の目を介する必要性を明らかにした。

参考文献

厚生労働省（2013）『新水道ビジョン』厚生労働省。

厚生労働省医薬・生活衛生局水道課（2017）「最近の水道行政の動向について」厚生労働省。

櫻井通晴（2014）「現代の管理会計にはいかなる体系が用いられるべきか？」『専修経営学論集』99（12），pp.9-34。

櫻井通晴（2015）『管理会計（第六版）』同文舘出版。

総務省自治財政局（2014）「公営企業の経営に当たっての留意事項について」総務省。

総務省（2018a）「平成30年度地方公営企業決算の概況」総務省。

総務省（2018b）「『公営企業における管理者を中心とした経営システム』に関する報告書」総務省自治財政公営企業課，地方公営企業連絡協議会。

平野耕一郎（2017）「将来を見据えて：盛岡市水道事業の取組（特集 総務大臣表彰）」『公営企業』49（6），pp.24-31。

平野耕一郎（2018）「持続可能な水道づくり：盛岡市水道事業の取組」平成30年度日本ダクタイル鉄管協会セミナー資料。

平野耕一郎（2020）「「盛岡市水道経営管理システム」の構築～持続可能な水道事業を目指して～」『水道公論』56（3），pp.33-41。

Anthony, R. N.（1965）*Planning and Control Systems- A Framework for Analysis-*, Harvard University（髙橋吉之助（1968）『経営管理システムの基礎』ダイヤモンド社）.

Goetz, B. E.（1949）*Management Planning and Control*, Mcgraw-hill book company, Inc（今井忍・矢野宏（1963）『経営計画と統制』日刊工業新聞社）.

Beyer, R.（1963）*Profitability Accounting for Planning and Control*, The Roland Press.

第12章

公立中小病院における管理会計の導入と実践―事務長を中心に―

はじめに

医療機関では民間企業の経営システムを積極的に導入する動きが活発になっている。民間企業の経営システムが非営利組織の医療機関に導入されるようになったのは，病院の財務構造の悪化を背景に，ニュー・パブリック・マネジメント（New Public Management：NPM）[1)]の潮流など経営環境の変化が要因であると考えられる。そのような大きな流れの中で，地方公営企業法の全部適用ブームや2003年の地方独立行政法人の制度化，地方自治法の改正による指定管理者制度の創設など公立病院の経営形態の変更などが行われてきた（伊関 2014；大西 2010；山之内・石原 2013）。

経営環境の変化に対応するためには，事務部門の強化，スキルアップが何よりも求められる（総務省 2015；2017）。しかし，公立病院では民間企業の経営手法が導入されにくい，事務職員が短期間で異動してしまうなどの課題がある（麻生 2015；伊関 2014；齋藤 2012）。管理会計などの経営手法の導入は，短期的にはカンフル剤的な効果は十分期待できる。しかし，長期的な運用では医療従事者のモチベーションの低下やチーム医療に及ぼす影響があり，情報開示方法の工夫を要するといった指摘もある（築部 2018, p.295）。

---

1) 松尾（2006, p.121）によれば，NPMの具体的内容は多様であるという。公共サービスへの民間企業の参入といった規制緩和の問題から，PFI（Private Finance Initiative）の活用，独立行政法人化等の方策の活用問題，組織内の分権化・権限委譲（empowerment）の問題，行財政運営における管理問題（PDCA（Plan-Do-Check-Action）サイクルを重視する運営），発生主義会計，複数年度予算，顧客満足度・マーケティング調査，TQM（Total Quality Management），ABC/ABM（Activity-Based Costing / Activity-Based Management），BSC（Balanced Scorecard），MBO（Management By Objectives）など民間企業経営における経営管理手法・手続の導入問題などが含まれる。また，大西（2010）は国内だけでなく，アメリカ，イギリス，ドイツ，フランス，北欧の公的組織におけるNPMの取組み状況について整理している。

本章では，公立中小病院の事務長の視点から，管理会計システムであるアメーバ経営の導入と実践について明らかにすることにある。この目的を達成するため，病院でアメーバ経営を導入している数少ない施設のうち，公立邑智病院（島根県邑智郡邑南町）を事例として取り上げる。同病院は2013年からアメーバ経営を導入し，職員１人ひとりが病院を我が家のように考え，病院の経営管理システムの中軸として活用している。なお，本研究では病床数が200床未満の病院を中小病院として位置付ける。

本章の貢献は２つある。第１に，アメーバ経営は継続して取り組むことが難しい（窪田ほか 2015；渡辺 2019）と言われている中で，継続して取り組むヒントを実際に運用している病院の事務長の視点から明らかにした。第２に，公立病院の事務職員の経営管理能力を獲得するための第一歩は，事務長の覚悟が最も重要であることを提言したことにある。

本章の構成は以下のとおりである。第Ⅰ節にて，公立病院の役割と現状と課題について整理する。第Ⅱ節は，病院の事務職員に求められる経営管理能力とは何か，経営戦略を実行するための管理会計システムについて先行研究を中心に明らかにする。第Ⅲ節では，事例研究として公立邑智病院におけるアメーバ経営の導入・実践プロセスを紹介する。第Ⅳ節では前節の事例研究の考察を行い，最後に本章のまとめを行う。

Ⅰ　公立病院の存在意義

近年，公立病院に対する風当たりが一段と増している。そこで，本節では，公立病院の役割を明らかにするとともに，公立病院が抱える現状と課題について整理する。

1　公立病院の役割

日本の病院数は1990年の10,096施設をピークに年々減少傾向にある。現在（2020年２月）は8,282施設の病院，102,611施設の一般診療所，68,319施設の歯科診療所がある（厚生労働省 2020）。病院とは医師または歯科医師が，公衆または特定多数人のため医業または歯科医業を行う場所であって，20人以上の患者を入院させるための施設を有するものをいう。また，診療所とは患者を入院させるための施設を有しないものまたは19人以下の患者を入院させるための施設を有するものをいう（医療法第１条の５）。

図表12-1は開設者別の施設数である。公立病院（自治体病院）とは，地方自治法第244条で定められた医療機関である。具体的には，都道府県や市町村，一部事務組合（複数の地方自治体によって構成），地方独立行政法人などが運営する病院をいう。また，公的病院とは，医療法第31条で定められた医療機関であり，公立病院のほか，日本赤十字社，社会医療法人恩賜財団済生会，全国厚生農業協同組合連合会，社会福祉法人北海道社会事業協会などが運営する病院をいう。一方，医療法人などは民間病院に位置付けられる。日本の病院の約７割は民間病院によって運営されていることが**図表12-1**からわかる。

公立病院にはいくつかの経営形態（地方公営企業法一部適用，地方公営企

図表12-１　開設者別の施設数

	病院		一般診療所		歯科診療所	
	施設数	%	施設数	%	施設数	%
総数	8,282	100.0%	102,611	100.0%	68,319	100.0%
国　厚生労働省	14	0.2%	20	0.0%	—	—
独立行政法人国立病院機構	141	1.7%	—	—	—	—
国立大学法人	47	0.6%	148	%	1	0.0%
独立行政法人労働者健康安全機構	32	0.4%	—	—	—	—
国立高度専門医療研究センター	8	0.1%	2	0.0%	—	—
独立行政法人地域医療機能推進機構	57	0.7%	3	0.0%	—	—
その他	23	0.3%	361	0.4%	3	0.0%
都道府県	198	2.4%	253	0.2%	7	0.0%
市町村	612	7.4%	2,903	2.8%	253	0.4%
地方独立行政法人	108	1.3%	34	0.0%	—	—
日赤	91	1.1%	205	0.2%	—	—
済生会	84	1.0%	52	0.1%	1	0.0%
北海道社会事業協会	7	0.1%	—	—	—	—
厚生連	101	1.2%	66	0.1%	—	—
国民健康保険団体連合会	—	—	—	—	—	—
健康保険組合及びその連合会	9	0.1%	291	0.3%	2	0.0%
共済組合及びその連合会	41	0.5%	140	0.1%	5	0.0%
国民健康保険組合	1	0.0%	16	0.0%	—	—
公益法人	199	2.4%	487	0.5%	102	0.1%
医療法人	5,708	68.9%	43,926	42.8%	14,951	21.9%
私立学校法人	112	1.4%	187	0.2%	17	0.0%
社会福祉法人	197	2.4%	10,036	9.8%	38	0.1%
医療生協	82	1.0%	301	0.3%	51	0.1%
会社	31	0.4%	1,670	1.6%	11	0.0%
その他の法人	211	2.5%	757	0.7%	118	0.2%
個人	168	2.0%	40,753	39.7%	52,759	77.2%

出所：厚生労働省（2020）をもとに%（割合）を加筆。

業法全部適用，地方独立行政法人（非公務員型／公務員型），指定管理者制度，民間譲渡）が存在する。総務省（2019a, pp.144-145）によれば，地方公共団体が経営する病院事業（地方公営企業法を適用する病院事業）の数は628事業で，これらの事業が有する公立病院の数は全国に776病院（内訳：一般病院744病院，精神科病院32病院）ある。

全国自治体病院協議会の「自治体病院の倫理綱領」によれば，自治体病院の使命は，「都市部からへき地に至るさまざまな地域において，行政機関，医療機関，介護施設等と連携し，地域に必要な医療を公平・公正に提供し，住民の生命と健康を守り，地域の健全な発展に貢献すること」である（全国自治体病院協議会ホームページ）。公立病院の果たすべき役割には，医療法に基づき都道府県が策定する，各地域の医療提供体制の将来の目指すべき姿を明らかにした地域医療構想を踏まえる必要もある（自治体病院経営研究会2019, p.3）。地域医療構想とは，2025年に向けて病床の機能分化・連携を進めるために，医療機能ごとに2025年の医療需要と病床の必要量を推計し，それに対応する医療体制をつくるべく，地域の関係者が協力して仕組みを構築する取組みである。

2　公立病院の現状と課題

公立病院の経営状況は民間病院や公的病院に比べて劣っており，特に小規模病院ではその傾向が強い。その背景には，DPC/PDPS[2]の導入が進んだことにあわせて，過去の診療報酬改定が大規模のDPC/PDPS導入病院で入院料等の収益面でプラスに働いた可能性がある（内閣府 2017）。黒字・赤字の割合をみた場合，772施設（建設中および想定企業会計の病院は除く）のうち，黒字病院は302施設（39.1％），赤字病院は470施設（60.9％）である。自治体財政健全化法の資金不足比率については，2017年度決算で資金不足を計上している86会計のうち，病院事業が61会計（70.9％）あった（総務省 2019b；2019c）。

厚生労働省は2019年９月，がんや救急など９つの領域での診療実績が特に少ない，近隣に類似の機能を有する医療機関の有無という視点から，全国

2）DPC/PDPSとはDiagnosis Procedure Combination/Per-Diem Payment Systemの略称で，診断群分類別１日当たり定額報酬算定制度のことをいう。

424の公立・公的病院等のリストを公表した[3)]。そして，各都道府県には，公表された病院について，他の医療機関との再編や統合の可能性について検証し，その結果をとりまとめるよう通知した。

自治体病院の存在に疑問の声が出るのは，その経営状況の悪さ，そして経営改革が行われにくいことにある。もともと公務員である職員に企業としての意識が不足しており，また，予算至上主義の弊害などもあるため，自治体病院には戦略経営などの民間企業の経営手法が導入されにくく，経営技術の不備なことでもある（齋藤 2012, pp.vii-viii)。「自治体病院は，赤字で当たり前」と自己変革を怠り，質の低い医療や病院経営を行っている自治体病院も相当存在する。私的病院の経営努力に比べ「自治体病院の経営は甘い」という批判にも一理ある（伊関 2019, p.31)。また，総務省自治財政局公営企業課・地方公営企業連絡協議会（2018）の調査によると，病院事業では管理者がリーダーシップを発揮して経営の舵取りを行うのではなく，事務長に任せきりにしている事例もみられた。

公立病院の問題点の１つとして，事務職員が２～３年で異動してしまうことが挙げられる（麻生 2015, pp.188-190；伊関 2014, pp.553)。全国自治体病院協議会中小病院の経営を考える事務プロジェクトチーム（2020, p.xi）のアンケート調査[4)]によれば，事務長が「課題である」と「やや課題である」と回答した割合が高いのは「医師の確保対策（95.9％)」,「看護師の確保対策（84.2％)」,「事務部門の強化，スキルアップ（77.6％)」であった。事務長の病院経験年数は平均8.9年，事務長職（現職）の経験年数は平均2.4年であった。また，病院採用（プロパー）の事務職員が存在する組織は59％，病院経験年数が10年以上の事務職員が在籍する施設は60％であった。全国自治体病院協議会の会長である小熊豊氏は，「専門家集団の集まりである自治体

---

3) 厚生労働省は2020年１月17日，データの記入漏れなどがあったため，そののち新たに約20施設を加え，公立・公的病院の再編・統合の再検証対象の病院は約440施設になった。

4) アンケート調査の概要は次のとおりである。調査期間：2019年４月12日～４月26日。対象：全国自治体病院協議会の会員のうち，200床未満の453施設の事務長。回答数：196施設（回答率：43.3％)。なお，本章の著者である日高は，同プロジェクトのメンバーの一人であり，『事務長経験者が語る「中小病院経営のヒント」』の編集委員長を務めた。また，もう一人の著者である関谷は，同プロジェクトのアドバイザーである。『事務長経験者が語る「中小病院経営のヒント」』は，新事務長および事務長候補の自治体職員が，病院経営のノウハウを理解し，明日からでもマネジメントに活かせる手引書である。

病院では所属する1人ひとりが経営的な感覚を持ちながら，可能な医療を考えることが重要だ。特に事務長以下の事務スタッフの役割は大きい」（竹内 2018）と指摘する。経営資源が限られる公立中小病院において，経営を担う事務職員をどのように育成していくかが今後の大きな課題である。

Ⅱ 経営戦略実行のための経営管理能力と管理会計システム

公立病院を支えるためには，事務職員の経営管理能力をいかに育成するかが重要になる。加えて，策定した経営戦略を確実に実行するための管理会計システムも必要になる[5)]（関谷 2010）。そこで，本節では，はじめに病院の事務職員に求められる能力について先行研究から明らかにする。次に，次節で紹介するアメーバ経営について，その概要を述べる。最後に，本章で採用する分析視座として，会計以外のコントロール手段を含むSimons（1995）のコントロール・レバーの構成要素を示す。

1 病院の事務職員に求められる能力

公立病院の事務職員に限らず，民間企業の事務職員も専門的能力をいかに向上させるかといった議論が行われてきた。特に，経理・財務部門に携わる事務職員はより高度な専門性が求められてきた（櫻井 1997）。ビジネススクール修了の専門家を多数抱えたアメリカ企業とは違って，職務のローテーションが頻繁に行われるわが国の管理会計担当者は，一般に，管理会計の専門的能力（competence）に欠ける傾向がある（櫻井 2019, p.27）。

ノーベル経済学賞を1978年に受賞したHerbert A. Simonは，組織におけるコントローラー部門に関する書籍の中で，コントローラーの能力について言及している。コントローラーとは一般に管理会計などを担当する責任者で，日本で言えば経理部長にあたる。コントローラーが経験を通じて身につけるべき能力として，①他者の仕事を管理・監督する能力，②幅広い会計知識と，会計データの使用に関する想像力豊かな理解，③生産，販売，財務の主要な業務上の問題を理解する能力，④課題を全社的な視点で総合的に捉えること

5） 関谷（2010）は病院における経営企画部門の業務内容および管理会計の導入状況について，先駆的な経営を行っている医療機関に対してインタビュー調査を行った。

ができる能力，の4つを挙げている（Simon et al. 1954, p.95）。日本では通商産業省産業合理化審議会（1951）から「企業における内部統制の大綱」が発表された。大綱の特徴の1つに，コントローラー制度を企業内で確立することを提唱したことが挙げられる[6)]。

医療経営に関する教育研修は，1949年に国立東京第一病院の一室に厚生省病院管理研修所（現：国立医療・病院管理研究所）が設置されたことに端を発している（阪口ほか 2016）。その後，大学院の医療経営・管理学講座などが創設され，医療経営・管理学修士などが輩出されるようになってきた（齋藤 2012；阪口ほか 2018）。近年では，「病院経営管理士」（主催：日本病院会），「医療経営士」（主催：日本医療経営実践協会），「医業経営コンサルタント」（主催：日本医業経営コンサルタント協会）などの資格があり，病院経営に関する専門職の養成を行っている。

病院の事務職員の人材育成については，古くは1987年に当時の厚生省が設置した「医業経営の近代化・安定化に関する懇談会」の報告書において「経営に関する知識を持つ事務職員の確保，研修の実施，あるいは，資格認定制度の導入など資質向上のための方策を幅広く検討すべきである」と提言されたことに始まる（山之内・石原 2013, p.32）。近年では，「新公立病院改革ガイドライン」（総務省 2015）や「地域医療の確保と公立病院改革の推進に関する調査研究会」（総務省 2017）において，病院マネジメントの観点からの経営手段の充実として，公立病院の事務局の強化，経営人材の確保・育成の重要性が提言された。

従来の経験学習研究では，主に企業人として大きく成長するきっかけとなった仕事経験の特性が検討されてきた（松尾 2018, p.4）。金井・古野（2001）は「一皮むける経験」とよんでいる。的場（2018）は，「病院の事務職員は，

---

6) わが国においてコントローラー制は内部統制との関連で議論されたことが多いので，監査論の範疇と解せられるかもしれない。しかしながら，米国における伝統的な管理会計の出発は，コントローラー制度と深く関連していた（旗本 2008, p.87）。通商産業省産業合理化審議会（1951）は，コントローラーにふさわしい人材として次の4つを挙げている。①内部統制の遂行に必要な知識，能力および経験などの資格条件を決定し，次に②それに適合した資格を備えているものを選任する。さらに③内部統制を一層有効かつ適切に遂行し得るように，終始その担当者の教育を怠らないようにする。それとともに④その地位に一層ふさわしい資格を有するものに担当させるために，必要に応じて適宜その担当者を転任または交替させるようにする。

各キャリア段階において，どのような経験をとおして，いかなる能力を獲得しているのか」というリサーチクエスチョンのもと，勤務歴が10年以上の経験を持つ12人の病院事務職員にインタビュー調査を行った。分析の結果，「仕事の信念・姿勢」「対人コミュニケーション力」「職務関連の知識・スキル」「組織マネジメント力」という4つのカテゴリーが抽出されたことを明らかにした。

2　アメーバ経営の概要

アメーバ経営とは機能ごとに小集団部門別採算制度を活用して，すべての組織構成員が経営に参画するプロセスである（アメーバ経営学術研究会 2010, p.20）。近年，アメーバ経営は病院・介護業にも導入されている（挽 2013；2014；2017；森田 2014；松井 2017）。アメーバ経営は京セラ株式会社の創業者である稲盛和夫氏が，「市場に直結した部門別採算制度の確立」「経営者意識を持つ人材の育成」「全員参加経営の実現」を実現するために構築した管理会計システムである。これらの目的を達成するために，京セラでは「フィロソフィー」と「時間当り採算制度」を組み合わせた経営を行っている。アメーバ経営の嚆矢的研究であるCooper（1994；1995）は，アメーバ経営が起業家精神を引き出すコストマネジメント手法の1つとして位置付け，ミニ・プロフィットセンターという概念を提唱した。

アメーバとは通常の組織とは異なり，各アメーバのリーダーの判断で組織を統合・分裂することができる小集団である。例えば，必要に応じて他のアメーバから人員を借り受けたり，貸し出したりと，構成人数も変わり，業務のやり方も各アメーバの創意工夫がどんどん取り入れられ進化していく（森田 2014, p.15）。通常，原価センターとされる製造部門でさえ，収益と費用に責任を持つ利益センターとして位置付けられる。

図表12-2は製造部門の時間当り採算表の例である。アメーバ経営は会計の知識がない者でも簡単に理解できるように，「時間当り採算表」という家計簿のような帳票を用いて，各アメーバの売り上げ，利益，経費，労働時間などを細かく管理する（森田 2014, p.21）。時間当り採算を高めるためには，収入を増やす，ムダを省いて経費を削減する，業務プロセスを改善して時間を短縮するという3つの方策がある。

時間当り採算制度では，経費に人件費を含めないことが特徴の1つである。

図表12-2　製造アメーバの採算表と家計簿

アメーバ採算表

		予　定	実　績	差　異
総出荷（b+c）				
社外出荷（b）				
社内売（c）				
社内買（d）		▲	▲	
総生産（a=b+c-d）	計	円	円	円
経費（e）	計	円	円	円
原材料費				
外注加工費				
電力費				
・・・・・・				
・・・・・・				
・・・・・・				
・・・・・・				
・・・・・・				
金利・償却代				
部内共通費				
工場経費				
本社経費				
営業手数料				
差引収益（f=a-e）	計	円	円	円
総時間（g）		時間	時間	時間
定時間				
残業時間				
部内共通時間				
当月時間当り（f/g）		円	円	円
時間当り生産高（a/g）				

一般的な家計簿の例

		月　日
給料		
パート収入		
利息・配当		
その他収入		
収入	計	円
支出	計	円
食費		
衣料品		
水道光熱		
生活用品		
住宅用品		
教育		
娯楽		
医療		
保険		
税金		
貯蓄		
ローン返済		
その他支出		
現金残高	計	円

出所：森田（2014, p.20）より。

その理由について，森田（2014, p.21）は「組織を小さく分けているため個人の人件費の開示につながってしまうからです。人件費がわかってしまうと，職場の雰囲気を悪くすることになりかねません。その代わりに，差引収益（儲けたお金）を総時間（メンバー全員が働いた時間）で割って算出する「時間当り付加価値」という指標を用いて利益の状況をつかみます」と述べている。

医療機関に導入されているアメーバ経営の特徴として，協力対価方式という収入分配の方法がある。協力対価方式とは，診療科に計上された医業収益を，その収益を得るために医療サービスを提供した他の診療科，看護師やコ・メディカルが所属する部門に対して，あらかじめ設定した比率分を支払う仕組みである（挽 2017, p.50）。

通常，製造業を対象にしたアメーバ経営では，収入の分配方法は社内売買に基づいて行われる。松井（2017, pp.294-298）によれば，具体的な相違点として，第1に，社内売買では，元請けとなる利益責任部門を設けることは必須ではない。しかし，協力対価では診療科が利益責任部門になる。第2に，内部取引において社内売買は，1つの部門が支払いと受け取りの両方を行うが，協力対価では利益責任部門である診療科は医業収益の支払いのみを行い，診療科以外のメディカルスタッフの部門（病棟看護，薬剤科など）は，診療に協力した貢献度に応じて医業収入の受け取りのみを行う。第3に，収入分配のタイミングにおいて社内売買の場合は，社内売買が成立するたびにその都度発生するが，協力対価では診療科にすべての医業収益が計上され，これと同じタイミングで協力した各部門との間で内部取引を成立させる。

3 コントロール・レバーの構成要素

Anthony（1965）の見解によって代表される伝統的なマネジメント・コントロール概念は，会計情報を中心としたサイバネティック・モデルとして捉えられ，事前に設定された目標を効率的かつ効果的に達成することにその焦点がある。サイバネティック・モデルでは，①目標の設定，②アウトプットの測定，③アウトプットと目標との比較，④（必要であれば）是正措置の実施，という手順でコントロールが行われる（新江 2019）。マネジメント・コントロールとは，組織戦略を実行するために管理者が組織のほかのメンバーに影響を与えるプロセス（Anthony and Govindarajan 2007）である。

しかし，会計によるコントロールは企業のコントロール・システムの一部でしかない。企業経営者は会計以外のコントロール手段をも使って経営を行っている（櫻井 2019, p.224）。多様なコントロールの手段を利用して，組織成員への多様な働きかけを行うために，伝統的なマネジメント・コントロールの概念を拡張した1つに，Simons（1995）のコントロール・レバーがある。コントロール・レバーとは，①信条システム，②事業境界システム，③診断的コントロール・システム，④インターラクティブ・コントロール・システムの4つから構成される。**図表12-3**は事業戦略とコントロール・レバーの関係を表している。

信条システムとは，「上級管理者が組織の基本的な価値観，目的，方向性を提供するために，組織の基本的な定義を正式に伝え，体系的に補強するために明確なもの」である（Simons 1995, p.34）。信条システムは，目標を持

図表12-3　コントロール・レバーによる経営戦略の方向付け

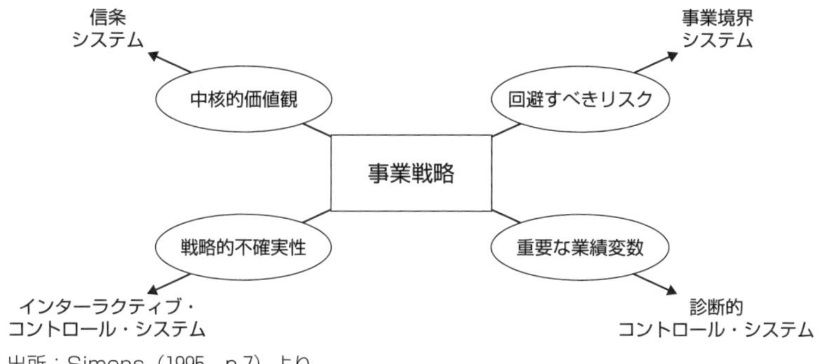

出所：Simons（1995, p.7）より。

った組織に属して貢献したい，という人々が抱く生来の願望に訴えかける。さらに，信条システムは目指すべき戦略と創発戦略を融合させる気運と推進力を生み出し，個人の機会追求を導き，活性化する（Simons 2000, p.303）。つまり，信条システムは，組織全体の方向性を大まかに設定し心理的モチベーションを付与するためのポジティブなメッセージである。具体的には，社是・社訓やスローガン，公式に表明される思想や経営哲学などである（新江 2017, p.22）。

事業境界システムとは，「組織成員が許容できる活動領域を定義する。事業境界システムは，信条システムとは異なり，積極的な理想を規定するものではない。むしろ，定義された事業リスクに基づいて，機会探索に制限を与えるもの」である（Simons 1995, p.39）。事業境界システムがなければ，独創的な機会追求の行動や実験によって企業の資源が浪費されかねない。このシステムは，境界を外れて禁止された行動をとる従業員に課せられる代償を明確にする（Simons 2000, p.303）。つまり，事業境界システムは，組織成員の自発的な行動に対して一定の制限を設けるための仕組みであり，具体的な事業領域を定め，組織成員の自由な探索活動が許容される分野を限定する。例えば，特定の事業や地域に資源を集中させるために，それ以外の領域への参入を認めない規定などである（新江 2017, p.22）。

診断的コントロール・システムとは，「管理者が事前に設定された業績基準と成果の乖離を測定・是正するために利用する公式的な情報システム」である（Simons 1995, p.59）。診断的コントロールは伝統的なマネジメント・

コントロールであり，例外管理の手法である。つまり，目標の効率的な達成のために行動を標準化し多様性を減らすことに目的があり，組織成員による自由な取組みは好ましくないものとして捉えられている（新江 2019, p.62）。典型的な診断的コントロール・システムは予算管理である。特定の到達目標達成に向けて動機付け，達成状況を監視し，それに応じて報酬を与えるために活用する。

インターラクティブ・コントロール・システムとは，「管理者が部下の意思決定行動へ規則的に，また個人的に介入するために利用する公式的な情報システム」である（Simons 1995, p.59）。また，組織学習を促し，新たなアイデアと戦略を創発させるために利用されるシステムであり（Simons 1995, p.7），経営トップが心配している戦略上の不確定要素に関する情報入手の促進を主目的としたマネジメント・コントロールである（新江 2019, p.62）。環境変化などによる不確実性が生じることにより，事前に設定した経営戦略の変更を見直す必要がでてきた場合，現場との双方向の対話が必要となる。インターラクティブ・コントロール・システムは，組織における学習を奨励し，新たな発想で臨機応変な対応をするために，上司と部下が対等の立場で対話ができるようにするためのコントロール・システムといえる。

Ⅲ 経営管理能力の獲得プロセス

本節では，アメーバ経営を導入・運用している数少ない病院として，公立邑智病院の事例を取り上げる。はじめに，同病院の概要を述べる。次に，事務職員の経営管理能力に関連して，同病院で13年間（2007年から）事務部長を務める日高氏が，どのように経営管理能力を獲得してきたのかを明らかにする。そののち，なぜアメーバ経営を導入するに至ったのかを時系列を追って紹介し，最後に同病院のアメーバ経営の実践，導入の成果を示す。

1　公立邑智病院の概要

公立邑智病院[7)]は，島根県邑智郡[8)]を構成する３町（邑南町，川本町，美郷町。以下，構成３町という）が共同で運営する病床数98床の組合立病院（地方公営企業法一部適用）である。同病院は「皆様に愛され，信頼される病院を目指します」という病院理念のもと，「患者さんを家族と思い，良質で親身な医療を提供します」，「職員同士がお互いのやりがいと誇りを尊重しあう，暖かい職場をつくります」，「明るく清潔で快適な療養環境の維持向上に努めます」，「地域に信頼されるよう，健全な経営に努めます」の４つの基本方針をフィロソフィーとして，院長の荘田恭仁氏（産婦人科）のもと邑智郡内で唯一の急性期病院として地域住民の安心の一翼を担って運営されている。

図表12-4は，同病院の組織図である。診療科は内科，外科，皮膚科，整形外科，泌尿器科，小児科，麻酔科，精神科，歯科，産婦人科を標榜している。**図表12-5**は公立邑智病院の概況を示している。経営の健全性を示す経常収支比率，医業収支比率・修正医業収支比率および効率性を示す病床利用率をみても，類似病院の平均よりも高く堅実な経営状態であることがわかる[9)]。

2　救急救命士から病院の事務部長への転身

公立邑智病院事務部長の日高武英氏は，公立病院の事務部長としてはユニークな経歴の持ち主である。公立病院の事務長は通常，地方公務員の行政職として市町村に採用されたのち，様々な行政関係の部署を経て就任することが多い。一方，日高氏は1984年３月に地元である島根県の高校卒業後，同年４月，江津市外７町村消防組合（現：江津邑智消防組合）に採用された。当時，日高氏１人だけの採用であった。同消防組合は約130人が所属していた。日高氏が採用されるまでの約３年間は新規採用はなく，日高氏が採用されて

---

7)　公立邑智病院の法適用区分は当然財務，不採算地区病院は第１種該当，看護配置は10：1である。

8)　邑智郡の人口は18,485人（邑南町10,574人（2020年１月末現在），川本町3,263人（2020年１月末現在），美郷町4,648人（219年８月末現在）。

9)　経常収支比率とは，医業費用，医業外費用に対する医業収益，医業外収益を示し，通常の病院活動による収益状況を示す。100%以上が望ましい。医業収支比率とは，病院の本業である医業活動から生じる医業費用に対する医業収益の割合を示す指標である。修正医業収支比率とは，医業収益から自治体からの繰入金を除き医業費用で除した指標である。

図表12-4　公立邑智病院の組織図

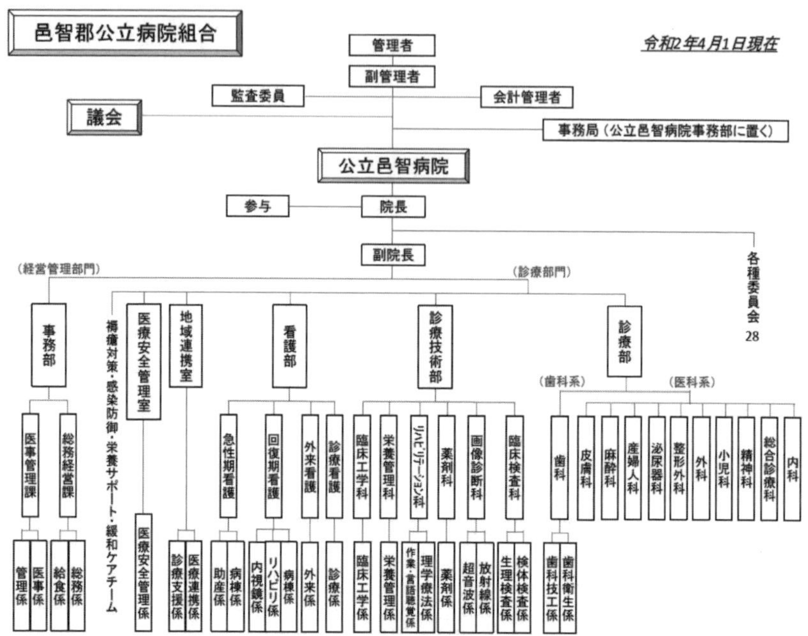

出所：公立邑智病院提供資料（2020年４月１日現在）より。

からも新規採用はほとんどなかったという。

消防士として転機はこれまで２度あった。１つ目の転機は，1996年４月に救急救命九州研修所（ELSTA九州）へ派遣されたことである。そして，同年11月に救急救命士の免許を登録した。救急救命士とは，救急搬送途上の医療の充実と傷病者の救命率の向上を図るために，1991年４月に救急救命士法が制定され，同年８月に施行された資格である。法律の制定に伴い，所定の教育訓練を受け，国家資格を有した救急隊員は，電気的除細動，静脈路の確保，器具による気道確保等の高度な処置を行えるようになった（東京消防庁ホームページ）。創設されたばかりの救急救命士の免許を取得したことにより，日高氏は消防組合の管理部門の職に就いた。所属していた消防組合で唯一，救急救命士の資格を有していることもあり，現場だけでなく組織運営，予算管理，教育活動など多岐にわたる業務を若いながらも経験する機会を得た。

２つ目の転機は，2000年にスタートした病院前外傷研究会を発展させ，外

図表12-5　公立邑智病院の概況

名　称	邑智郡公立病院組合　公立邑智病院
所在地	島根県邑智郡邑南町中野3848-2
許可病床数	98床（急性期一般病床57床，地域包括ケア病床41床）
院　長	荘田　恭仁
職員数	165人（2020年4月1日現在）
医師数	9人
一日平均入院患者数（2018年度）	87人（類似病院平均：48人）
一日平均外来患者数（2018年度）	224人（類似病院平均：136人）
経常収支比率	104.8%（類似病院平均：97.1%）
医業収支比率	90.9%（類似病院平均：75.5%）
修正医業収支比率	85.5%
病床利用率	89.1%（類似病院平均：66.8%）

出所：公立邑智病院提供資料および総務省（2020a；b）より著者作成。

傷病院前救護ガイドライン（Japan Prehospital Trauma Evaluation and Care：JPTEC）の立ち上げ，普及活動に携わったことである。JPTECとは日本救急医学会公認の病院前外傷教育プログラムであり，医師向けのJapan Advanced Trauma Evaluation and Care（JATEC）との整合性を保つことにより，病院前から病院内まで一貫した思想のもとに標準的な外傷教育を行い，防ぎ得る外傷死亡の撲滅を目指すプログラムである（一般社団法人JPTEC協議会ホームページ）。2003年の設立時にはJPTEC協議会の事務局長を務め，運営する中で，定款の作成業務，データ管理，官公庁，県，救急医，消防士との連携などをとおして，組織マネジメントのあり方を培っていった。

2007年４月，日高氏は公立邑智病院の事務部長に着任した。消防士から病院の事務部長への転身である。そのきっかけは前院長の石原晋氏との出会いにある。石原前院長は救急が専門の医師で，これまで主に広島県の公立病院を中心に診療活動を行ってきた。二人は前述のJPTECでの活動をとおして親交が深まった。石原前院長が公立邑智病院の院長に着任するに際し，日高氏に一緒に来てほしいと依頼した。当初は，消防から病院への派遣という形で行う予定であったが，石原前院長が退路を断ってくるようにとの強い要望があり，割愛にして病院職員のプロパー（病院採用）として事務部長に抜擢された。公立病院の事務職員は，本庁から派遣される形態が多く，通常２～３年で本庁に戻る。そのため，仕事に対する責任感等が弱く，病院職員という意識よりも，本庁をみて仕事をする傾向があるなど，従来から公立病院の事務職員のローテートは議論されることが多い。長年，公立病院を歩まれてきた石原前院長は，院長就任に際し，日高氏をとおして事務職員に覚悟を決める大切さを示した。日高氏は当時を振り返り，以下のように語った。

「私が着任したときの［石原前］院長と私の目標は，何でもかんでも，しっかりいこうと。新しいことでもまず一歩前へ出てみようと。駄目だったら半歩下がろうと。一歩は下がらずに半歩下がろうという方針でいきました。……多分，民間病院でしたら，二歩前へ出てると思います。私は今，一歩と謙虚に言わしていただいたのは，自治体病院全体が出れない，一歩前に出にくいのです。議会や制度のこともあれば，事務職員が派遣で来ているといろんな制約があって，なかなか一歩出れないので，私たちは一歩前に出ようと。これができたのは私がプロパーで，事務長で来れたことです」(2019年５月11日インタビュー)。

一歩前へという積極的な姿勢は，次のような取組みに表れている。2010年に始まった医師クラーク制度を，同病院では制度開始の初年度から導入した。また，地域連携室の設置，診療看護師の育成，病児保育室の開設など島根県内でも早期に実施した。近年では，2018年にキャリアアップ支援事業のために毎年1,000万円を予算化した。この事業の目的は地方に勤務する医療従事者（事務職員も含む）のハンディーを乗り越え，生涯学習を支援するために学会・研修会の参加費，交通費等の必要経費を支弁する取組みを行っている。1,000万円の予算は病院の収入から支出している。

3　アメーバ経営を導入するまでの３つのステップ

石原前院長と日高氏が公立邑智病院に着任して最初に取り組んだことは，病院の経営状況の把握である。これを契機に（1）経営状況の見える化，(2) 繰出し基準のルール化，(3) アメーバ経営の導入という３つのステップをとおした病院の健全経営を目指す取組みが始まった。

（1）経営状況の見える化

2004年の新医師臨床研修制度の導入などにより，公立邑智病院でも医師や看護師の退職が相次ぎ，2001年度には87.2％であった病床利用率が2006年には48.4％にまで低下した。この年は，医業収益が急激に悪化したため構成3町から運営費繰入金の増額補正（6,801万円）を行ってもなお3,104万円の経常損失が生じた。経営状況の見える化がきっかけとなり，2007年度当初予算においては病院の実力を確認するためとして，地方交付税相当額のみとなった（日高 2016, p.37）。

2007年度は，運営面では病床利用率が前年度から11.9ポイント改善したが，前年度比約2億円の繰入金削減により1億8,247万円の経常損失を出し，内部留保資金も急激に減少した。これが当時の病院の実力であった。経営状況や診療の数値をグラフ化し，見える化することで政策（不採算）医療を担う公立邑智病院の経営実態を，病院組合議会，議員勉強会，住民説明会等で説明し，病院事業の必要性を共有した。赤字ではなく地域において必要な医療であるが，不採算な業務であり，公が担うために発生する経費としての説明を行った（日高 2016, pp.37-38）。

2007年に日高氏が事務部長となった際，最初の1年間で実行したことの1つに非常勤医師の業務量分析がある。具体的には，医師の誰がどのような診療を行っているかを診療報酬に照らし合わせて分析した。その結果，診療報酬分の結果を出していない非常勤医師を洗い出し，その医師を派遣している医局へ出向き，データに基づき人件費の単価値下げ交渉を行った。このような行動が取れたのは，これまで消防組織に所属していたため，病院間の難しい関係性や事情を知らなかったことが幸いしたという。

（2）繰出し基準のルール化

公立病院を含む地方公営企業は，原則として独立採算が求められている[10)]。経営状況の見える化をとおして，政策医療を継続するには，必要経

10）地方公営企業である公立病院は，収益と費用をともに金額で把握できる組織でもある。つまり，公立病院は一般行政と比較して経営の自由度が高く，自らの組織運営に関する計画を立案して，自ら実行することができる。大西（2018, pp.8-10）によれば，行政組織の分類は収益（売上）・費用の軸からなる3類型で考えることができるという。第1は，収益と費用とをともに金額表示で把握することができる地方独立行政法人，地方公営企業等である。第2は，収益は金額表示で把握できないものの費用は何とか把握できる行政の執行部局（刑務所，国税局等）である。第3は，収益も費用も金額表示では把握しにくい政策の企画立案部局（一般行政部門，教育部門等）である。

費として他会計負担金を求める仕組みを構築することが最優先であると認識した（日高 2016, pp.39-40)。公立病院は地方公営企業法第17条の２（経費の負担の原則）によって，自治体からの繰出し基準が示されている[11)]。これにより，病院事業の場合，自治体の多くが政策医療にかかわる経費について，負担金等の繰入れを行っている。しかし，必要な経費の基準額までは通知されていないため各自治体の判断に委ねられている。

この繰入金（補助金）が，公立病院の放漫経営による赤字の補てんであり，自治体財政を圧迫している原因だとする批判的な意見は絶えない。しかし，繰入金の大部分は自治体に対して交付税措置されており，自治体財政に対する過度な負担にはなっていない。それどころか，自治体によっては，実際に入る交付税よりも過少な額しか病院に繰入れず，その結果で赤字になっている公立病院が少なくない（福井 2019, p.55)。

公立邑智病院では，石原前院長と日高氏の新体制を境に，自治体からの繰り入れに依存できる時代は終わると考え，構成３町や町の保険医療担当課と協議を行い，2012年12月に他会計負担金の算定額を繰出し基準とする合意を得た[12)]。救急医療，周産期医療，小児医療は構成３町の町づくりに欠かすことのできない診療分野であり，過疎地域においては不採算な医療であっても存在することの安心感に価値がある。不採算な診療等にかかる自治体負担額を明確に定めたことで，病院の運営費の不足分を他会計負担金で補っていたイメージを払拭し，繰出し基準をルール化することで，例え経常収支が赤字の場合でも構成３町に追加負担を求めない経営方針を示した（日高 2016, pp.40-41)。地方の病院の医師や看護師などの医療スタッフの年齢は高めで，給与水準は高くならざるを得ない。地域に医療を提供していくためには，税

11) 地方公営企業法第17条の２「次に掲げる地方公営企業の経費で政令で定めるものは，地方公共団体の一般会計又は他の特別会計において，出資，長期の貸付け，負担金の支出その他の方法により負担するものとする。

一　その性質上当該地方公営企業の経営に伴う収入をもつて充てることが適当でない経費。

二　当該地方公営企業の性質上能率的な経営を行なつてもなおその経営に伴う収入のみをもつて充てることが客観的に困難であると認められる経費。」

12) 繰出し基準の算出計算式の一例は以下のとおりである（日高 2016, p.40)。(a) 人件費は職種別に平均給与額から時間単価を算出。(b) 材料費は科別の受診者数から按分。(c) 建物の減価償却費は占有面積で按分。(d) 医師の人件費にかかる入院と外来の按分は収益割合の実績値とする。(e) 基準年度の基本は前々年度実績（見込めるものは当年度)。

金を投入することは当然のことである（伊関 2019, p.87）。

（3）アメーバ経営の導入の背景

公立邑智病院がアメーバ経営を導入したのは2013年である[13)]。導入の目的は，医業収益の赤字額を圧縮することにある。その背景には，「邑智郡の急性期医療を守るため」，「構成３町の保健行政の推進のため」，「雇用を守るため」，「地元業者の経済活動の場を守るため」など公立邑智病院は存続しなければならないという強い危機感があった。

数ある管理会計システムの中で，なぜアメーバ経営を選択したのであろうか。石原前院長はアメーバ経営を導入することを決めた2013年１月７日に「経営自立元年 kick off宣言」として，職員へ次のような内容の文章を出した。自立プロジェクトの始まりである。

> 「……私たちは医療のプロフェッショナルではありますが，経営に関するノウハウを多く持たないため，経営改善に多くの労力を費やしてしまう可能性があります。そこで数々のコンサルティング会社から提案を受けたのですが，人件費削減や過剰診療による経営改善が多く，王道ではないと感じていました。そのような時，京セラ式原価管理手法と出会ったのです。この手法は，職員一人ひとりが病院を我が家のように考え，原価管理表という家計簿を用いて改善の知恵を出し合うことで，病院組織の活性化と継続的な成長発展を図る経営手法です。わたしはこの手法を通して，一人ひとりが医療と経営の両面で力を発揮できる人財となり，その力を結集して経営の自立化を実現したいと考えています。そして全職員のベクトルを一つに，これからも公立病院の責務として地域の医療を担い続けていきたいと考えています」（公立邑智病院提供資料）。

病院経営で経費削減というと大抵のコンサルタント会社は，病院食の原価や職員の人件費を下げることを提案する。例えば，給食業務を直営（自前）で行うか，全面委託，一部委託などで行うかでは原価の割合が大きく異なる。

13）公立邑智病院ではアメーバ経営のことを「京セラ式原価管理手法」とよんでいる。しかし，本章では管理会計システムとして一般的な名称であるアメーバ経営と表記する。

しかし，患者にとって病院食は非常に大きな楽しみでもある。同病院では直営で病院食を提供している。看護師や事務職員も検食をとおして患者と一緒の食事を食べることで，患者目線に立った患者満足の向上を強く意識するようになった。患者満足を考慮しない経営改善の方策は王道ではない。同病院ではアメーバ経営の導入に際して，京セラコミュニケーションシステム株式会社（以下，KCCSという）に約1年半支援を受けた。

4　公立邑智病院におけるアメーバ経営の実践

（1）収益部門とサポート部門

アメーバ経営を適用するに際して，同病院では①経費に人件費は含めない，②部門間での競争ではない，③各部門の継続的改善が目標である，という3つのルールを設けている。①については，製造業等で導入されているアメーバ経営と同様である。その理由は，職員間で異なる人件費ではなく，公平の尺度である時間で実績を把握することにある。②と③については，数値の可視化は目的ではなく，各アメーバの業務改善が重要であり，アメーバ間の競争ではないことを明確に表している。

公立邑智病院では，組織を26部門に細分化して，部門ごとに収入・経費・労働時間から時間当り付加価値を算出して可視化している。同病院の収益部門とサポート部門の区分は**図表12-6**のとおりである。診療部と地域連携室はすべて収益部門となる。看護部門と診療技術部門は，収益部門とサポート部門の両方に区分されている。事務部門はサポート部門に位置付けられている。

図表12-6　収益部門とサポート部門の区分

部門	区分	部署
診療部	（収益部門）	総合診療科・外科・小児科・産婦人科・整形外科・麻酔科・歯科・内科・泌尿器科・精神科・皮膚科
看護部	（収益部門）	本館病棟・新館病棟・外来・内視鏡室・透析センター
	（サポート部門）	診療看護・中央材料室・手術室
診療技術部	（収益部門）	薬剤科・臨床検査科・画像診断科・リハビリテーション科
	（サポート部門）	臨床工学科
地域連携室	（収益部門）	
事務部	（サポート部門）	総務経営課・医事管理課

出所：公立邑智病院提供資料より。

サポート部門である事務部は，運用ルールの維持管理，実績管理，会議運営などアメーバ経営を推進する要となる。現在，同病院のアメーバ経営の進捗を統括管理しているのは，土井祐子氏（総務経営課・課長）である。日高氏は自身の右腕となる事務職員の育成を行おうとしていた際に，看護助手として病院採用（プロパー）されていた土井氏に白羽の矢を立てた。土井氏は日高氏と同じく，アメーバ経営の導入時から事務部の職員として携わっており，同病院のアメーバ経営のすべてを熟知するスペシャリストの1人である。

（2）アメーバの収入算定方法

図表12-7は公立邑智病院のアメーバごとの収入算定方法を示している。例えば，麻酔科外来に100の収入が入ったとしよう。その収入に対し，各アメーバの協力対価（同病院では，収益寄与率と呼称）に応じて配分し，アメーバごとの収入を算定する。外来の看護師は，患者を1人でも多く診たほうがよいことになる。アメーバ経営を導入する以前は仕事量が増えると躊躇する気持ちがあった。しかし，協力対価方式という考え方が導入されてからは，医師に1人でも多く患者を診てほしいと言える環境に変わった。

協力対価の割合は事前に各アメーバ間で話し合いを行い，項目別の収益按分率に基づいて分配される。協力対価の更新は約1年ごとに見直しが行われるが，診療報酬の改定がなければ当初に設定したものを継続することが多い。

図表12-7　アメーバごとの収入算定方法

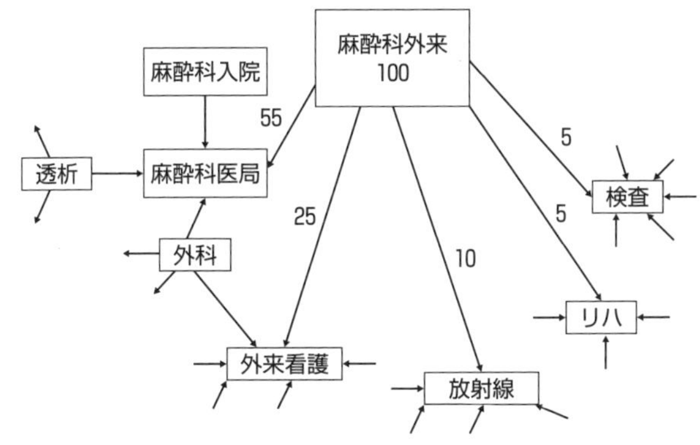

出所：公立邑智病院提供資料より。

（3）アメーバ経営のPDCAサイクル

公立邑智病院では，アメーバ経営を適切に実施するために，PDCA（Plan-Do-Check-Action）に基づく運営が行われている。第1の計画段階では，病院の年間目標計画であるマスタープラン（病院全部門の収入，経費，利益の計画）に基づいて，各アメーバは重点項目シートを毎月作成する。重点項目シートとは，目指すべき医療を提供するために，各アメーバがやるべき目標を明確化するためのシートである。**図表12-8**は，重点項目シートのイメージ例である。同病院では全アメーバの共通項目として，医療の高度化及び安全・質の向上策，収益増加策，経費削減策，時間の有効活用策，他部門への協力依頼の5つが掲げている。各アメーバはそれらの共通項目に対して，自部門で関連する目標や課題を「予定」側に記入する。重点項目シートでは，数値指標の記載と作成者を明確にすることで，責任の所在を明らかにしている。

第2の実施段階では，重点項目シートに記入した内容に基づいて，各アメーバの現場で実行に移す。そして，第3のチェック段階では，活動結果を検証するために，情報の共有化を意識的に行い，また忌憚のない意見交換の場が求められる。その場が部門ミーティングである。部門ミーティングの開催頻度は概ね月に1度で，アメーバに所属する職員が一堂に会する。アメーバごとに開催される部門ミーティングには，事務部門の土井氏が同席する。土井氏は各アメーバの進捗状況をすべて把握しているため，アメーバの取組みを支援するだけでなく，他部門との連携をスムーズに行うための役割も担っている。

部門ミーティングでは，重点項目シートと総合表を用いて進捗状況等が報告される。総合表には，自部門の総収益，経費合計，差引利益，総時間[14)]，時間当り付加価値，常勤換算人員などの項目に関する数値が記載されている。作成者は部門別原価管理諸表（総合表，収益寄与明細，経費明細（直課），経費明細（按分），時間移動明細，実績推移表，比較表）の各項目にかかる

14）公立邑智病院の総時間の考え方は，①定時間，②残業時間，③当直時間，④応援時間，⑤サポート部門時間から構成される。各算定式は次のとおりである。①定時間＝人員×定時間×勤務日数，②残業時間＝削減可能時間，③当直時間＝当直にかかる時間，④応援時間＝他部門への応援時間，⑤サポート部門時間＝按分時間。

図表12-8　重点項目シートのイメージ例

XX月　重点項目シート

部門名：　　　　作成者：

責任者印	作成者印

病院が 目指すべき医療	
部門が 目指すべき医療	

予定	実績
<医療の高度化及び安全・質の向上策>	<医療の高度化及び安全・質の向上策>
1. XXXXXXXXXXX	1. XXXXXXXXXXX
2. ○○○○○○	2. ○○○○○○
<収益増加策>	<収益増加策>
1. ●●●●●●●●●●	1. ●●●●●●●●●●
2. △△△△△△△	2. △△△△△△△
3. XXXXXXXXXXX	3. XXXXXXXXXXX
<経費削減策>	<経費削減策>
1. ●●●●●●●●●●	1. ●●●●●●●●●●
2. △△△△△△△	2. △△△△△△△
<時間の有効活用策>	<時間の有効活用策>
1. ▲▲▲▲▲▲▲▲▲▲	1. ▲▲▲▲▲▲▲▲▲▲
2. ○○○○○○	2. ○○○○○○
<他部門への協力依頼>	<他部門への協力依頼>
1. XXXXXXX	1. XXXXXXX

出所：公立邑智病院提供資料より。

内容をもとに，前期比でどうであったかを分析・報告する[15)]。数字の変動の原因について，作成者はなぜそうなったのかという原因分析を丁寧に行うとともに，時間当り付加価値を高めるための方策等について議論が行われる。部門ミーティングの開催時間は部門ごとに平均で15分である。

第４の是正措置段階では，全体ミーティングが月に１度開催される。全体ミーティングとは，病院運営や診療体制等に関することを議論する場である。全体ミーティングでは，毎回，５部門のアメーバの進捗状況が報告され，病院全体で課題の共有や取り組むべき事柄の立案が検討される。同病院では，

15) 部門ミーティングにおいて各アメーバは，部門別原価管理諸表の項目にしたがってほぼ同じフォーマットで報告する。報告様式を統一することにより，何に注力しなければならないかが明確になり，他部門と比較することが可能になる。現在の仕組みを整えたのが，飛弾洋子氏（地域連携室）である。飛弾氏は病棟の看護師として勤務していた際，誰が各アメーバの作成者になっても同じように原因分析や報告ができるようにするための仕組みを構築した。

アメーバが仮に前期比等で顕著な実績を上げた場合であっても，金銭的な報酬には結び付けていない。

（4）アメーバ経営の成果

アメーバ経営は検証と改善活動の掘り起こしを意識した管理会計システムである。公立邑智病院ではマスタープランに基づいた重点項目シートと総合表を用いて，各アメーバのPDCAサイクルを回している。アメーバ経営を導入した成果の一例として，第１に，部門を小単位に細分化したことで，それぞれの役割や責任の所在が明確になった。これにより，共助の精神が育まれ部門の課題について具体的に考え，職員全員で創意工夫による課題解決を図る体制が整い，コミュニケーションが向上した。特に，診療部門の医師を巻き込みながら取り組んでいることは特筆に値する。同病院でアメーバ経営を継続させることができている理由について，土井氏は以下のように述べた。

> 「みんなが面白いなと思うことが一つだと思うんです。……今月，売上がこうで，費用がこのぐらいかかったっていうのが，自分の部署単位で見れるっていうことが。どうすれば，どこの部分に力を入れれば収益が上がって，どこの部分を努力すれば経費が減るのかとか。時間についても，応援時間，残業時間の増減，そういったものがしっかり見えるので。それがやりがいとなり，続けられているんだと思います」（2020年２月27日インタビュー）。

前述したとおり，同病院では成果に対する金銭的な報酬は与えていない。しかし，職員は自らの業務に対する好奇心や挑戦心を向上させ，内発的動機付けによる活動につながっているといえよう。

第２に，時間当り付加価値という指標を掲げることで，採算数字にこだわる意識が職員に芽生えたことである。各アメーバはいかに時間当り付加価値を上げるかに注視する。時間当り付加価値を上げるためには，特に残業時間を出さないことがポイントになる。休みを取れば時間当り付加価値は上がる。他部門への手伝い（同病院では，出稼ぎと呼称）に行けば，自部門の時間当り付加価値が増える。昔はよく「人手が足りない」とあらゆる部門で言っていたが，アメーバ経営を導入してからは，「あまり来ないでくれ」となったという。また，他部門を手伝うということは業務の標準化が求められる。そのため，アメーバ経営を実践することで職員の多能化（１人で様々な部門の業務を行えること）につながっている。時間の使い方を工夫することで，働き方改革や医療の質の向上にもつながった。

第３に，同病院のアメーバ経営の運用はほぼ自前で取り組まれていることにある。導入した約１年半はKCCSの支援を受けていた。それ以降は事務部門が中心となって，試行錯誤しながら現在に至っている。部門別原価管理諸表などは特別なシステムを導入しているわけではなく，Microsoft社のExcelを利用して適宜カスタマイズしながら運用している。導入の支援を行ったKCCSの指導力の高さもさることながら，2013年から継続できる背景には，事務職員がほぼ病院採用（プロパー）であることが関係しているかもしれない。通常，公立病院の事務職員は２～３年で本庁などに異動することが多い。しかし，同病院では病院採用を行っていることで，事務職員が「一皮むける経験」をとおして，経営管理に関するスキルの向上が図られている。

図表12-9はアメーバ経営を導入した2013年度からの時間当り付加価値の推移を表している。看護部の時間当り付加価値（棒グラフ）は右肩上がりの傾向が続いている。部門全体の時間当り付加価値（中段折れ線グラフ）は，医業収支に該当する部分で病院の実力を反映しており，着実に右肩上がりの傾向が続いていることがみてとれる。

Ⅳ　取組みの評価と今後の課題

本節では，前節で紹介した公立邑智病院の事例をSimons（1995）のコントロール・レバーの視点から考察する。また，病院事務職員の経営獲得能力に関して，あるべき姿を指摘する。最後に，公立邑智病院を含めた公立中小病院の今後の課題について述べる。

1　評価

信条システムの視点では，石原前院長は，着任した当時にはなかった病院理念と基本方針を作成した。これにより，医師をはじめ職員にフィロソフィーに基づいた行動を促す基盤を整備した。現在の荘田院長は，石原前院長の意思を受け継ぐ形で病院理念と基本方針を踏襲し，アメーバ経営の運用につ

図表12-9　時間当り付加価値の推移

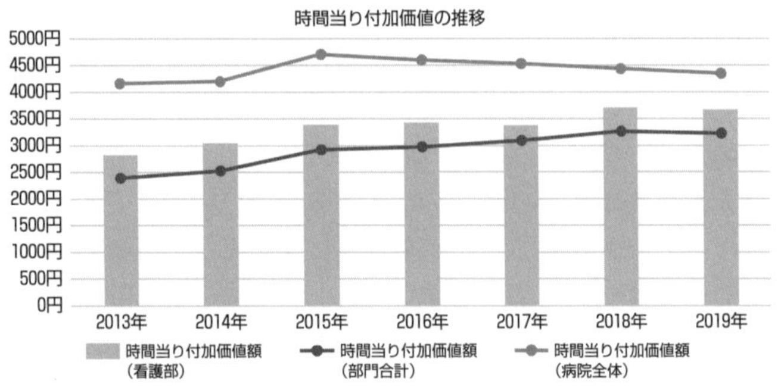

年度	時間当り付加価値額（病院全体）	時間当り付加価値額（部門合計）	時間当り付加価値額（看護部）	主な出来事
2013	4,162.1円	2,388.7円	2,824.4円	アメーバ経営を導入。電子カルテ運用開始。
2014	4,200.4円	2,524.9円	3,049.3円	地域包括ケア病棟（41床）を開始。
2015	4,699.9円	2,917.0円	3,384.3円	病院主導で託児事業を開始。薬剤師に初任給調整手当を支給開始。
2016	4,599.3円	2,978.9円	3,424.1円	困難な看護業務に看護手当を支給開始。
2017	4,525.5円	3,087.1円	3,378.0円	夜勤の看護師に給食を提供開始。
2018	4,435.3円	3,261.4円	3,700.4円	キャリアアップ支援事業（予算額1,000万円）を開始。
2019	4,340.9円	3,224.2円	3,669.2円	本館棟建て替え基本構想策定。

出所：公立邑智病院提供資料より。

いても支援している。荘田院長は定期的に会議等の中で病院理念と基本方針の大切さについて語っている。また，事務部長の日高氏が常に心がけている「新しいことはまず一歩前へ出てみよう。ダメだったら半歩下がろう。一歩は下がらずに半歩下がろう。」という強い覚悟は，新たな機会の探索・開拓を推奨し，正しい方向へ導くための拠り所となる役割を果たす信条システムの第一義的な目的と整合しているといえよう。

事業境界システムの視点では，同病院は，禁止事項に関する公式的なシステムは存在しない。経営資源が限られている環境の中にある地方の公立中小病院が果たす役割として，同病院では救急医療と小児医療（産婦人科を含む）が最も重要であると考えている。確かに，過疎地域に位置する公立中小病院で救急医療や小児医療を標榜しても収益の向上はほとんど望めない。しかし，収益にならないからといって救急医療も小児医療もやめてしまった場合に何が起きるか。安心感がない町には人は住まなくなり，最終的には町がなくなってしまう。これが競合する医療機関が近隣にない地方公立病院の周辺自治体で起きていることである。地域医療を守ることこそ公立病院の使命である。

やることを決めるということは，やらないことを決めることでもある。同病院は公立病院の使命のもと事業領域を規定しており，事業境界システムを意識した取組みを行っているといえよう。

診断的コントロール・システムの視点では，同病院はアメーバ経営を導入することで，職員全員が会計情報による診断的コントロールを行っていた。具体的には，重点項目シートと部門別原価管理諸表を用いて，各アメーバは収入・支出・総時間・時間当り付加価値を計算し，付加価値を向上させるための方策を部門ミーティングで議論する。各部門の進捗状況については，サポート部門である事務部門の職員がすべての部門ミーティングに参加することで把握している。事務部門が他部門との橋渡しを行う「翻訳者」（原田 1999）という役割を担うことで，病院全体に情報共有を行い，部門間の連携体制の強化を構築している。

インターラクティブ・コントロール・システムの視点では，同病院は部門ミーティングおよび全体ミーティングをとおして，職員間のコミュニケーションの向上を図ることができた。しかし，現時点においては戦略の創発までには至っていない。

管理会計などの経営手法の導入は，短期的にはカンフル剤的な効果は十分期待できる。しかし，長期的な運用では医療従事者のモチベーションの低下やチーム医療に及ぼす影響があり，情報開示方法の工夫を要する（築部 2018, p.295）という課題も指摘されている。特に，管理会計システムが中止されるのは，トップの交代時や医師を含む職員に会計情報中心のマネジメントに嫌悪感を抱かれたときである。

同病院では院長交代というイベントがあったにもかかわらず，アメーバ経営を継続して運用されている。荘田院長は公立邑智病院に着任される以前，飯塚病院（福岡県飯塚市）の総合周産期母子医療センター長を務められていた。飯塚病院といえば，TQM（Total Quality Management：総合的品質管理）に積極的に取り組んでいることで有名な病院である。院長がマネジメントに理解があるからこそ，同病院でアメーバ経営の運用が続けることができる要因の１つかもしれない。

加えて，同病院では医師の部門ミーティングには看護師がサブリーダーとして参加することで，医師を巻き込む体制を整え，診療部門に負担感を与えない配慮を行っている。同病院ではコントロール・レバーを意識して経営を行ってきたわけではない。しかし，結果的にコントロール・レバーの考え方を用いることで，アメーバ経営という管理会計システムの導入・運用がより効果的に行われていることが示唆された。

地方の公立中小病院は人員が限られているため，1人ひとりの存在感が大きい。事務職員の人事が病院採用ではなくローテート人事であっても，知識を組織で蓄積・記憶する体制をいかに構築できるかが，管理会計システムを定着させていくうえでも重要である。管理会計システムは会計情報だけではなく，上記でみてきたように多様なコントロールの組み合わせからなる。全国自治体病院協議会中小病院の経営を考える事務プロジェクトチーム（2020, pp.3-5）が指摘するように，事務長は命を守るスタッフの一員であり，事務職員の幹部育成は自治体病院にとって生命線である。社会的インフラである自治体病院を支える事務職員の経営管理能力を獲得するためには，まず，事務長自らが強い覚悟をもって主体的に行動し，組織の価値観を職員と共有することが第一歩である。

2　今後の課題

最後に，公立邑智病院を含めた公立中小病院の今後の課題について検討する。具体的には，医療ニーズの見える化と病院の経営状況の見える化の2つが挙げられる。

第1の医療ニーズの見える化とは，潜在的な病院の顧客層を獲得することを考えることである。例えば，公立邑智病院の場合，アメーバ経営をとおして浮いた時間は院内の他部門への応援（出稼ぎ）に当てられている。今後は院外への応援として，行政が行っている健康診断等の業務も担ってはどうか。所謂，真のミニ・プロフィットセンター（Cooper 1995, pp.278-327）を目指すことである。真のミニ・プロフィットセンターとは，社外取引を行うことに求められる。現状として，町の保健課・福祉課等は公立邑智病院に患者を積極的には紹介していないという。地元で出産し，子育てができる町は，住民にとって住みよい町そのものである。病院側は行政側に寄り添おうとしても行政側が応援してくれないことが多いことも確かである。病院と行政の連携体制をいかに構築するかが，これからの町づくりを考えるうえでも重要な視点であるといえよう。

このような取組みは，働き方改革（出生率の上昇，労働生産性の向上等）

の議論にもつながってくると思われる。近年，管理会計の理論は，組織内部の活動だけではなく複数の組織間の連鎖を考慮した経営管理問題も研究対象として扱うようになってきた。この新しい領域を組織間管理会計という。経営資源が限られている地方の公立中小病院では，自院の経営資源のみならず，地域周辺の自治体の外部資源も正しく評価し，組織の境界を越えた情報を収集・分析するために，組織間管理会計の知見も参考になるだろう。

第2の病院の経営状況の見える化とは，例えば議会への対応の際，単に財務諸表を作成し報告するのではなく，情報開示等に工夫を持たせ，病院の経営状況を理解してもらう努力をすることである。地方の公立中小病院が議会から収益を上げるよう言われても，医師がいなければ何も始まらない。地方へ行けば行くほど，行政は病院ががんばってやりなさいと病院側に任せきりになる傾向にある。地域医療に貢献してくれる使命感の高い医師であっても，医療行政や自治体の対応に失望して辞めていくケースも多い。したがって，地方の公立中小病院は住民に寄り添う医療提供とは何かを，行政，首長，議員らと一体になって考える必要がある。地域医療を守ることは，その地域の暮らしを支えることと密接にかかわる。事務長は病院長と協力してステークホルダー（住民，住民団体，議会，首長，行政各部局）との関係構築がより一層求められる。今日の外部報告は財務情報だけでなく，非財務情報との一貫性を持たせた統合報告（Integrated Reporting）という形が求められている。今後，公立病院が長期にわたって価値をいかに創造するかについて考える際には，統合報告というアプローチも参考になるだろう。

おわりに

本章では，公立中小病院の事務長の視点から，管理会計システムであるアメーバ経営の導入と実践について，公立邑智病院の事例研究から考察した。公立病院の経営状況は民間病院や公的病院に比べて劣っており，特に地方の公立中小病院はその傾向が強い。近年，経営環境の変化を背景に，公立病院に対する風当たりが一段と強くなっている。そのため，病院の経営管理全般を担う事務部門の強化，事務職員の人事異動サイクルの見直し，外部人材の登用など，事務部門のあり方に関する提言されている。

事務職員の経営管理能力の確保については，まず，事務部門の長である事務長の覚悟が何よりも重要である。一般的に，公立病院の職員は，ローテート人事のため２～３年で異動することが多い。そのため病院に対する帰属意識が軽薄であるとも指摘される。しかし，地域住民からみれば，事務職員であろうと住民の命を守る病院スタッフの一員であることには変わりはない。事務職員が主体的に行動することが地域からの信頼の獲得につながり，住民と伴に公立病院を支える基盤を作ることが可能になる。

公立病院を支えるためには，策定した経営戦略を実行する管理会計システムも必要になる。本章で取り上げた公立邑智病院では，アメーバ経営を導入したことで，職員１人ひとりが病院を我が家のように考え，全職員のベクトルを１つにすることに成功した。管理会計システムというと会計情報中心のイメージをもたれることが多い。しかし，マネジメントを行う場合には多様なコントロール手段が用いられる。本章では，Simons（1995）のコントロール・レバーの視点からアメーバ経営の導入・運用について考察した。その結果，同病院では，病院理念・基本方針に基づく信条システム，公立病院の使命として救急医療と小児医療（産婦人科を含む）を維持することが事業境界システムを担い，アメーバ経営が診断的コントロール・システムとして実践されていることが示唆された。

謝辞

本章の執筆に当たっては，公立邑智病院院長の荘田恭仁氏，土井祐子氏（事務部総務経営課課長），飛弾洋子氏（地域連携室）をはじめ，病院スタッフの方々から貴重なお話を伺うことができた。ここに記して心より感謝の意を表します。本研究はJSPS科研費 JP19K13857の助成を受けたものです。

参考文献

（書籍・論文）

麻生泰（2015）『カイゼン型病院経営―待ち時間ゼロへの挑戦―』日本経済新聞出版社。

アメーバ経営学術研究会編（2010）『アメーバ経営学―理論と実証―』KCCSマネジメントコンサルティング。

新江孝（2017）「経営戦略とマネジメント・コントロール」櫻井通晴・伊藤和憲編『ケ

ース管理会計』中央経済社，pp.13-27。
新江孝（2019）「イノベーションのためのマネジメント・コントロール」『産業經理』79（2），pp.61-73。
伊関友伸（2014）『自治体病院の歴史―住民医療の歩みとこれから―』三輪書店。
伊関友伸（2019）『人口減少・地域消滅時代の自治体病院経営改革』ぎょうせい。
大西淳也（2010）『公的組織の管理会計：効果性重視の公共経営をめざして』同文舘出版。
大西淳也（2018）「総論」竹本隆亮・大西淳也『実践・行政マネジメント―行政管理会計による公務の生産性向上と働き方改革』同文舘出版，pp.3-13。
金井壽宏・古野庸一（2001）「『一皮むける経験』とリーダーシップ開発―知的競争力の源泉としてのミドルの育成―」『一橋ビジネスレビュー」49（1），pp.48-67。
窪田祐一・三矢裕・谷武幸（2015）「アメーバ経営は企業に成果をもたらすのか（中）アメーバ経営の導入における目的，成果と負担・問題」『企業会計』67（12），pp.120-126。
厚生労働省（2020）「医療施設動態調査（令和2年2月末概数）」5月アクセス。〈https://www.mhlw.go.jp/toukei/saikin/hw/iryosd/m20/is2002.html.〉
齋藤貴生（2012）『自治体病院の経営改革―原則と実践―』九州大学出版会。
阪口博政・荒井耕・高瀬浩造（2016）「医療管理学におけるマネジメント教育・会計教育についての文献レビュー」『日本医療・病院管理学会誌』53（2），pp.141-148。
阪口博政・荒井耕・高瀬浩造（2018）「医療機関における部門管理者を対象とする会計教育プログラムに関する調査研究」『日本医療経営学会誌』12（1），pp.55-62。
櫻井通晴編著（1997）『わが国の経理・財務組織』税務経理協会。
櫻井通晴（2019）『管理会計（第七版）』同文舘出版。
自治体病院経営研究会編集（2019）『自治体病院経営ハンドブック 令和元年度版』ぎょうせい。
関谷浩行（2010）「病院における経営企画部門の役割と管理会計：先行研究とインタビュー調査に基づく結果を中心として」『産業經理』70（3），pp.156-164。
全国自治体病院協議会中小病院の経営を考える事務プロジェクトチーム（2020）『事務長経験者が語る「中小病院経営のヒント」』全国自治体病院協議会。
総務省（2015）「新公立病院改革ガイドライン」2018年4月アクセス。〈https://www.soumu.go.jp/main_content/000382135.pdf.〉
総務省（2017）「地域医療の確保と公立病院改革の推進に関する調査研究会報告書」

2020年5月アクセス。https://www.soumu.go.jp/main_content/000532431.pdf.〉
総務省（2019a）「平成30年度　地方公営企業決算の概況　第2章事業別状況」2020年3月アクセス。〈https://www.soumu.go.jp/main_content/000669434.pdf.〉
総務省（2019b）「平成30年度　決算に基づく健全化判断比率・資金不足比率の概要（確報）」2020年3月アクセス。https://www.soumu.go.jp/main_content/000656632.pdf.〉
総務省（2019c）「平成30年度　地方公営企業年鑑　第3章　事業別　6．病院事業」2020年5月アクセス。〈https://www.soumu.go.jp/main_sosiki/c-zaisei/kouei30/index_by.html.〉
総務省（2020a）「平成30年度　病院事業決算状況　島根県」2020年3月アクセス。〈https://www.soumu.go.jp/main_content/000676162.pdf.〉
総務省（2020b）「平成30年度　病院経営比較表　島根県」2020年3月アクセス。〈https://www.soumu.go.jp/main_content/000676210.pdf.〉
総務省自治財政局公営企業課・地方公営企業連絡協議会（2018）「『公営企業における管理者を中心とした経営システム』に関する報告書」2020年3月アクセス。〈http://www.jfm.go.jp/support/pdf/useful/H29kourenkyou.pdf.〉
竹内太郎（2018）「グローカルインタビュー　全国自治体病院協議会会長　小熊豊氏　医師不足・偏在を解消するには医師が地域を循環する仕組みが必要」『日経グローカル』349，pp.24-25。
通商産業省産業合理化審議会（1951）「企業における内部統制の大綱」『會計』60（2），pp.122-128。
築部卓郎（2018）「病院長のマネジメント：医療の質と経営効率の両立」松尾睦編『医療プロフェッショナルの経験学習』同文舘出版，pp.253-296。
内閣府（2017）「公立病院経営の現状と小規模公立病院の経営課題―持続可能な地域の医療提供体制の確立へ向けて―（政策課題分析シリーズ12）」2018年4月アクセス。〈https://www5.cao.go.jp/keizai3/2017/08seisakukadai12-0.pdf.〉
籏本智之（2008）「制度としての管理会計―コントローラー制度の導入を巡って―」『経理研究』51，pp.87-101。
原田勉（1999）『知識転換の経営学―ナレッジ・インタラクションの構造―』東洋経済新報社。
挽文子（2013）「病院における経営と会計」『會計』183（6），pp.27-41。
挽文子（2014）「病院の変革とアメーバ経営」『會計』185（4），pp.30-43。
挽文子（2017）「医療組織へのアメーバ経営の導入」アメーバ経営学術研究会編『ア

メーバ経営の進化―理論と実践―』中央経済社，pp.41-59。
日高武英（2016）「自治体病院は地域の財産―財務諸表の見える化―」『公営企業』48（4），pp.35-42。
福井淳（2019）「公立病院をめぐる状況と自治労の取り組み」『月刊自治研』61（715），pp.48-55。
松井達朗（2017）「協力対価方式の発案―医療・介護業界，日本航空への導入―」アメーバ経営学術研究会編『アメーバ経営の進化―理論と実践―』中央経済社，pp.287-307。
松尾貴巳（2006）「地方公共団体における業績評価システムの導入研究―予算編成における行政評価システムの意義とその効果についての実証分析―」『会計検査研究』33，pp.121-135。
松尾睦編（2018）『医療プロフェッショナルの経験学習』同文舘出版。
的場匡亮（2018）「病院事務職員の経験学習プロセス」松尾睦編『医療プロフェッショナルの経験学習』同文舘出版，pp.145-175。
森田直行（2014）『全員で稼ぐ組織―JALを再生させた「アメーバ経営」の教科書―』日経BP社。
山之内稔・石原俊彦（2013）「自治体病院における経営人材育成の意義と課題」『ビジネス&アカウンティングレビュー』12，pp.15-34。
渡辺岳夫（2019）「アメーバ経営システムの運用の継続企業と中止企業の比較―組織成員に対する心理的な影響メカニズムの多母集団同時分析―」『管理会計学』27（1），pp.35-55。
Anthony, R. N.（1965）Planning and Control Systems: A Framework for Analysis. Boston: Division of Research, Graduate School of Business Administration, Harvard University.（高橋吉之助訳（1968）『経営管理システムの基礎』ダイヤモンド社。）
Anthony, R. N., and V. Govindarajan.（2007）Management Control Systems（12th ed.）. New York: McGraw-Hill/Irwin.
Cooper, R.（1994）Kyocera Corporation: The Amoeba Management System. Case 195-064, Harvard Business School.
Cooper, R.（1995）When Lean Enterprises Collide: Competing through Confrontation. Boston, Mass.: Harvard Business School Press.
Simon, H. A., H. Guetzkow, G. Kozmetsky, G. Tyndall of the Graduate School of Industrial Administration, Carnegie Institute of Technology（1954）

Centralization vs. Decentralization in Organizing the Controller's Department: A Research Study and Report. New York: Controllership Foundation.

Simons, R. (1995) Levers of Control: How Managers Use Innovative Control Systems to Drive Strategic Renewal. Boston, MA: Harvard Business School Press.（中村元一・黒田哲彦・浦島史惠訳（1998）『ハーバード流「21世紀経営」4つのコントロール・レバー』産能大学出版部。）

Simons, R. (2000) Performance Measurement and Control Systems for Implementing Strategy. Upper Saddle River, N.J.: Prentice Hall（伊藤邦雄監訳（2003）『戦略評価の経営学―戦略の実行を支える業績評価と会計システム―』ダイヤモンド社。）

（参考URL）

一般社団法人JPTEC協議会ホームページ（2020年4月アクセス）。〈https://www.jptec.jp.〉

東京消防庁ホームページ「消防雑学事典―救急業務のはじまりと救急救命士の誕生―」2020年4月アクセス。〈https://www.tfd.metro.tokyo.lg.jp/libr/qa/qa_11.htm.〉

全国自治体病院協議会ホームページ「自治体病院の推移とその果たしている役割」2020年5月アクセス。〈https://www.jmha.or.jp/jmha/contents/info/31.〉

コラム⑥ 「水道事業と経営管理」[1)]

著者にとって水のイメージは川である。水質改善著しい多摩川下流，海に伸びゆく金生川，朝もやの三隈川。何れも五感とともに思い出す。ただ，今回は折角の機会なので，この20年間断続的に考えてきている経営管理について，公営企業の右代表といわれる水道事業と関係付けて申し上げたい。硬い文章となることをお許し下さい。

総務省と公連協による「『公営企業における管理者を中心とした経営システム』に関する報告書」（2018年４月，JFMホームページ）は，水道事業は「現場主導のマネジメント」が中心であり，ステークホルダーとの関係の構築などを含めた「経営としての管理」は弱いと指摘する。水道事業の今後を考えるに際し，経営管理はポイントである。

一般的に，組織活動をマネジメントしていく経営管理（管理会計）の基本は，企業であれ行政であれ，非財務指標の役割が多少異なるという違いはあるものの，そこに大きな違いはない。これは著者の拙い経験からも言い切れる（例えば，大西ほか（2019）；竹本ほか（2020））。

小生は総務省勤務時に多くの優秀な水道事業の経営管理者の方々のお話を伺う機会を得た。そこでのエッセンスを申し上げれば，水道事業の経営管理を考えるに際しては複眼的な視点が必要となるということであった。すなわち，比較的自明な理念やビジョン，100年先という遠い将来と今日明日という近い将来といった異なる時間軸での思考，顧客や使用料等の収益（売上）側とコスト削減といった費用側とのバランスのとれた思考，全体と部分とを行き来しつつ発展させていく思考（優先順位の決定等），財政と技術とのバランスのとれた思考（昔は，事務は柱を一本抜くような査定はするなといわれたと聞く），議会や住民等の組織内・外のステークホルダーとの関係の構築，行政の弱点となることの多い後任者の巻き込み（独自性を強調したい後任者は前任者の否定に傾きやすい）などである。春田満雄氏[2)]の言葉では

1）本コラムは，雑誌『みずのわ』に掲載した記事を修正したものである。
2）雑誌「みずのわ」編集長。

「地図作り」が近いかもしれない。そして，これらの視点のうえに，出来合いのテンプレートを貼り付けたような経営戦略とは異なる，ワクワクするようなストーリー性のある経営戦略を自らの頭で策定していく必要がある。

経営管理強化の阻害要因は組織いじりである。組織いじりには目の前のことから目をそらせ，やっている感を出す効果がある。行政の悪弊とはいえ，間違いなく経営管理活動を弱める。経営の効率性・効果性向上の観点からは必要最小限にすべきである。

水道事業にとって何より大事なことは，水がつらなる川のごとく，先人からの思いをいかにつなげるかにある。厳しい時代環境の中，水道事業の健全性維持のためにこそ，技術でも経営管理でも，素人の思い付きではない，原理原則に則った方法論で考えていく必要がある。方法論を踏まえた優良事例は学習が容易なので，そういう事例を皆で学び合い，技術・経営管理何れについてもレベルアップに努力することが望まれる。

小生は離職した今でも，公営企業の右代表である水道事業が経営管理の点でも右代表であらんことを祈念している。全国の心ある「水」関係者の方々に衷心よりの敬意を表する次第である。

参考文献

大西淳也・竹本隆亮・小林重道・奥迫仁則（2019）「行政における管理会計の活用―国税庁広島国税局の実践事例とともに―」『産業経理』79（3），pp.155-173。

竹本隆亮・小林重道・奥迫仁則・大西淳也（2020）「国税庁広島国税局における管理会計実践について」『管理会計実践』28（2），pp.91-107。

コラム⑦「代替できない組織トップの役割」

企業組織であれ行政組織であれ，組織のトップの役割は重要である。ここでは，もっぱら政策の執行管理の分野で活用される行政管理会計の文脈で考えているので，そこでの行政組織のトップは，基本的に非政治家の公務員となる。例えば，財務省国税庁でいえば国税庁長官，税関でいえば関税局長，財務局でいえば官房長[1)]のイメージである。独立行政法人でいえば理事長，地方公営企業であれば公営企業管理者となろう[2)]。

これらの行政組織のトップには，代替できない２つの役割がある。組織内の経営管理についての方向決めと外部説明についての方向決めである。

まず１つには，組織のトップには，組織内の経営管理において，どのような考え方をとるのか，どの方向でいくのかを決定する役割がある。コラム③では「管理会計は闘いである」ことを述べた。これに倣っていえば，どの考え方でいくのか，どの路線が勝ちなのか，決めることである。トップによる裁断を経なければ，いつまででも闘いごっこを続けることになる。

もう１つには，組織外部に対して，どういう考え方で説明していくのか，その基本的な方向を決める役割である。もちろん，外部には何も説明する必要はないとする考え方もあろう。ケースバイケースでしっかり対応していくなどといったフワフワした説明で問題ないとする考え方もあるのかもしれない。ただ，本書は組織のトップをして自らの組織のマネジメントについて外部に対し説明してもらうべきとの立場をとる（結章参照）。したがって，対外的に，経営管理・管理会計のこういう考え方を使って，どうやって管理していくのか，その基本

---

1)　官房長は業務が多岐にわたるので，どこまで関与できるか疑問はあるが，地方の財務局長の立場に立てば，本省課長がトップということにはならないであろう。

2)　市長などの地方公共団体の首長の場合は含めていいように思われる。首長のリーダーシップは強く，任期も長いからである。

的な説明方針をトップが決めるべきと考えている。

経営管理・管理会計の実践において，組織トップの役割は重要である。行政改革に関するこれまでの様々な取り組みが膨大なペーパーワークを生み出してしまっているのは，行政組織のトップを押さえずに，組織下部に様々な課題を課しているからではないかと考える。だから，多くの場合，効果はあまり得られないことになるのではないかと想像する。経営改革はやはり，組織のトップを押さえなければ進まないのである。

結章

コミュニケーションツールとしての行政管理会計

最後に，結章として，コミュニケーションツール（共通言語）としての行政管理会計について述べる。本書で概観してきたように，行政管理会計は，それぞれの行政組織の状況に合わせて，様々な手法，すなわち，考え方を用いつつ，当該行政組織のマネジメントに活用していくことが可能である。そこでは，トップからミドル，ロワーマネジメントまでカスケード（落とし込み）しつつ，様々な手法が連なるように用いられることになる。

このような行政管理会計は，以下の2つの側面においてコミュニケーションツールとして機能する。すなわち，内への可視化と外への可視化である（大西 2010, pp.303-307）。

まず，内への可視化である。行政管理会計の様々な手法を活用することにより，行政組織の内部における職員の理解は促進される。当該行政組織がどのようにマネジメントされているのか，そして，各自，自分が何をすればいいのか理解しやすくなるからである。組織の下部において，それぞれの職員が何を目標に，どのようにして実績を出していけばいいのか，それが組織全体の業績にどう貢献するのか，分解して各職員に明確に示していくことができれば，各職員の努力もそこに集中することができる。目標と実績とを比較して原因を分析し，その後の活動を修正していくことも容易となる。これにより，PDCAをより実効的なものとすることができる。また，各職員においても，向かうべき方向が明示されることとなるので，職員の動機付けを強めることにも役立つ。そして，これは行政組織の内部に対してという意味で，内への可視化ということができると考える[1]。

次に，外への可視化である。行政組織がどのように活動しているのか，粗々

1) ヒトにより解釈が異なることとなればマネジメントは混乱する。したがって，管理会計の用語を使うことにより，意味内容がぼやけないようにすることができる。これは在宅勤務が多くなるウィズコロナの下ではより重要となろう。

でいいので，その基本的な考え方を示すことができれば[2]，納税者等のステークホルダーにとっては行政組織の活動が理解しやすくなる。ステークホルダー等の外部の理解が促進されると，外部からの信頼を得ることにつながり，さらに，外部の協力も得られやすくなる。これは行政活動の効率性・効果性に大きな影響を与えることとなろう。そして，これは行政組織の外部に対して考え方を示して理解を求めていくという意味で，外への可視化ということができると考える[3]。

いずれにせよ，行政管理会計の様々な手法は，ここでいう内への可視化，外への可視化の両面において，考え方を端的に伝える道具として機能し，内部の理解と外部の理解の促進に向けて役立つこととなる。ここに，コミュニケーションツールとしての行政管理会計が必要視されるのである。

そして，このようなコミュニケーションツールとしての行政管理会計は，予算や定員の査定当局とのコミュニケーションにおいても有益なものとなることが期待される。その場合，原理原則に則ったマネジメントを行っている行政組織と，必ずしもそうではない行政組織との間で，定員や予算の手当てにおいてインセンティブに差をつけることができれば，行政全体の効率性・効果性の向上に大きな効果を及ぼすことができることになる[4]。これは，今後，工夫していくべきポイントであると思われてならない。

最後に，本書を締めくくるにあたり，行政管理会計の実践における最大の課題について言及する。行政組織においては一部の例外を除いて組織トップの任期は非常に短いことが多い。このため，前任者から後任者への引継ぎがうまくいかないと，毎年のようにマネジメントの基本的な考え方が変わることとなりかねない。このため，マネジメントの継続性に困難が生じることが実に多いのである。

行政管理会計の実践をいかに継続させるか。このためには，行政組織のトップに，マネジメントについての基本的な考え方を外部に説明してもらうこ

---

2) 膨大な情報である必要はない。総務省が独立行政法人に対し令和元事業年度から公表を義務付けている事業報告書の用語を踏まえていえば，管理会計の用語を用いつつ，情報の結合性・ストーリー性，重要性，簡潔・明瞭性等を満たしていればよいと考える。

3) 管理会計の用語を使うことができれば，より少ない言葉で伝えるべき内容を明確にすることができる。

4) その際には，査定当局の能力向上もまた課題となると考える。第９章参照。

とが望ましい。外部に説明する以上，原理原則に則ってきちんとした思考を積み上げたものとなるし，基本的な方向性が年々変わるようなことにはならないと考えられるからである。行政管理会計のどういう手法を使って，どういう方針でマネジメントしているのか，これらについて行政組織のトップに説明してもらうこと。編著者としては，これこそが行政管理会計の実践を継続させるために最も重要なコツであると考えるに至っている。

参考文献

大西淳也（2010）『公的組織の管理会計―効果性重視の公共経営をめざして―』同文舘出版。

索　引

さ

執筆者紹介（章構成順）

大西　淳也（おおにし・じゅんや）
［はじめに，序章，第１～４章，第７～10章，結章，各部の概説，コラム①～⑦］
（編著者紹介を参照）

鍋島　学（なべしま・まなぶ）［第５章］
元経済産業省大臣官房政策評価広報課課長補佐（政策企画委員）。2001年東京大学法学部卒・経済産業省入省。2007年カリフォルニア大学バークレー校公共政策学修士。現在はOECD日本政府代表部参事官・経済産業研究所コンサルティングフェロー。著書等に「電力政策における複数の価値軸とEBPM」『EBPMの経済学』（東京大学出版会，2019年），『政策立案の技法』（東洋経済新報社，2012年，共訳）など。

柏木　恵（かしわぎ・めぐみ）［第６章，第７章］
一般財団法人キヤノングローバル戦略研究所研究主幹。財務省財務総合政策研究所客員研究員・中央大学経済研究所客員研究員・明治大学専門職大学院ガバナンス研究科兼任講師を兼務。税理士。博士（経済学）中央大学。専門分野は財政，地方財政，公会計など。著書に『図解よくわかる自治体公会計のしくみ』（学陽書房，2017年，共著），『ABCの基礎とケーススタディ（改訂版）』（東洋経済新報社，2004年，共著）など。

藤野　雅史（ふじの・まさふみ）［第７章］
日本大学経済学部教授。専修大学大学院経営学研究科修士課程修了，一橋大学大学院商学研究科博士後期課程修了。博士（商学）。会計検査院特別研究官（2006～07年度）。日本原価計算研究学会常任理事，日本経営会計専門家研究学会常務理事など。著書に*The Role of the Management Accountant: Local Variations and Global Influences*（Routledge, 2018年，共著），『ケース管理会計』（中央経済社，2017年，共著）など。

竹本　隆亮（たけもと・りゅうすけ）［第８章］
竹本隆亮税理士事務所（山口県光市）。1981年中央大学法学部卒・広島国税局採用。防府税務署長，局人事第二課長，総務課長（2014・15事務年度），課税第二部次長等を経て，課税第二部長にて退官。2018年８月事務所開業。論文に「国の地方局Aにおける管理会計実践」『管理会計学』27(2)（2019年，単著），「国税庁広島国税局における管理会計実践について」『管理会計学』28（2）（2020年，共著）など。

小林　重道（こばやし・しげみち）［第８章］

小林重道税理士事務所（広島市中区）。1981年埼玉大学経済学部卒・広島国税局採用。岩国税務署長，局個人課税課長（2013・14事務年度），課税総括課長，課税第一部次長等を経て，岡山東税務署長にて退官。2018年８月事務所開業。論文に「国税庁広島国税局における管理会計実践について」『管理会計学』28(2)（2020年，共著）など。

奥迫　仁則（おくさこ・きみのり）［第８章］

奥迫仁則税理士事務所（広島市西区）。1983年明治大学商学部卒・広島国税局採用。三原税務署長，局企画課長（2014事務年度），法人課税課長，課税総括課長，課税第一部次長等を経て，広島東税務署長にて退官。2019年８月事務所開業。論文に「国税庁広島国税局における管理会計実践について」『管理会計学』28(2)（2020年，共著）など。

梅田　宙（うめだ・ひろし）［第11章］

高崎経済大学経済学部専任講師。博士（商学）。2017年専修大学大学院商学研究科博士後期課程修了。専修大学助教を経て2018年より現職。著書等に『企業価値創造のためのインタンジブルズ・マネジメント』（専修大学出版，2018年，単著），「戦略のカスケードによるインタンジブルズの構築」『原価計算研究』41(1)（2017年，共著），『ケース管理会計』（中央経済社，2017年，共著）など。

平野　耕一郎（ひらの・こういちろう）［第11章］

日本ダクタイル鉄管協会顧問。1976年名古屋工業大学土木工学科卒・盛岡市水道部採用。盛岡市上下水道局上下水道部長，事業管理者等を経て，特別参与にて退任。2020年４月より現職。総務省経営アドバイザー。技術士（上下水道部門），一級建築士等。論文に「盛岡市水道経営管理システムの構築」『水道公論』56(3)（2020年，単著），「盛岡市における水道料金等の改定について」『公営企業』４月号（2017年，単著）など。

関谷　浩行（せきや・ひろゆき）［第12章］

北海学園大学経営学部准教授。博士（経営学）。専修大学大学院経営学研究科修士課程修了。城西国際大学大学院経営情報学研究科博士後期課程修了。横浜国立大学・専修大学等の非常勤講師を経て，2014年北海学園大学経営学部専任講師，2016年より現職。著書に『戦略的管理会計と統合報告』（同文舘出版，2018年，共訳），『ケース管理会計』（中央経済社，2017年，共著），『１からの病院経営』（碩学舎，2013年，共著）など。

日高　武英（ひだか・たけひで）［第12章］

公立邑智病院事務部長。1984年島根県立矢上高校卒・江津市外７町村消防組合（現：江津邑智消防組合）採用。1996年救急救命士登録，2003年JPTECインストラクター認定，2005年ICLSインストラクター認定，2007年より現職。論文に「自治体病院は地域の財産：財務諸表の見える化」『公営企業』48(4)（2016年，単著）など。

【編著者紹介】

大西　淳也（おおにし・じゅんや）

財務省財務総合政策研究所客員研究員 兼 専修大学大学院商学研究科客員教授。
1986年東京大学法学部卒業・大蔵省（現財務省）入省。1998～99年ハーバード大学国際問題研究所客員研究員，2004年スカンジナビア国際経営大学院（SIMI）（現コペンハーゲンビジネススクール（CBS））EMBA修了，2007～09年信州大学経済学部教授，2011年博士（商学）専修大学。
近年では，2014年広島国税局長，2015年財務総合政策研究所副所長，2016年総務省大臣官房審議官（自治財政局公営企業担当），2018年独立行政法人UR都市再生機構理事（経理資金等担当）等を経て，2020年関東信越国税不服審判所長（現職）。
著書に『公的組織の管理会計』（同文舘出版，2010年，単著，博士論文），『実践・行政マネジメント』（同文舘出版，2018年，共著），『ケース管理会計』（中央経済社，2017年，共著），『公共部門のマネジメント』（同文舘出版，2016年，共著），『インタンジブルズの管理会計』（中央経済社，2012年，共著），『ABCの基礎とケーススタディ（改訂版）』（東洋経済新報社，2004年，共著），『戦略実行のプレミアム』（東洋経済新報社，2009年，共訳）など。

2020年９月19日　初版発行　　　　略称：行政管理基礎

行政管理会計の基礎と実践

編著者　©　大西淳也

発行者　　中島治久

発行所　**同文舘出版株式会社**
東京都千代田区神田神保町1-41　〒101-0051
営業（03）3294-1801　編集（03）3294-1803
振替 00100-8-42935　http://www.dobunkan.co.jp

Printed in Japan 2020

製版　一企画
印刷・製本　萩原印刷

ISBN978-4-495-21018-2